돼지전쟁에서 전쟁계획 레드까지

라이벌 국가들의 세계사

돼지전쟁에서 전쟁계획 레드까지
라이벌 국가들의 세계사

ⓒ도현신, 2019

초판 1쇄 2019년 8월 1일 발행
초판 2쇄 2022년 12월 26일 발행

지은이 도현신
펴낸이 김성실
책임편집 박성훈
표지 디자인 이창욱
본문 디자인 채은아
제작처 한영문화사

펴낸곳 시대의창   **등록** 제10−1756호(1999. 5. 11)
주소 03985 서울시 마포구 연희로 19−1
전화 02)335−6121   **팩스** 02)325−5607
전자우편 sidaebooks@daum.net
페이스북 www.facebook.com/sidaebooks
트위터 @sidaebooks

ISBN 978−89−5940−705−7 (03900)

돼지전쟁에서 전쟁계획 레드까지

라이벌 국가들의 세계사

도현신 지음

서문

인류는 무리를 지어 살기 시작한 아득히 먼 옛날부터 서로 다른 집단에 대한 경쟁심을 불태우며 지내왔다. 시대가 흐르고 인간의 지혜와 문명이 발전하면서, 자신이 속한 집단과 여러 면에서 이해관계가 충돌하는 집단을 적으로 간주해 싸움을 반복했다. 이 과정이 바로 전쟁이고, 전쟁을 가능케 하는 여러 집단을 후세의 역사에서는 국가라고 불렀다.

이 책은 세계 역사에서 경쟁자, 즉 '라이벌'이라고 부를 만한 나라들의 갈등과 대립 과정을 이해하기 쉽게 이야기 형식으로 풀어서 정리했다.

국가들의 경쟁 구도는 크게 네 주제로 나누었다. 같은 지역 내의 패권 다툼이 첫 번째고, 사상에 따른 충돌이 두 번째이며, 종교에 의한 대립이 세 번째, 대륙과 해양 등 서로 다른 지역 사이의 충돌이 네 번째다.

'라이벌'을 선별한 기준은 과거의 대립이나 갈등이 지금까지 남아 있는 국가이거나 현재도 존재하는 국가로 한정했다. 그래서 원래 기획한 '독일 vs 프랑스'나 '이라크 vs 이란', '중국 vs 영국'은 제외했다. 현재 독일과 프랑스, 이라크와 이란 및 중국과 영국이 서로에게 적대적이거나 대립하는 관계는 아니기 때문이다. '적군 vs 백군'과 '나치 vs 소련', '북베트남 vs 남베트남'과 '중국 vs 북방 유목 민족'도 목차에서 뺐다. 이들은 지금 존재하지 않고 사라진 집단에 속하기 때문이다. 또한 국가로 볼 수 없는 집단도 목차에서 제외했다. 'IS vs 시리아' 같은 경우는 지금도 시리아에서 치열하게 전투를 벌이고 있지만, IS 즉 이슬람 레반트 국가는 아직 전 세계 어느 나라나 국제기구로부터 정식 국가로 인정받지 못한 테러 집단이다. 국가라고 간주할 수가 없어서 부득이하게 제외했다.

반면 '남한 vs 북한' 같은 경우는 포함했다. 북한도 IS 같은 테러 집단인데 왜 국가냐고 의문을 제기할 사람도 있겠지만, 북한은 엄연히 UN에 정식 가입한 국가이고 중국과 러시아는 이미 북한과 정식 수교를 하고 대사관을 설치한 상태다.

다소 아쉬운 면이지만, 원래 기획했던 항목인 '한국 vs 일본'은 원고를 정리하다가 빼버렸다. 비록 2019년 7월 1일, 일본은 반도체 생산에 필요한 물자를 한국에 수출하는 것을 제한한다고 발표했으나, 그럼에도 여전히 한국과 일본은 군사정보공유협정을 유지하고 있어서 적대 관계라고 할 수는 없기 때문이다.

라이벌 국가별로 앞부분에 두 나라의 지정학적 위치와 역사, 언어, 종교, 민족, 갈등 관계 등을 요약했다. 세계사를 잘 모르는 독자가 읽어도 내용을 더 쉽게 이해할 수 있겠다는 판단에서였다.

복잡한 세상을 정신없이 살다 보면 "세계사나 국제 정세? 그런 것이 나와 무슨 상관이야? 나는 그냥 살 뿐이야" 하고 넘어가기 쉽다. 그러나 그렇게 말하는 사람도 엄연히 이 세상의 일부라는 사실을 잊으면 안 된다. 지금 이 행성, 지구에 살고 있는 전 세계 70억의 인류는 모두 하나로 연결된 운명 공동체이며, 국제 정세의 흐름이 바뀔 때마다 당연히 그들의 삶도 영향을 받기 마련이다.

2016년 미국 대통령 선거에서 트럼프가 당선되자 전 세계 언론이 왜 호들갑을 떨었겠는가. 트럼프는 1990년대부터 이어져온 서구 사회의 흐름인 세계화와 정치적 올바름에 극렬히 반발해온 사람이다. 그는 미국을 1930년대처럼 고립주의로 되돌리겠다고 주장해왔다. 만약 트럼프의 공약이 정말로 실현된다면, 미국의 영향을 강하게 받고 있는 한국 사회도 크게 바뀔 것이 분명하다.

도올 김용옥 교수가 《사랑하지 말자》에서 말한 것처럼, 지금 우리가 살고 있는 세계의 국제 질서도 결코 영원하지 않다. 그런 의미에서 우리는 세계사와 국제 정세의 흐름을 조금이라도 알고 있어야 앞으로 변화할 세계의 흐름에 적응하지 못해 낙오할 위험성을 줄일 수 있다.

아무쪼록 이 책이 세계사와 국제 정세의 흐름을 파악하는 데 조금이나마 도움이 되기를 바란다.

_도현신

목차

2_ 종교 갈등

3_ 이념 대립

반공과 공산주의의 팽팽한 대립선
남한 vs 북한 *178*

좌파 반미와 우파 친미 사이에서
미국 vs 남미연합 *212*

공산주의와 반공주의, 친서방과 반서방 사이에서
러시아 vs 터키 *244*

4_ 대륙과 해양 세력의 대결

1_ 지역 패권 다툼

서유럽 천 년의 라이벌
영국 vs 프랑스

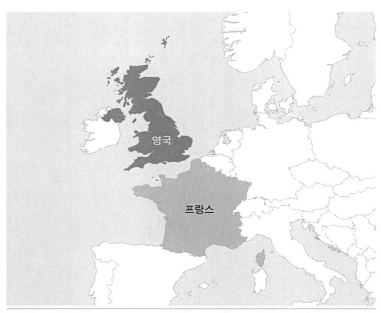

비가 자주 내리는 섬나라 영국과 토지가 비옥하고 기후가 따뜻한 프랑스.

위치 영국은 유럽 서북쪽에 위치한 섬나라다. 비가 자주 오는데 반해 일조량은 비교적 적어서 유럽인들이 "항상 비만 오는 가난한 섬"이라고 폄하하기도 했다. 유럽 중심부에서 약간 떨어져 있다 보니 문물의 전파 속도도 늦은 편이었다. 그러나 섬이기 때문에 유럽 본토에서 벌어지는 전쟁에 휘말리지 않을 수 있었고, 인구와 국토를 고스란히 보존할 수 있었다. (이런 천혜의 입지 조건은 훗날 영국의 후계자인 미국도 고스란히 물려받는다. 미국 역시 국토의 동쪽과 서쪽이 각각 대서양과 태평양으로 둘러싸여 외세의 침입이 거의 없는 섬나라와 마찬가지다.)

프랑스는 비옥한 토지와 따뜻한 날씨 덕분에 농업 생산력이 풍성했다. 이로 인해 일찍부터 많은 인구와 높은 경제력을 지닌 강대국으로 자리 잡을 수 있었다. 로마제국이 망한 뒤 약 천 년 동안 프랑스가 유럽을 이끌어나가는 위치에 있을 수 있었던 이유도 바로 천혜의 입지 조건 덕분이었다. 하지만 프랑스는 유럽 본토의 중심부에 위치한 탓에 유럽에서 벌어지는 여러 전쟁에 자연스레 휘말릴 수밖에 없었다. 영국이 1066년 '노르만정복' 이후 외세의 침략을 받지 않았던 것과는 완전히 대조된다. 프랑스는 1940년에도 수도가 적국인 독일에 함락될 만큼 전쟁 피해를 숱하게 입었다.

역사 프랑스와 영국은 본래 켈트족이 살던 땅이었다. 서기전 1세기와 서기 1세기 무렵에 로마제국의 지배를 받았고, 서기 5세기에 로마제국이 무너지자 게르만족의 일파인 앵글로색슨족과 프랑크족이 침입해와 원주민을 정복했다. 서기 8세기부터는 북유럽 바이킹의 침략에 시달렸는데, 프랑스 북부 노르망디에 정착해 프랑스 문화를 받아들인 바이킹 일파인 노르만족이 1066년 영국을 정복하기에 이른다. 노르만족을 다스리는 노르망디 공작은 프랑스 왕의 신하인 동시에 영국의 왕이기도 했으니, 원래 영국은 프랑스의 신하 국가였던 셈이다. 이런 이유로 백년전쟁 때 프랑스인은 영국인을 업신여겼다.

서기 12세기 무렵 영국은 프랑스 남부의 귀족과 결혼 동맹을 맺고 아키텐 지역을 합병하면서 프랑스보다 넓은 영토를 확보했다. 이때부터 영국은 프랑스에 대한 경쟁의식을 서서히 키워갔으며, 자국보다 비옥한 토지를 지닌 프랑스를 정복하려는 야심을 품고 결국 백년전쟁을 일으켰다.

종교 로마제국이 기독교로 개종한 이후부터 두 나라는 기독교를 믿었다. 여기서 말하는 기독교란 로마 교황을 교회의 최고 지도자로 인정하는 가톨릭 신앙을 말한다. 백년전쟁 무렵에도 영국과 프랑스는 모두 가톨릭을 믿었다.

그러나 16세기 종교개혁의 바람이 유럽을 휩쓸 무렵, 영국에서는 국왕 헨리 8세의 명령으로 이제까지 믿어오던 가톨릭을 버리고 영국 왕을 교회의 최고 지도자로 인정하는 성공회를 만들어 따르기 시작했다. 한편 프랑스에서는 전래의 가톨릭과 새로 등장한 개신교 신앙이 분쟁하다가 결국 가톨릭이 승리했고, 프랑스는 가톨릭 국가로 남았다.

언어 영국과 프랑스는 선주민인 켈트족의 언어인 켈트어를 쓰다가 로마제국에 정복당하면서 로마인의 언어인 라틴어를 사용했다. 서기 5세기에 이르러 두 나라는 앵글로색슨족과 프랑크족에게 정복당했다. 흥미롭게도 영국에서는 침략자의 언어인 영어가 원주민의 언어인 켈트어와 라틴어를 완전히 몰아내고 정착했다. 이에 반해 프랑스에서는 침입자인 프랑크족도 원주민의 언어인 라틴어를 받아들여 오늘날의 프랑스어가 만들어졌다.

1066년, 프랑스 문화를 지닌 노르만족이 영국을 정복한 뒤, 영국에서는 지배 계층인 노르만족은 프랑스어를 썼고 피지배 계층인 앵글로색슨족은 영어를 썼다. 이중 언어 사회였다. 이때, 수많은 프랑스어가 영어에 섞여 들어가 오늘날의 영어가 탄생했다. 하지만 백년전쟁이 일어난 14세기 무렵에는 노르만족이 앵글로색슨족에게 동화되면서, 노르만족도 영어를 사용했다.

민족 영국과 프랑스는 각각 앵글로색슨족과 갈리아족(프랑스에 살던 켈트족의 일파)의 나라로 알려져 있으나, 사실 두 나라는 민족 구성이 크게 차이 나지 않는다. 두 나라 모두 켈트족의 땅이었고 로마제국의 지배를 받아 라틴족의 피도 섞였기 때문이다. 게다가 로마제국이 망한 뒤 두 나라에 정착한 이주민인 앵글로색슨족과 프랑크족 모두 게르만 계통의 부족이라 서로 비슷하다고 할 수 있다.

다만, 영국은 앵글로색슨족이 정착한 뒤에도 데인족(덴마크에서 온 바이킹)과 노르만족의 지배를 받느라 게르만 문화가 더 강했던 반면, 프랑스는 침입자인 프랑크족조차 원주민인 갈로-로만인(라틴 문화를 받아들인 갈리아족)에게 동화돼 라틴 문화의 색채를 띄게 됐다는 점이 다르다.

갈등　영국과 프랑스는 유럽의 패권을 놓고 서기 14세기부터 약 500년 동안 전쟁을 벌여왔다. 처음 백년전쟁은 프랑스가 승리했지만 에스파냐왕위계승전쟁에서는 영국이 승리했다. 나폴레옹이 워털루에서 패배한 탓에 프랑스는 유럽의 패권을 영국에 내주고 말았다.

나폴레옹전쟁 이후, 프랑스는 영국과의 패권 경쟁에서 패배했음을 인정하고 가급적 영국과 우호적인 관계를 유지했다. 그러다 제2차 세계대전 이후, 프랑스는 독일과 함께 유럽연합EU의 중심 국가 역할을 하면서 과거 루이 14세 때처럼 유럽을 이끄는 자리에 오르려고 했다. 그런데 영국이 2016년 브렉시트Brexit, 즉 유럽연합 탈퇴를 선언하고 말았다. 프랑스는 영국이 지나치게 이기적이라고 비판했지만, 영국은 자신들의 주권을 지키는 일이 더 중요하다며 입장을 굽히지 않고 있다.

백년전쟁

피로 얼룩진 결혼 동맹

영국과 프랑스의 악연은 그 뿌리가 매우 깊다. 두 나라가 얽힌 역사적 은원 관계를 알려면, 백년전쟁으로 거슬러 올라가야 한다. 백년전쟁은 영국과 프랑스 왕실 간의 결혼 동맹에서 비롯한다. 간단히 설명하자면 프랑스 왕위를 영국 왕이 차지해야 한다는 영국의 주장을 프랑스가 거부하면서 벌어진 전쟁이다.

"어째서 프랑스 왕위를 영국 왕이 차지해야 하는가?"라고 의문을 제기할 수도 있겠다. 그런데 중세 유럽에서는 한 나라의 왕실이 다른 나라 왕실과 혼인을 맺는 일이 일반적이라, 유럽 왕실 모두가 친척 관계인 셈이었다. 현실이 이렇다 보니, 간혹 왕 한 명이 여러 나라를 다스리는 경우도 많았다. 지금의 영국은 잉글랜드와 스코틀랜드가, 지금의 에스파냐는 카스티야와 아라곤이 한 왕을 섬기면서 하나의 국가로 통합됐다. 이처럼 한 왕 밑에 두 나라 이상이 결합된 상태를 가리켜 '동군연합'이라고 한다.

백년전쟁 직전인 1328년, 프랑스 왕인 샤를 4세는 왕위를 계승할 아들을 남기지 못하고 죽었다. 적합한 왕위 계승자가 없던 터라 프랑스 왕실은 고민에 빠졌다. 바로 이때 영국 왕 에드워드 3세가 나서서 자신이 프랑스 왕위의 적법한 계승자라고 주장했다. 그는 자신의 어머니가 샤를 4세의 여동생인 이사벨라 공주였다는 점을 거론하며, 죽은 프랑스 왕의 외조카인 자신이야말로 프랑스 왕위

에드워드 3세. 그는 자신이 영국과 프랑스 두 나라의 왕이라고 주장했기 때문에, 자신의 문장에 영국의 상징인 사자와 프랑스의 상징인 백합꽃을 모두를 그려 넣었다.

를 계승할 권리가 있다며 나 섰다.

오만한 프랑스 귀족들은 자 신들이 "항상 비만 오는 가난 하고 하찮은 섬"이라고 깔보 던 영국의 왕을 프랑스 왕으 로 섬기고 싶지 않았다. 그래 서 그들은 "여자와 그 후손에 게는 왕위 계승권이 없다"라 는 《살리카법전》의 내용을 근 거로 에드워드 3세의 주장을 거부했다. 그리고 샤를 4세의 친조카인 필리프 6세를 새로운 프랑스 왕으로 추대했다.

내심 프랑스 왕위를 노리던 에드워드 3세는 자신의 주장이 거부 당하자 "나야말로 정당한 프랑스 왕인데, 비열한 프랑스 귀족이 내 권리를 가로챘다. 따라서 나는 프랑스 왕위를 손에 넣기 위해 군대 를 이끌고 프랑스로 갈 것이다!"라고 선언했다. 이렇게 하여 백년 전쟁이 시작된다.

그러나 영국이 프랑스를 상대로 백년전쟁을 일으킨 진짜 목적 은 따로 있었다. 바로 프랑스의 풍요로운 영토 정복이었다. 앞서 말 했듯 12세기에 영국은 프랑스 남부 귀족과 결혼 동맹을 맺어 비옥 한 아키텐 지역을 손에 넣었으나, 13세기 들어 프랑스 국왕 필리프

2세에게 대부분 빼앗기고 말았다. 이를 매우 원통하게 여기던 영국은 아키텐 지역을 포함해 프랑스 영토를 다시 점령하려는 야심을 품었다. 호시탐탐 기회를 엿보다 14세기에 프랑스 왕위 계승에 빈틈이 생기자 이를 파고들어 프랑스 왕위 계승이라는 명분을 내걸고 전쟁을 일으킨 것이다.

막상 백년전쟁이 벌어지자, 영국은 자신들보다 더 강대국인 프랑스를 상대로 전쟁을 벌인다는 점이 못내 두렵고 불안했다. 프랑스 귀족은 프랑스의 승리를 믿어 의심치 않았다. 근대 이전 한 나라의 국력을 나타내는 대표 지표는 인구였다. 백년전쟁이 벌어질 당시 영국 인구는 고작 400만 명에 불과했다. 반면 프랑스 인구는 그 다섯 배나 되는 2,000만 명에 달했다. 또한 프랑스의 비옥한 토지와 따뜻한 기후는 영국의 척박한 토지와 기후와는 비교할 수 없었다. 프랑스의 농업 생산력은 풍족하기 그지없었다. 여기에 군사력에서도 프랑스가 영국보다 우세했다. 백년전쟁 당시 유럽에서는 기사가 군대의 주력이었다. 그중에서도 프랑스 기사는 서유럽에서 가장 용맹하기로 유명했다. 프랑스 기사가 주축을 이룬 십자군은 현지 주민 대다수가 자신들을 적대하는 서아시아에서 200년 동안 독립 왕국을 이루면서 살아남았다. 이는 기사의 용맹과 힘 덕분이었다.

반면 영국은 프랑스보다 국토도 좁고 말을 키울 만한 목초지도 부족해, 기사마저도 전투에 쓸 말이 적었다. 영국 기사들은 말이 없이 걸어 다니며 싸우거나, 말이 있어도 자주 말에서 내려 평민 보

크레시 전투를 묘사한 그림. 비록 패배하기는 했어도 프랑스 기사의 용맹함은 유럽에 정평이 나 있었다.

병들과 함께 싸웠다. 엄격한 신분 질서가 지배했던 중세에 귀족 기사가 자신의 신분을 드러내는 말도 없이 두 발로 걸어 다니며 평민과 함께 싸우는 일은 기사의 자존심을 버리는 짓이었다. 그래서 프랑스 기사들은 영국 기사들을 비웃었다.

"기사가 말을 버리고 싸우다니? 역시 미개한 섬나라 놈들은 제대로 싸우는 법도 모르는군. 저런 비천한 자들을 상대로 무슨 명예를 얻겠는가?"

프랑스 귀족들이 영국 왕의 프랑스 왕위 계승 자격을 철저하게 무시한 이유도 바로 이런 까닭이었다. 그러나 막상 전쟁이 벌어지자 영국의 일방적인 우세가 계속됐다. 영국군은 크레시 전투와 푸

1356년에 벌어진 푸아티에 전투를 묘사한 그림. 왼쪽에서 장궁을 당기는 영국군을 보자 오른쪽의 프랑스 기사가 겁에 질려 달아나고 있다.

아티에 전투, 아쟁쿠르 전투에서 자신들보다 두서너 배나 많은 프랑스군을 상대로 연전연승을 거두었다. 원인은 영국군의 뛰어난 전술에 있었다. 수적인 열세를 만회하고자 영국군은 보병과 궁병의 체계적인 합동 전술로 프랑스군을 상대했고, 프랑스군의 주력인 기사가 쉽게 뚫지 못하도록 주로 높은 언덕 위에 진을 쳤다. 반면 프랑스군은 지나치게 기사에게 의존한 나머지 단순한 돌격 전술만 구사하다가 영국군이 언덕 위에서 쏘아대는 화살과 보병의 단단한 대열을 뚫지 못하고 참패하기 일쑤였다.

약 80년 동안 영국군은 프랑스군을 계속 무너뜨리면서 프랑스 북부와 서부 지역을 점령해나갔다. 한때 프랑스 전체 영토의 절반

가량이 영국 수중에 떨어지자 프랑스는 멸망의 위기에 처하기도 했다.

그럼에도 불구하고 영국은 끝내 프랑스를 정복할 수 없었다. 인구만 봐도 영국은 고작 400만 명인데 비해, 프랑스는 그 다섯 배인 2,000만 명에 달했다. 인구에서 불리한 영국은 프랑스를 제대로 지배하기가 어려웠다. 프랑스군이 아무리 영국군에 패해도 프랑스에는 그 손실을 보충할 인력이 얼마든지 있었기 때문이다. 아울러 토지가 척박한 영국은 토지가 풍요롭고 농업 생산량이 막대한 프랑스에 비해 경제적으로도 불리했다. 이는 로마제국 이후 거의 1,000년 동안 프랑스가 유럽을 좌지우지할 수 있었던 이유이기도 하다. 게다가 영국군이 벌이는 '기마 행렬'이라 불리는 약탈에 분노한 프랑스 농민들까지 영국군에 맞서 싸웠다.

영국군은 총체적인 국력에서 밀리고 말았다. 잔 다르크의 등장으로 사기가 올라가고, 기병·보병·포병이 합동 전술을 구사한 프랑스군이 결국 영국군을 제압했다. 영국은 군대를 본국으로 철수시켰다. 영국과 프랑스가 벌인 1차 패권 다툼인 백년전쟁은 프랑스의 승리로 끝났다. 이로써 영국은 유럽 대륙으로의 진출을 완전히 포기하고 섬나라로 남는 듯했다.

에스파냐왕위계승전쟁
루이 14세의 야망을 무너뜨려라

백년전쟁이 끝나고 나서 영국과 프랑스는 한동안 좋은 관계를 유지했다. 16세기 들어 서유럽의 최강국으로 떠오른 에스파냐를 견제하기 위해 두 나라는 서로 동맹을 맺어 에스파냐에 맞섰기 때문이다. 특히 영국 엘리자베스 여왕은, 프랑스 국왕 앙리 3세가 에스파냐의 지지를 받는 프랑스 내 반란 세력에게 위협을 받았을 때, 영국군을 프랑스에 파견해 반란군을 진압하고 앙리 3세의 왕좌를 지켜주기도 했다.

그러나 17세기 중엽, 르네상스 시대의 세계대전이라 할 수 있는 30년전쟁에서 에스파냐가 패배하고 서유럽에서의 주도권을 잃어버리자, 영국과 프랑스 사이에는 다시 백년전쟁 때처럼 긴장감이 감돌았다. 30년전쟁에서 승리한 프랑스가 에스파냐를 밀어내고 다시 서유럽 최강국이 되자, 영국은 프랑스가 자국에 위협이 된다고 판단했기 때문이다.

프랑스의 국왕 루이 14세가 문제였다. 그는 "짐이 곧 국가니라!"는 말을 남긴 절대왕정 시대의 군주였다. 그의 치세로 프랑스는 역사상 최전성기를 누렸다. 흔히 루이 14세 하면 베르사유 궁전 건축 같은 업적을 떠올리지만, 사실 그는 프랑스가 세계를 지배하는 초강대국이 되기를 바라며 수많은 전쟁을 일으킨 사람이다.

루이 14세가 야심의 일환으로 벌인 작업이 바로 자신의 손자인 앙주 공작이 에스파냐 왕위를 계승하도록 한다는 계획이었다. 앙주 공작의 할머니이자 루이 14세의 왕비는 에스파냐의 공주인 마리 테레즈였다. 앙주 공작은 에스파냐 왕실의 후손으로서 충분히 에스파냐 왕위에 오를 자격이 있었다. 프랑스 왕위 계승권도 있는 앙주 공작이 에스파냐 왕이 된다면 두 나라가 한 나라로 통합될 수 있으니, 프랑스는 가만히 앉아서 국력이 두 배가 된다는 계산이 나왔다. 당시 에스파냐는 멕시코에서 아르헨티나에 이르는 중남미의 방대한 지역을 식민지로 거느리고 있었다. 그러니 프랑스와 에스파냐가 한 나라로 묶인다면 그 국력은 실로 다른 유럽 국가를 모두 합쳐도 감당할 수 없을 만큼 어마어마할 것이었다.

한편, 프랑스와 에스파냐가 통합하면 프랑스에 이리저리 휘둘리게 될지도 모른다는 두려움이 유럽 각국으로 퍼져나갔다. 이런 추세를 잘 관찰하고 있던 영국은 유럽 각국을 상대로 절묘한 외교전을 벌였다.

"앙주 공작이 에스파냐 왕이 되는 것까지는 어쩔 수 없다고 쳐도, 그가 프랑스 왕위까지 차지하게 되면 무슨 일이 벌어질까요? 그렇지 않아도 유럽 여러 나라가 프랑스의 횡포에 시달리는 판국에, 프랑스가 에스파냐와 그 식민지까지 모두 접수하게 된다면, 앞으로 어느 나라도 프랑스를 막을 수 없을 것입니다. 유럽의 모든 나라가 프랑스의 눈치를 살피며 엎드려 굴복하는 노예 신세가 되고 말겠지요. 그러니 유럽의 세력 균형과 각 나라의 주권을 지키기 위해서도 앙주 공작의 프랑스 왕위 계승을 결코 허용해서는 안 됩니다."

　영국의 설득에 넘어간 유럽 각국은 외교 사절단을 프랑스로 보냈다. 앙주 공작이 에스파냐 왕위는 계승하더라도 프랑스 왕위까지 계승하면 유럽의 세력 균형을 깨뜨리는 결과를 가져온다며 반대 입장을 전달했다. 그러나 유럽 패권을 장악하고 싶었던 루이 14세는 외교 사절단의 요청을 딱 잘라 거절했다.

　"허튼 소리들 마라! 16세기에도 에스파냐와 신성로마제국이 한 명의 군주인 카를 5세를 함께 섬겨 동군연합을 이루었다. 에스파냐 왕 펠리페 2세가 포르투갈 왕까지 겸한 일도 있었다. 그런데 도대체 왜 안 된다는 것이냐? 그리고 남의 나라 왕위 계승에 대체 웬 참견들이냐? 당신들과는 상관없으니, 신경 꺼라! 짐은 앙주 공작을 다음 에스파냐 왕위 계승자로 임명하며, 또한 앙주 공작이 짐의 뒤를 이을 프랑스 왕위 계승자가 돼야 한다고 선언하노라!"

　이렇게 루이 14세는 자신의 원대한 야망이 담긴 에스파냐 왕위 계승 작업을 밀어붙였다. 이 소식을 들은 영국과 다른 유럽 국가들은 크게 반발했다.

　"루이 14세여! 당신은 지금 국제 질서를 흔드는 횡포를 부리고 있다. 우리는 결코 우리의 안전을 위협하는 당신의 야심을 가만히 보고만 있지 않을 것이다. 당신의 나라인 프랑스가 제아무리 막강하다 해도, 전 유럽을 상대로 싸워서 이길 수 있을 것 같은가? 우리는 동맹을 맺어 당신과 프랑스의 오만함에 맞서 싸울 것이다!"

　이리하여 영국이 주도하는 유럽 동맹은 프랑스를 상대로 전쟁

베르사유 궁전 건축과 에스파냐왕위계승전쟁에 뛰어든 루이 14세. 그는 나폴레옹 이전에 프랑스의 세계 지배를 꿈꾼 야심가였다.

을 선언했다. 바로 에스파냐 왕위계승전쟁(1701~1714)이다. 이 전쟁에는 유럽 국가 대부분이 참가했는데, 에스파냐를 제외한 모든 나라가 영국 편에 서서 프랑스에 맞서 싸웠다. 영국이 좋아서라기보다는 프랑스가 너무 강대해질까 두려운 탓이었지만, 결과적으로 영국에 크나큰 이득을 안겨주었다.

루이 14세가 다른 나라의 우려를 짓뭉개고 손자의 프랑스와 에스파냐 왕위 계승을 밀어붙인 데는 그럴만한 이유가 있었다. 당시 프랑스는 유럽의 정치, 군사, 경제, 문화 등 모든 분야를 주도하던 최강대국이었다. 19세기까지 유럽 각국의 왕실이 프랑스어를 공용어로 사용할 만큼 프랑스는 부러움의 대상이었다. 또 유럽 어느 나라보다 많은 인구와 군대를 보유했기 때문에 루이 14세는 다른 나라를 우습게 여긴 것이다. 실제로 전쟁 초기, 프랑스군은 다른 유럽 국가의 군대를 상대로 연전연승하며 위세를 떨쳤다.

그러나 전쟁이 길어질수록 전황은 프랑스에 불리하게 돌아갔다. 제아무리 프랑스군이 막강하다고 해도 전쟁을 치르면 죽고 다치는 사람이 나오기 마련이다. 프랑스군이 승리를 거듭해도 전사자와 부상자 수가 느는 것을 막을 수는 없었다. 결정적으로 반프랑스 동맹을 와해시키고 프랑스가 승리하기 위해서는 동맹의 맹주인 영국을 굴복시켜야 했다. 그러나 영국은 막강한 해군력으로 자국을 철저하게 방어했다. 프랑스는 영국보다 해군력이 약했기 때문에 영국 본토를 정복하는 일은 엄두조차 내지 못했다.

적을 굴복시키지도 못하고 출혈만 계속되니 프랑스의 국력 손실은 갈수록 커졌다. 여기에 프로이센, 오스트리아, 러시아, 네덜란드, 덴마크, 스웨덴, 나폴리 등 유럽 국가 대부분이 영국을 돕고 있으니, 프랑스군이 아무리 잘 싸워봐야 수적으로 훨씬 우세한 반프랑스 동맹군에 밀릴 수밖에 없었다. 외교적으로 고립된 프랑스는 결국 전쟁에서 패배하고 말았다.

에스파냐왕위계승전쟁에서 패배한 프랑스는 영국과 굴욕적인 협상을 맺었다. 먼저 에스파냐 왕위를 계승할 프랑스 왕족은 결코 프랑스 왕위를 이어받지 못한다는 조약을 승인해야 했다. 루이 14세가 야심차게 추진했던 프랑스와 에스파냐의 동군연합이 완전히 수포로 돌아간 것이다. 또한 지브롤터와 몰타 등 지중해의 요충지는 전부 영국이 차지하고, 그 자리에 영국 해군이 주둔했다. 영국은 지중해에 마음대로 해군을 보낼 수 있는 권리를 얻었다. 아울러 방대한 북미 대륙의 식민지, 즉 현재 캐나다와 미국에 관한 모든 권리마저 차지했다. 이로 인해 프랑스는 거의 150년 동안 힘들게 개척한 북미 대륙 식민지를 전부 영국에 빼앗기고 말았다.

전쟁에서 패배한 루이 14세는 자신의 원대한 야망이 좌절되자 실의에 빠져 죽었다. 프랑스는 에스파냐왕위계승전쟁에 참가하느라 엄청난 재정과 국력을 낭비했기에, 루이 14세 사후에 거의 재정 파탄에 이르고 말았다. 이는 에스파냐 왕 펠리페 2세가 유럽을 지배하려는 야심을 품고 영국과 전쟁을 벌였다가, 에스파냐 재정을 파탄에 이르게 한 일과 같았다.

루이 14세가 죽었다는 소식을 들은 프랑스 백성들은 "드디어 살았다! 하느님, 감사합니다!"라고 환호성을 질렀다고 한다. 에스파냐왕위계승전쟁을 치르느라 수많은 백성이 무거운 세금을 내고 전쟁터로 끌려가 죽거나 다치는 등의 피해를 입었는데, 루이 14세의 죽음으로 인해 전쟁이 끝났으니 더 이상 고생할 필요가 없어졌기 때문이었다.

영국과 프랑스가 벌인 2차 패권 다툼인 에스파냐왕위계승전쟁은 영국의 승리로 돌아갔다. 이때부터 프랑스는 서서히 내리막길을 걸었고, 영국은 프랑스를 대신해 유럽을 주도할 강대국으로의 입지를 다지게 된다.

나폴레옹전쟁
천 년의 패권 쟁탈을 끝낸 워털루 전투

에스파냐왕위계승전쟁에서 승리한 영국은 해군력을 증강하고 해상 무역을 주도하면서 명실상부하게 전 세계의 바다를 제패하는 해상 강국으로 발돋움했다. 북미 대륙과 인도에서 프랑스를 밀어내고 더 많은 식민지를 차지하며, 19세기 세계를 지배할 대영제국의 기반을 다지고 있었다.

반면 프랑스는 날이 갈수록 나라 살림이 어려워졌다. 전쟁에 너무 많은 돈을 쓴 데다가 패배까지 한 탓에 본전도 챙기지 못했다. 게다가 부유한 귀족이 면세 특권을 내세워 세금을 내지 않자 국가 수입이 계속 줄어들었다. 그러자니 세금을 거둘 대상은 일반 백성으로 한정됐는데, 가난한 사람들이 세금을 내봐야 얼마나 내겠는가? 나날이 악화되는 경제난에 시달리던 프랑스는 결국 1789년, 분노한 백성들이 궁궐로 몰려가서 왕과 귀족들을 마구잡이로 살육하는 대혼란에 휩쓸리게 된다. '프랑스혁명'이 일어난 것이다.

흔히 프랑스혁명이라고 하면 현대 민주주의의 근간을 이룬 위대한 분수령이라고만 알려져 있다. 그러나 혁명이 일어나자 프랑스는 한동안 국가 기능이 마비되는 무정부 상태에 놓이게 돼 전국 각지는 무법천지의 대혼란에 휩싸였다. 혁명이 일어났다고 해서 모든 프랑스인이 하루아침에 민주 시민으로 변한 것도 아니었다. 시골 지역에서는 왕을 지지하는 왕당파가 많았다. 왕당파를 진압하기 위해 혁명 지도부는 군대를 보내 자그마치 20만 명의 왕당파 주민을 살육한 '방데 학살'을 일으키기도 했다. 또한 혁명을 일으킨 부르주아 인사들도 그다지 민주적이지 않았다. 그들은 왕과 귀족을 대신해 자신들이 우매한 민중을 지배해야 한다고 믿었던 나

프랑스혁명의 시작이었던 바스티유 감옥 습격 사건을 묘사한 그림.

머지, 민중을 위한 진짜 민주주의를 실현해달라는 요청을 대포와
총칼로 무자비하게 억눌렀다. 프랑스혁명 직후 한동안 프랑스는
반대파를 잔인하게 학살하는 '공포정치'의 시간이 지속됐다.

지도자 로베스피에르가 처형당하면서 공포정치를 펴던 자코뱅
파가 몰락했지만, 프랑스는 여전히 혼란에 휩싸였다. 이 대혁명의
혼란기에서 끈질기게 살아남아 절대 권력을 쥔 자가 나타났다. 그
가 바로 역사상 가장 유명한 프랑스인인 나폴레옹이다.

루이 14세처럼 나폴레옹도 세계 정복이라는 야망을 품은 인물
이었다. 그는 자신이 거느린 막강한 프랑스 육군을 이끌고 유럽 대
륙을 정복하기 위해 '나폴레옹전쟁'에 나섰다. 프랑스의 세력 팽창

을 두려워한 다른 유럽 국가들은 영국을 필두로 동맹을 맺어 프랑스에 맞서 싸웠다.

나폴레옹은 당시 세계 최고의 명장이었다. 육전에서는 도저히 나폴레옹을 이길 자가 없었다. 프로이센, 오스트리아, 에스파냐, 네덜란드, 이탈리아, 스위스 등 유럽 대륙의 거의 모든 국가가 나폴레옹 앞에 무릎을 꿇었다.

그러나 영국과 프랑스 사이에 벌어진 3차 패권 다툼인 나폴레옹 전쟁에서 프랑스는 끝내 패배하고 말았다. 첫 번째 이유는 바로 해군력 때문이었다. 영국 해군과 마찬가지로 프랑스 해군도 장군과 장교는 귀족이었다. 그런데 프랑스혁명이 일어나자 이들은 죽임을 당하거나 혁명을 피해 외국으로 도망쳐버렸다. 군함을 조종할 숙련된 선원도 장군이나 장교처럼 혁명의 소용돌이 속에서 죽거나 도망쳐버린 탓에 프랑스 해군력은 크게 약화된 상태였다. 프랑스군은 육지에서는 무적이었을지 몰라도 바다에서는 전혀 힘을 쓰지 못했다. 아무리 나폴레옹이 막강한 육군을 거느렸다고 해도, 영국을 굴복시키려면 바다를 건너 영국에 군대를 상륙시켜야 했다. 하지만 제대로 된 해군이 없으니 영국을 도저히 정복할 수 없었다. 나폴레옹이 유럽 대륙을 바쁘게 돌아다니며 원정을 해도 영국은 아무런 피해도 입지 않았다. 고심 끝에 나폴레옹은 영국을 경제적으로 붕괴시키기 위해 자신이 지배하던 유럽의 모든 나라에 대륙봉쇄령을 내렸다.

나폴레옹 지금부터 유럽의 모든 나라는 영국에 어떤 상품도 팔거나 어떤 영국 상품도 사지 마라. 이것이 바로 대륙봉쇄령이다.

유럽 각국의 대사들 만약 대륙봉쇄령을 어기면 어떻게 됩니까?

나폴레옹 내가 직접 군대를 이끌고 가서 응징할 것이다!

유럽 각국의 대사들 영국과 무역을 안 하면 어떻게 먹고 삽니까? 아예 망하라는 말씀이 아닙니까?

나폴레옹 조금만 참고 기다리면 상품 시장을 잃어버린 영국은 더 이상 견디지 못하고 나에게 무릎을 꿇고, 무역을 다시 하게 해달라고 애걸할 것이다. 그러면 그때, 내가 그대들이 입은 피해를 다 보상해주겠다.

대륙봉쇄령 소식을 들은 영국 정부는 오히려 그런 명령을 내린 나폴레옹을 비웃었다.

영국 정부 우리야 북미 대륙과 인도를 상대로 무역을 해서 손해를 보충하면 그만이다. 오히려 유럽 국가들이야말로 우리와 무역이 끊겼으니 가난에 시달리며 나폴레옹한테 불만을 품을 것이다.

영국 정부의 예상대로 대륙봉쇄령은 오히려 유럽 각국에 경제적 타격만 주었고, 이로 인해 나폴레옹에 대한 반감만 높아졌다. 러시아는 경제적 피해를 참을 수 없었던 나머지 대륙봉쇄령을 어기고 영국에 곡물을 팔기 시작했다. 나폴레옹은 이 조치가 무척 거슬렸다. 나폴레옹은 러시아가 자신의 권위에 도전한다고 여기고,

1812년 프랑스군에 다른 동맹국들의 군대까지 더하여 무려 68만 5,000명의 대군을 이끌고 직접 러시아 원정에 나섰다. 그러나 러시아의 광대한 국토와 혹독한 추위에 시달리다 철수할 수밖에 없었다. 프랑스까지 무사히 돌아온 병사는 18만여 명에 불과했다. 나머지 병력은 고향으로 도망쳤거나 러시아에 항복했거나 추위와 굶주림으로 죽었다.

가난한 사관학교 생도에서 무수한 전쟁에서 얻은 공적으로 인해 장교와 장군을 거쳐 황제 자리에 오른 나폴레옹. 그러나 그도 결국엔 영국과의 패권 경쟁에서 패배하고 말았다.

나폴레옹이 야심차게 추진한 러시아 원정이 실패했다는 소식이 알려지자, 유럽 각국은 나폴레옹의 압제에서 벗어날 수 있다는 희망을 품었다. 결국 라이프치히 전투와 워털루 전투에서 패배한 나폴레옹은 세인트헬레나섬으로 쫓겨나고 말았다.

나폴레옹을 파멸시킨 진짜 원인은 아이러니하게도 나폴레옹이 거둔 연승 행진 그 자체에 있었다. 전쟁에서 이길수록 느는 전사자와 부상자를 보충하기 위해, 프랑스 국민은 더 많은 세금을 내고 군대에 끌려가야 했다. 특히 러시아 원정 때 프랑스군 대부분이 추위와 굶주림 탓에 전멸하자, 나폴레옹은 징병 규모를 더 늘렸다. 나날이 늘어가는 세금과 징병에 짓눌린 프랑스 국민의 삶은 매우 궁핍할 수밖에 없었다.

아울러 나폴레옹은 자신의 군사적 재능을 지나치게 믿고, "나는 싸우면 반드시 이기는 무적의 영웅인데, 왜 다른 나라에 머리를 숙여야 하나?"라는 식으로 오만하게 굴었다. 나폴레옹의 이런 태도에 유럽 여러 나라가 크게 반발했다. 워털루 전투 무렵에는 유럽의 모든 나라가 프랑스에 맞서 영국 편을 들면서 프랑스는 국제적으로 고립되기까지 했다.

이렇듯 에스파냐왕위계승전쟁에 이어 나폴레옹전쟁에서조차 영국한테 패배한 프랑스는 유럽의 지배권을 영국에 완전히 빼앗겼다. 영국과의 패권 경쟁을 포기하고, 영국의 그늘에 안주하는 2등 국가로 전락하고 만 것이다.

유럽연합 시대
영국과 프랑스의 갈등이 다시 시작된다?

나폴레옹전쟁 이후, 프랑스는 줄곧 영국에 화기애애한 모습을 보였다. 이제 더 이상 영국과 패권 경쟁을 할 여력도 남지 않은 데다 싸워서 이길 자신감도 없었기 때문이다. 이러한 관계는 놀랍게도 제2차 세계대전까지 약 130년 넘게 계속됐다.

그런데 1993년 마스트리히트 조약에 따라 유럽연합EU이 결성되면서 영국과 프랑스의 관계가 다시 삐걱거리기 시작했다. 원래 유럽연합에 가입한 나라는 자국의 화폐 대신 유럽연합의 공용 화폐인 유로화를 써야 한다. 그런데 영국은 유럽연합에 가입했으면서도 유럽연합의 공용 화폐인 유로화를 쓰지 않았다. 지금도 영국은 파운드화를 계속 쓰고 있다. 유럽 내에서 상위권의 경제 대국인 영국이 유로화를 쓰지 않으니, 유로화의 입지는 경쟁 화폐인 달러보다 더 떨어질 수밖에 없었다. 이에 특히 프랑스가 불만이 많았다.

프랑스 왜 당신네 영국인들은 유럽연합에 가입했으면서 공용 화폐인 유로화를 안 쓰는 겁니까? 이건 유럽연합 회원국으로서의 의무를 저버린 이기적인 행위입니다.

영국 그리스를 보십시오. 자국의 드라크마화를 폐기하고 유로화를 썼다가, 통화 발행과 경제 주권을 더 이상 행사할 수 없게 됐습니다. 막대한 빚을 졌으면서도 경제 정책을 자국 정부의 뜻대로 하지 못하고, 유럽중앙은행의 눈치를 봐야 하지 않습니까? 우리 영국은 그런 고난을 겪고 싶지 않습니다. 먼저 자기 나라가 살아야, 다른 나라 사정도 생각할 수 있지 않겠습니까?

물론 다른 이유도 있었다. 유럽연합의 주도국은 프랑스와 독일인데, 영국은 유로화를 쓸 경우 이들 나라에 경제적 주도권을 빼앗길까 두려웠다. 한편으론 미국과 언어가 같기 때문에 유럽연합에 집착하지도 않았다. 유사시에는 미국과의 교역을 확대하면 그만이 기 때문이다.

21세기에 들어서자, 영국인들 사이에서는 유럽연합에 대한 반 감이 높아졌다. 유럽연합에 가입했지만 영국의 경제 사정은 그리 나아지지 않았다. 무엇보다 유럽 대륙에서 가난한 난민이 계속 영 국으로 몰려들었고, 이들을 먹여 살리느라 갈수록 영국인의 삶이 어려워진다는 이유에서였다. 영국 정부는 2016년 6월 23일 국민투 표로 유럽연합에서 탈퇴할지를 결정하겠다고 발표했다. 투표 결과 브렉시트 찬성이 51.9퍼센트로 반대인 48.1퍼센트보다 더 높았다. 영국 정부는 국민투표를 근거로 유럽연합에서 탈퇴하겠다고 선언 했다.

유럽연합의 주도국인 프랑스는 브렉시트에 반대하고 있다. 유럽 에서 경제력이 독일에 이어 2위인 영국이 저들만 살겠다고 유럽연 합을 탈퇴하려는 행위는 너무나 이기적이라는 이유에서다.

일각에서는 프랑스가 아직도 유럽연합을 통해 다른 유럽 국가 들을 상대로 '왕 노릇'을 하려는 야심을 품고 있다고 비판하기도 한다. 영국이 유럽연합의 다른 회원국들처럼 파운드화 대신 유로 화를 쓰면 유럽연합의 경제력이 더 튼튼해질 테고, 자연히 유럽연 합을 주도하는 프랑스의 입지도 유럽 내에서 높아질 것이기 때문 이다.

영국이 프랑스의 야심을 따라야 할 의무는 없다. 21세기에도 영 국과 프랑스 두 나라는 유럽연합이라는 틀 안에서 패권 다툼을 계속 벌이고 있는 셈이다. 물론 나폴레옹전쟁 때처럼 서로 죽고 죽이는 잔혹한 형태의 전쟁이 다시 벌어지지는 않을 것이다.

동유럽의 패권 쟁탈전
러시아 vs 독일

핀란드

스웨덴

라트비아

리투아니아

북해

독일

벨로루시

폴란드

러시아

체코

우크라이나

오스트리아

헝가리

루마니아

흑해

너른 평원이 이어진 동유럽은 독일과 러시아의 안마당과 같았다. 따라서 두 강대국은 동유럽의 주인이 되기 위해 오랫동안 치열하게 패권 경쟁을 벌였다.

위치   러시아는 국토가 유럽 대륙의 동쪽 끝에 치우쳐 있다. 이 때문에 유럽 중심부인 서유럽으로 들어가기가 어려웠고, 자국과 가까운 동유럽을 주된 무대로 삼아 활동할 수밖에 없었다.

    독일은 유럽의 중심부에 위치해 있으며, 북해가 있는 북쪽을 제외한 서쪽과 남쪽과 동쪽이 모두 육지로 이어져 있다. 이 가운데 독일과 날씨가 비슷하고 평원이 넓게 펼쳐진 독일 동쪽의 동유럽이 일찍부터 독일인의 진출 무대가 됐다.

역사   러시아와 독일은 영국과 프랑스 등 서유럽에 비해 통합 국가로서의 출발이 늦었다. 따라서 서유럽보다 상대적으로 허술했던 동유럽을 중심으로 서로 세력을 다투며 성장했다. 두 나라의 사이가 좋았을 때는 왕실끼리 통혼하기도 했지만, 사이가 나빠지면 전쟁을 벌이는 경우도 잦았다.

종교   러시아는 서기 10세기부터 동로마제국의 종교인 정교회를 받아들여 사실상 국교로 삼고 있다. 비록 20세기 들어서서 무신론을 내세운 공산주의 소련 정권이 종교를 탄압하기도 했지만, 여전히 러시아는 세계 최대의 정교회 국가로 남아 있다.

    독일은 9세기 신성로마제국 시절부터 로마 교황을 수장으로 삼는 가톨릭을 믿어왔으나, 16세기 마르틴 루터의 종교개혁 이후 개신교를 숭상했다.

언어 러시아는 서기 9세기부터 공동체를 형성해온 대러시아인의 언어인 러시아어를 사용하고 있다. 러시아어는 러시아제국과 소련 시절 러시아의 지배를 받던 다른 민족에게도 전파돼, 카자흐스탄이나 우크라이나, 벨라루스 등 옛 소련에 속했던 나라에서는 지금도 중요한 언어로 남아 있다.

독일은 고대 게르만족의 언어에서 비롯한 독일어를 이웃인 스위스, 오스트리아와 함께 사용하고 있다. 현재까지 독일은 세계 최대의 독일어 국가로 남아 있으며, 독일계 이민자가 많은 미국에서도 독일어가 가끔 쓰이고 있다.

민족 러시아는 동유럽의 백인계 종족인 슬라브족이 주축을 이루어 탄생한 나라다. 슬라브족은 러시아 이외에도 폴란드, 우크라이나, 벨라루스, 체코, 슬로바키아, 불가리아, 세르비아 등 동유럽 전역에 넓게 퍼져 있다. 러시아는 그중에서도 벨라루스, 불가리아, 세르비아, 체코 등과 유대감이 강한 편이다.

독일은 북유럽의 백인계 종족인 게르만족의 공동체에서 비롯한 나라다. 이웃 국가인 네덜란드, 스위스, 오스트리아 역시 게르만족이 국민 대부분을 차지하고 있다. 특히 오스트리아는 독일과 같은 게르만족과 독일어 국가라는 특징을 공유하고 있다.

갈등 독일은 좁은 국토에 비해 인구가 많아 높은 인구밀도를 해소하기 위해 일찍부터 바깥으로의 진출을 꿈꾸었다. 그러나 서쪽에 있는 프랑스와 영국은 국가의 기반을 독일보다 일찍 다졌기 때문에 상대하기 어려웠다. 남쪽에 있는 이탈리아는 더운 날씨와 토착민의 저항 탓에 제대로 지배할 수 없었다. 결국 독일은 날씨가 비슷하고 평야가 드넓으며 원주민 저항이 비교적 허술한 동쪽, 즉 동유럽으로 진출할 수밖에 없었다.

러시아 역시 자국과 가까운 동유럽을 지배해 그 땅을 기반으로 유럽의 맹주가 되려 했다. 그러려면 반드시 독일을 제압해야 했다. 결국 독일과 러시아가 동유럽의 지배권을 놓고 다투는 일은 예고된 것이나 다름없었다.

튜턴 기사단의 침략
러시아와 독일의 갈등이 싹트다

러시아와 독일이 처음으로 대결하게 된 때는 서기 13세기 초였다. 동유럽에 가톨릭을 전파한다는 명분을 내걸고 독일인으로 구성된 튜턴 기사단이 쳐들어왔는데, 이들이 점차 동쪽으로 활동 범위를 넓혀감에 따라 러시아와 맞부딪쳤던 것이다.

튜턴 기사단은 1190년 창설된 단체로, 원래는 서아시아에서 이슬람교와 싸우던 십자군 기사단 가운데 하나였다. 그러다가 13세기 초에 동유럽의 발트해 연안으로 활동 무대를 옮겼다. 발트해 연안은 튜턴 기사단의 본국인 독일과 거리가 가까운 데다, 아직 가톨릭으로 개종하지 않은 이교도 원주민이 많았다. 튜턴 기사단에게는 가톨릭을 전파한다는 명분을 내세울 수 있는 여러모로 편리한 곳이었다.

발트해로 이동한 튜턴 기사단은 먼저 해안 지역에 성을 쌓고, 원주민을 무력으로 복속시킨 다음, 그들에게 전통 신앙을 버리고 가톨릭으로 개종하라고 강요했다. 그리고 본국 독일에서 많은 독일인을 데려와 땅을 나눠주며, 이들을 통해 점령지를 영구히 지배하고자 했다. 이는 근대 서구 열강이나 일본이 식민지를 점령하면 곧바로 본국에서 사람들을 데려와 식민지에 정착토록 하여 그 지역을 영원히 지배하려고 했던 일과 같다.

가톨릭 전파를 전쟁의 명분으로 내세웠지만, 튜턴 기사단의 진짜 목적은 식민지 확대와 지배에 있었다. 이들은 원주민이 전통 신앙을 버리고 가톨릭으로 개종해도 여전히 2등 시민으로 취급해 높은 세금을 뜯어내며 착취했다. 심지어 같은 가톨릭 국가인 폴란드마저 공격 대상으로 삼았다.

이에 분노한 폴란드는 슬라브 전통 신앙을 믿는 '이교도' 국가인 리투아니아와 연합해 튜턴 기사단과 전쟁을 벌이기도 했다. 가톨릭 전파는 핑계에

튜턴 기사단원을 묘사한 그림. 튜턴 기사단은 기독교 선교를 표방했으나, 진짜 목적은 동유럽을 정복해 식민지로 삼는 일이었다.

불과할 뿐, 발트해 연안에 독일인이 거주하는 식민지를 건설하는 것이 그들의 본심이었기 때문이다.

발트해 연안의 식민지를 튼튼하게 다진 튜턴 기사단은 더 넓은 땅을 찾아 동쪽으로 향했는데, 그곳은 바로 러시아였다. 당시 러시아는 아직 하나의 통일된 국가가 아니었다. 노브고로드, 모스크바, 키예프 등 여러 도시 국가로 나뉘어 서로 다툼을 벌이고 있었다. 그래서 튜턴 기사단의 동진에 신속히 대처하지 못했다. 또한 1236년부터 동쪽에서 쳐들어온 몽골군에게 국토의 대부분이 파괴되거나 상당수의 도시 국가가 지배당하고 있었다. 러시아는 양쪽

튜턴 기사단의 지부와 발트해 식민지를 나타낸 지도. 튜턴 기사단은 발트해 연안 대부분을 점령했다.

으로 적을 맞이한 위태로운 상황이었다. 자칫하면 국가의 존립 자체마저 어려울 수 있는 절체절명의 위기가 닥쳐온 셈이었다.

이때 혜성처럼 나타나 러시아를 구해낸 영웅이 있었으니, 노보고르드공국의 군주인 알렉산드르 넵스키(1221~1263)였다. 그는 튜턴 기사단과 몽골군이라는 두 적에 고립된 러시아의 위태로운 현실을 놓고 돌파구를 고민하다가, 먼저 몽골에게 공물을 바치고 평화 관계를 맺었다. 그는 몽골보다 튜턴 기사단이 더 위험하다고 판단해 일단 몽골에 머리를 숙였던 것이다.

이는 꽤나 정확한 판단이었다. 그 무렵 몽골은 러시아를 상대로 적당히 공물만 받아내면 더 이상 침략하지 않는다는 정책을 폈기 때문이다. 자존심 상하기는 했지만, 튜턴 기사단처럼 영토와 백성을 통째로 먹어치우는 적을 상대하기보다는 공물만 받으면 얌전한 몽골을 달래는 편이 더 안전했다. 무엇보다 튜턴 기사단과 몽골 양쪽과 한꺼번에 싸우는 최악의 상황을 막아야 했다. 그는 몽골을 견제하기 위해 남쪽에 배치한 병력 대부분을 북쪽으로 이동시켜 튜턴 기사단의 침공에 성공적으로 대응할 수 있었다.

알렉산드르 넵스키 초상화. 몽골과 튜턴 기사단이라는 두 적에 고립된 러시아를 구해낸 영웅이다.

러시아의 서북 변경을 야금야금 먹어치우며 노보고르드공국을 노리고 쳐들어온 튜턴 기사단은 1242년 4월 5일, 페이푸스 호수의 얼어붙은 빙판 위에서 벌어진 전투에서 알렉산드르가 지휘하는 노보고르드공국의 군대에 패하고 말았다. 전황을 좌우한 것은 바로 '빙판'이었다. 튜턴 기사단의 무거운 갑옷 때문에 얼음이 깨지자 기사단 군사들이 익사했기 때문이다. 페이푸스 호 전투에서 패한 튜턴 기사단의 러시아 침략은 결정적으로 저지됐다. 튜턴 기사단은 두 번 다시 러시아 침략을 시도하지 않고 진로를 발트해 연안 주변으로 돌렸다.

알렉산드르 넵스키가 튜턴 기사단의 침공을 막아낸 결과, 러시아는 독일의 식민지로 전락하지 않고 온전하게 기반을 지킬 수 있었다. 훗날 러시아 정교회는 알렉산드르 넵스키를 가리켜 러시아

타넨베르크 전투를 묘사한 그림.

를 파멸로부터 지켜낸 성인으로 추앙했다.

페이푸스 호 전투에서 패한 튜턴 기사단은 1410년 벌어진 타넨베르크 전투에서 폴란드와 리투아니아의 연합군에 치명적인 패배를 당해 세력이 급속히 약해진다. 1525년 튜턴 기사단 단장인 알브레히트는 가톨릭을 버리고 개신교(루터교)로 개종을 하면서 폴란드 국왕의 신하가 됐다. 가톨릭 전파를 내세운 기사단이 스스로 가톨릭을 버린 것이다.

한때 발트해와 동유럽을 공포에 떨게 만들었던 무시무시한 튜턴 기사단은 300년 만에 종말을 맞았다. 그러나 튜턴 기사단이 완전히 사라지지는 않았다. 기사단은 프로이센공국으로 모습을 바꿔, 1871년 독일 통일을 이루는 원동력이 됐다.

한편 튜턴 기사단의 침략을 이겨낸 러시아는 1480년 모스크바

대공국의 주도로 통일 국가를 형성했다. 그리고 18세기 초에 이르자 뛰어난 군주인 표트르 1세의 등장으로 서구화 개혁에 성공하면서 동유럽을 노려보는 초강대국으로 성장하기에 이른다.

7년전쟁
러시아와 독일의 1차 총력전

1242년 페이푸스 호 전투에서 맞붙어 싸웠던 러시아와 독일은 그로부터 약 500년 뒤인 18세기 중엽 다시 맞붙는다. 이번에는 온 나라의 국력을 기울인 총력전이었다. 전 유럽이 휩쓸린 7년전쟁(1756~1763) 와중에 두 나라도 서로 전쟁을 벌인 것이다.

1756년 프로이센이 오스트리아를 공격하자, 오스트리아는 동맹국인 러시아와 프랑스에 도움을 요청했다. 이에 러시아는 오스트리아를 도와 7년전쟁에 참전해 프로이센과 싸우게 됐다.

당시 프로이센은 유럽을 대표하는 계몽 군주로 알려진 프

프리드리히 2세의 초상화. 그는 계몽 군주이자 명장으로 이름이 높아 '대왕'으로 불렸다.

리드리히 2세(1712~1786)였다. 그는 오스트리아왕위계승전쟁에서 수적으로 우세한 오스트리아군을 격파해 뛰어난 군사적 재능을 지닌 명장으로 추앙받았다. 훗날 나폴레옹도 그를 존경했다.

이에 반해 7년전쟁 무렵 프로이센과 전쟁을 한 러시아 황제는 옐리자베타 여제(1709~1762)였다. 프리드리히 2세에 비하면 그녀는 평범한 능력의 소유자였지만, 그녀가 다스리는 러시아는 프로이센보다 영토와 인구 면에서 훨씬 거대한 나라였다. 이러한 물적 기반을 지닌 러시아가 7년전쟁에 참전하자 전황은 프로이센에 불리하게 돌아갔다. 아무리 뛰어난 명장이라고 해도 끝없이 몰려오는 대군과 계속 싸우다 보면 버텨낼 재간이 없기 마련이다.

1760년 프로이센의 수도인 베를린이 러시아군에 함락당했고, 프리드리히 2세는 러시아군을 피해 달아났다. 이때 베를린을 포함한 프로이센의 국토 대부분은 러시아군에 점령당한 상황이었다. 하도 전황이 불리한 나머지, 러시아군에게 붙잡힐 경우를 대비해 프리드리히 2세는 독약을 가지고 다니면서 자살할 궁리를 했다고 전한다. (이건 여담이지만, 프리드리히 2세를 존경하던 히틀러도 전쟁 말기에 소련군이 베를린을 포위하자, 그들에게 붙잡혀 치욕을 당할 것이 두려워 결국 권총으로 자살하고 만다.)

그런데 다 망해가던 프로이센을 극적으로 구해낼 뜻밖의 사건이 발생했다. 1762년 1월 5일 옐리자베타 여제가 병으로 죽고, 새로 러시아 황제에 오른 표트르 3세(1728~1762)는 프로이센과 프리드리히 2세를 열렬히 사모하는 인물이었다. 그는 자신이 사랑하는 프리드리히 2세가 고생하는 모습이 무척 안쓰러워서, 그와 서둘러 평화 조약을 맺고는 프로이센의 모든 영토에 주둔한 러시아군을 즉각 철수시켜버렸다. 러시아인들은 물론이고 프리드리히 2세마저 의심할 정도로 믿어지지 않는 극적인 사건이었다.

표트르 3세의 초상화. 그는 프로이센을 무척 동경한 나머지 다 이겨놓은 전쟁을 망쳐버리는 어처구니없는 실수를 저질러 폐위됐다.

멍청한 황제 탓에 다 이긴 전쟁을 망쳐버린 러시아인들은 미친 듯이 화가 났다. 표트르 3세를 계속 황제 자리에 앉혔다가는 앞으로 그가 프로이센에 러시아의 국익을 몽땅 내다바칠 것 같았다. 결국 표트르 3세는 1762년 7월 9일 황제 자리에서 쫓겨나고 감옥에 갇혔다가 8일 뒤인 7월 17일에 살해당했다. 그리고 1762년 9월 22일 새 황제로 죽은 표트르 3세의 아내인 예카테리나 2세(1729~1796)가 즉위했다. 그러나 이미 7년전쟁의 승기는 다 놓친 뒤였고, 더 이상 전쟁을 계속할 수도 없었다.

만약 7년전쟁 당시 옐리자베타의 뒤를 이은 러시아의 황제가 표트르 3세가 아니라 다른 사람이었다면? 그리고 거의 몰락 직전의 프로이센을 더 강하게 밀어붙여 완전히 멸망시키고 그 영토를 정복했다면? 그랬다면 세계사는 크게 바뀌었을 것이다. 통일 독일의 기반을 닦을 프로이센이 러시아에 흡수됐으니 독일 통일도 이루어지지 않았을 것이고, 어쩌면 양차 세계대전도 일어나지 않았을 것이다. 아마 러시아가 동유럽 전체를 지배하는 초강대국으로 올라서지 않았을까? 어리석은 표트르 3세의 실수로 러시아는 숙적인 독일의 숨통을 끊어놓을 절호의 기회를 놓쳐버렸다.

한편 극적으로 살아난 프로이센은 1772년의 폴란드 분할에 참여해 폴란드 서부의 영토와 인구를 흡수해 예전보다 더 크고 힘센 국가로 부활했다. 참으로 아이러니하게도 러시아는 전쟁에서 다 이겨놓고도 별로 이득이 없었지만, 프로이센은 패배하고도 되살아나 7년전쟁 이전보다 더 강한 나라가 됐다.

제1차 세계대전
러시아와 독일의 2차 총력전

7년전쟁이 끝나고 152년 뒤인 1914년, 제1차 세계대전이 발발했다. 러시아와 독일은 또다시 맞붙어 두 번째 총력전을 벌였다. 당시 러시아는 러일전쟁에 패한 탓에 남하 정책이 무산됐다. 이 여파로 인해 러시아는 영국과의 패권 경쟁을 포기하고 영국과 동맹을 맺어 연합국에 가담했다.

반면 독일은 급속한 공업화와 보호 무역의 성과로 놀라운 경제성장을 이룩해 영국을 위협하는 강대국으로 성장했으며, 자연히 영국과 대립하는 동맹국 진영에서 러시아와 싸웠다.

당초 전쟁이 벌어질 무렵 러시아는 자신만만했다. 유럽과 아시아에 걸친 거대한 영토와 엄청난 인구를 보유한 자신들을 상대로 좁은 땅과 적은 인구를 가진 독일 따위는 상대도 되지 않는다는 오만함에 젖었다. 독일 전선으로 가는 러시아군의 코사크 기병 대원들은 "독일 황제인 빌헬름 2세를 세인트헬레나로 보내버리자!"라는 구호를 외쳤다. 세인트헬레나는 바로 러시아에 쳐들어왔다가 패배한 나폴레옹이 유배된 아프리카 서쪽의 작은 섬이다. 독일 황제를 나폴레옹처럼 격파해서 세인트헬레나 섬으로 쫓아버리자고 외친 것이다. 그들의 머릿속은 베를린을 함락시키고 프로이센을 멸망 일보 직전까지 밀어붙였던 7년전쟁의 영광을 다시 재현할 수 있다는 자신감으로 가득 찼을지도 모른다.

그러나 막상 전쟁이 벌어지자 러시아군은 참패를 거듭했다. 숫자만 많았을 뿐 러시아군은 전쟁 준비가 전혀 돼 있지 않았다. 기본 무기인 총과 총탄도 턱없이 부족해 몽둥이만 들고 나선 병사도 많았다. 삼소노프와 렌넨캄프 같은 러시아 장군은 너무 무능해 서로 협조도 잘되지 않았다. 무엇보다 철도가 제대로 깔리지 않아 병사 수송과 물자 보급이 형편없어 대부분의 병사가 굶주리기까지 했다.

이에 반해 독일군은 전체 병력 수는 러시아군보다 적었으나 병력 질은 러시아군보다 나았다. 독일군 병사들은 러시아군 병사들

타넨베르크 전투에서 항복하는 러시아군 병사들. 이 전투에 패배한 러시아는 제1차 세계대전에서 주도권을 잃고 만다.

보다 잘 교육받아 지휘관 명령을 쉽게 이해할 수 있었다. 무기와 총탄도 독일군이 러시아군보다 충분했다. 슐리펜과 힌덴부르크 같은 장군은 러시아군 장군보다 유능한 데다 서로 협조도 원활했다. 또한 독일은 러시아보다 국토가 좁지만 오히려 이 덕분에 철도를 통한 병력과 물자 수송이 훨씬 원활했다. 결국 독일군의 질적 우위가 러시아군의 수적 우위를 압도해, 러시아군은 타넨베르크 전투 (1914)에서 독일군한테 7만 8,000명이 죽거나 다치고 9만 2,000명이 포로로 잡히는 치명적인 참패를 당하고 만다.

　타넨베르크 전투 이후에도 러시아군은 독일군을 상대로 싸울 때면 졸전과 패배를 면치 못했다. 결국 1917년 2월, 열악한 환경에도 불구하고 계속 전쟁터로 나가 죽으라고 강요하는 전제 정치에 반발한 러시아인들은 공산주의 혁명을 일으켜 제정帝政을 폐지하

브레스트-리토프스크 조약을 맺기 위해 만난 소련과 독일 지도부. 이 조약으로 소련은 우크라이나와 발트 해 연안을 모두 독일에게 넘겨주는 치욕을 당했다.

고, 공산주의에 입각한 연방 공화국인 소련(소비에트 사회주의 공화국 연방)을 세웠다. 러시아는 독일보다 훨씬 강대한 잠재력을 지녔음에도 불구하고 낡고 부패한 정치체제 때문에 그 힘을 제대로 발휘하지도 못한 채 스스로 자멸하고 만 꼴이었다.

공산주의 혁명이 일어났지만 소련은 여전히 혼란스러웠다. 게다가 독일군은 계속 동쪽으로 진군해 오고 있어서 안보마저 불안했다. 고심 끝에 레닌을 비롯한 소련 지도부는 독일과 1918년 2월 9일 브레스트-리토프스크 조약을 맺어 "소련은 핀란드, 발트 3국(에스토니아, 라트비아, 리투아니아), 폴란드, 우크라이나, 카프카스 지역을 모두 독일에 넘겨준다"는 내용에 합의했다.

이때 소련이 독일에 넘겨준 영토는 러시아에서 가장 발달한 산업 시설과 농업 지대가 밀집한 그야말로 알짜배기 땅이었다. 협정

내용이 공개되자 러시아인들은 일제히 분노해 소비에트 지도부에 항의했다. 레닌을 비롯한 지도부 역시 당장 급한 불을 끄기 위해 독일을 달래주려고 조약을 맺은 것일 뿐 진심으로 영토를 내줄 생각이 없었다. 실제로 1922년 들어 혼란이 어느 정도 잦아들자, 소련은 우크라이나와 카프카스 지역에 군대를 보내 다시 소련 영토로 편입시켰다(단, 폴란드와 핀란드, 발트 3국은 브레스트-리토프스크 조약으로 독립했다가 발트 3국만 1940년 소련에 합병됐다).

한편 러시아를 격파하고 꿈에도 그리던 동유럽의 알짜배기 땅을 얻은 독일은 희희낙락하는 듯했지만, 그것도 오래가지 못했다. 독일 역시 영국과 프랑스 등 연합국에 두들겨 맞아 기진맥진한 상태였다. 영국 해군이 바다를 봉쇄해 식량과 물자가 부족해지자 독일 국민들 사이에 전쟁이 빨리 끝나기를 바라는 여론이 팽배했다. 급기야 1918년 11월 3일 킬 군항에서 독일 해군이 출동 명령을 거부하고 반란을 일으키자 이 사태가 순식간에 독일 전국으로 확대돼 반전과 반정부 구호를 외치는 시위가 온 나라를 뒤덮었다. 이에 놀란 빌헬름 2세는 11월 9일 네덜란드로 망명했으며, 독일제국은 붕괴되고 바이마르공화국이 들어섰다.

제1차 세계대전에서 만나 서로 총력전을 벌인 러시아와 독일은 결국 모두 국민의 저항에 정부가 무너졌다. 어느 나라도 좋은 결과를 얻지 못한 채 패전국이 된 셈이다.

제2차 세계대전
러시아와 독일의 3차 총력전

제1차 세계대전으로 체제가 무너진 소련과 독일은 그로부터 22년 뒤 세 번째로 맞붙는다. 바로 인류 역사상 가장 거대하면서 참혹한 전쟁으로 알려진 제2차 세계대전 중에 독일과 소련이 벌인 독소전쟁(1941~1945)이다.

당시 나치 독일의 독재자인 히틀러는 소련을 선제공격해 독소전쟁을 일으켰다가 패망해 자살하고 말았다. 이를 두고 히틀러가 어리석고 제정신이 아니어서 소련 침공이라는 실수를 저질렀다고 말하는 사람도 많다. 그러나 히틀러가 비록 사악한 독재자이기는 했어도, 광기에 사로잡혀 무모하게 소련을 침공했다고 볼 수는 없다. 히틀러는 집권하기 전부터 이미 자서전《나의 투쟁*Mein Kampf*》에 이런 말을 남겼다.

독일 민족에게는 비행기로 고작 4시간이면 돌아볼 수 있는 지금의 좁은 국토에서 벗어나, 더 넓은 국토가 필요하다. 그리고 이미 우리를 위해 기다리고 있는 광대하고 풍요로운 땅이 있으니, 바로 동유럽과 소련의 영토다. 우랄산맥 서쪽의 소련 영토를 모두 점령하고, 거기에 살고 있는 미개한 족속인 슬라브족들을 말살한 다음 독일인들을 대규모로 이주시켜 영원히 독일이 지배하는 땅으로 만드는 것이다. 이것이야말로 독일인을 위한 삶의 터전, 레벤스라움Lebensraum이다.

튜턴 기사단의 발트해 정복으로부터 시작돼 무려 700년 동안이나 이어진 독일인의 야망, 레벤스라움.

정복한 동유럽 땅에 자국민을 이주시켜 영토로 삼겠다는 레벤스라움 이론을 히틀러가 처음 주장한 것은 아니다. 이미 13세기에 튜턴 기사단이 발트해 연안을 점령하고 독일인을 이주시켜 식민지로 삼으려 한 바가 있다. 제1차 세계대전 때도 독일은 혼란에 빠진 소련을 상대로 폴란드, 우크라이나, 발트 3국을 얻어냈다. 레벤스라움은 히틀러 개인의 광기가 아닌, 독일인이 거의 700년 동안 추구해온 국가 목표라고 봐야 한다.

히틀러는 독일이 먼저 소련을 치면 충분히 승산이 있다고 보았다. 독소전쟁이 일어나기 직전, 소련의 독재자 스탈린은 군부의 쿠데타가 두려운 나머지 의심스러운 군 장성과 장교를 모조리 죽이거나 감옥에 보냈다. 이 탓에 소련군 전투력은 매우 약화된 상태였다. 히틀러는 이 기회를 놓치지 말고 재빨리 소련을 쳐야 한다고 보았다. 또 그는 제1차 세계대전 때의 경험으로 소련을 깔보고 있었다. 소련군은 독일군에 비해 숫자만 많았지 병력의 질이 형편없을뿐더러 다들 전쟁을 두려워하는 겁쟁이여서 타넨베르크 전투에서처럼 질적 우위로 수적 우위를 분쇄할 수 있다고 믿었다. 그밖에도 소련의 강압적인 철권통치로 불만을 품은 소련 내 소수민족들이 독일군을 해방자로 여겨 환영할 것이고, 독일의 동맹국인 일본이 동쪽에서 소련을 공격하면 소련은 더 이상 버티지 못하고 무너진다는 분석도 내렸다. 이처럼 히틀러의 소련 침공은 그 나름대로 설득력 있는 계산에 따른 것이었다.

독소전쟁이 시작되자, 초반에는 히틀러의 주장이 선견지명처럼 보이는 듯했다. 기습적으로 전쟁을 감행한 독일군이 소련 영토로 진격할 때마다 미처 전쟁을 할 준비가 안 된 소련군은 참패와 도주를 거듭했다. 미처 달아나지 못한 소련군 부대는 모조리 포로로 잡혔다. 전쟁 초기에 독일군이 사로잡은 소련군 포로만 무려 300만 명에 달했다. 또한 히틀러의 예측처럼 우크라이나, 리투아니아, 에스토니아 등 스탈린의 철권통치에 불만을 품은 소수민족이 독일군을 환영하며 자발적으로 민병대를 만들어 독일군에 협조하는 일도 비일비재했다. 1942년 8월 21일에 벌어진 스탈린그라드 전투 (1942~1943)까지 독일군은 우크라이나, 벨라루스, 발트 3국 등 소련의 핵심 유럽 영토 대부분을 파죽지세로 장악했다. 독일은 승리를 눈앞에 둔 듯 보였다.

그러나 스탈린그라드 전투를 겪으면서 히틀러의 야망은 조금씩 암초에 부딪혔다. 소련군도 더 이상 졸전만 거듭하지 않았다. 전열을 수습한 소련군은 독일군에 결사적으로 저항하기 시작했다. 승승장구만 하던 독일군은 뜻하지 않게 패배를 맛보았다. 독일 육군 원수인 파울루스가 소련군의 포위망을 뚫지 못하고 항복하고 만 것이다. 독일 원수가 항복한 일은 파울루스가 처음이었다. 이 소식을 들은 히틀러는 충격과 분노에 사로잡혀 길길이 날뛰었다. 소련은 계속 새로운 사단을 편성해 독일군과 맞섰다. 이들은 독일제 무기에 크게 뒤지지 않는 무기와 장비로 무장하고 조국을 지키겠다는 결의에 불타 독일군에 맞섰다. 제1차 세계대전 때 무기력하기만 하던 러시아군과는 완전히 딴판이었다.

스탈린그라드 전투에서 항복한 독일군 병사들. 결코 항복하지 말라던 히틀러의 명령도 뼛속까지 얼어붙는 추위와 소련군의 포위망 앞에서는 소용이 없었다.

엎친 데 덮친 격으로 독일군을 해방자로 환영했던 소련의 소수민족들이 점차 돌아서기 시작했다. 게르만족이 세계에서 가장 우수한 민족이고, 나머지는 모두 미개한 족속이라는 인종차별적인 사고에 사로잡힌 독일군은 소수민족을 아무 거리낌 없이 학살했다. 이에 분노한 소수민족들은 "엄격한 친어머니가 자상한 계모보다 낫다. 스탈린도 나빴지만 최소한 히틀러보다는 낫다"라면서 소련과 협력해 독일군을 몰아내기 위해 싸웠다. 게다가 도와줄 거라고 믿었던 일본마저 시베리아의 추위를 이기지 못한다는 이유로 소련이 아니라 미국을 공격했다. 일본이 소련의 배후를 찌르고 전방에서 독일이 압박하면 소련이 무너질 것이라는 히틀러의 계산은 완전히 빗나가고 말았다.

히틀러가 추진한 독소전쟁은 갈수록 패색이 짙어졌다. 마침내 1945년 5월이 되자 독일의 수도이자 히틀러가 머무는 베를린이 소련군에 포위돼 소련군이 쏘아대는 포탄이 수시로 떨어지는 지옥으로 변했다. 히틀러는 프리드리히 2세 때와 같은 대역전극이 일어나기를 고대했다. 그러나 스탈린은 결코 표트르 3세처럼 나약한 인물이 아니었다. 히틀러를 향한 압박은 더욱 강해질 뿐이었다. 마지막 수단으로 히틀러는 미국과 영국에 강화 요청을 해 소련을 막아달라고 사정할 수밖에 없었다. 그러나, 그들은 더 이상 히틀러를 살려주고 싶지 않아 거절했다. 결국 히틀러는 모든 희망이 사라졌음을 깨닫고 절망에 빠졌다. 포로로 잡히는 수모만은 피하고자 그는 권총으로 자살했고, 1945년 5월 9일 나치 독일은 소련군에 항복했다.

러시아와 독일이 벌인 세 번째 총력전은 소련의 압승으로 끝났다. 승전국인 소련은 연합국과 함께 패전국인 독일을 동서로 갈라 동독을 44년 동안 지배했다. 아울러 폴란드, 체코, 헝가리, 유고, 불가리아, 루마니아 등 다른 동유럽 국가를 위성국으로 삼아 지배했다. 그리고 미국과 더불어 46년 동안 세계를 양분한 초강대국으로 군림할 수 있었다.

반면 패전국 독일은 동유럽 제패라는 오랜 야망을 완전히 포기할 수밖에 없었다. 나라마저 갈라져 미국과 소련의 간섭을 받는 신세로 전락하고 말았으니, 불과 4년 동안 벌인 전쟁이 두 나라의 운명을 46년 동안이나 좌우했던 것이다. 고대 중국의 성인 맹자는 "전쟁은 결코 해서는 안 되지만, 할 수밖에 없다면 반드시 이겨야 한다"라고 말하지 않았던가.

우크라이나 내전(돈바스전쟁)
새롭게 시작되는 러시아와 독일의 갈등

제2차 세계대전에서 승리한 소련은 46년 뒤인 1991년, 경제 파탄과 소수민족의 독립 열기를 통제하지 못해 붕괴한다. 러시아를 포함해 열다섯 나라로 분열돼 역사 속으로 사라지고 말았다.

반면 친미 친서구 진영에 섰던 서독은 1990년, 소련이 혼란에 빠진 틈을 타서 공산 진영의 동독을 흡수 통일했다. 10년에 걸친 투자 끝에 동서 갈등을 완전히 해소한 지금은 프랑스와 더불어 유럽연합을 이끌어가는 맹주로 떠올랐다. 2016년 현재 독일은 미국, 중국, 일본에 이은 세계 4위의 경제 대국이다. 과거 자신들에게 패전을 안겨준 영국을 제치고 유럽연합에서 가장 큰 경제력을 가진 나라로 우뚝 섰다.

독일이 번영을 누리는 동안 러시아는 소련 붕괴로 인한 혼란을 10년이나 겪으며 인구 감소와 경제난이라는 중병을 앓았다. 그러다가 2000년대 초반 들어 국제 유가가 오르면서 러시아는 다시 경제가 나아지기 시작했고, 2008년에는 외환보유고가 5,800억 달러로 중국과 일본에 이은 세계 3위의 외환보유국으로 떠오르면서 옛 소련의 영광을 되찾으려 노력하고 있다.

소련 붕괴 이후, 러시아와 독일은 폴란드와 벨라루스를 사이에 두고 길이 막혔다. 예전처럼 서로 치고받고 싸울 형편이 아닌 덕분인지 2013년까지만 해도 두 나라는 매우 우호적인 관계를 유지했다. 그러다가 2013년 12월, 소련에서 독립한 우크라이나가 독일이 주도하는 유럽연합과 러시아가 주도하는 유라시아경제연합EEU 가운데 후자에 가입하겠다고 결정했다. 이에 반발한 우크라이나 국민이 대규모 반정부 시위를 2개월 동안 벌인 끝에 마침내 친러 성향의 정부를 뒤엎고 반러 친서구 성향의 임시정부를 세웠다.

이 사태를 '유로마이단'이라고 부르는데 언론의 성향에 따라 해석은 완전히 다르다. 일단 미국과 유럽연합 같은 서방에 우호적인 언론들은 유로마이단이 부패하고 타락한 우크라이나의 친러 정부를 무너뜨리고 시민들의 자유를 되찾은 위대한 민주혁명이라고 치켜세운다.

반면 반서방 성향의 언론들은 유로마이단이 미국과 독일이 치밀하게 주도해 우크라이나의 네오나치 성향을 띈 극우 파시스트 세력을 선동해 일으킨 일종의 쿠데타라고 반박한다. 그 증거로 독일 일간지 《빌트Buld》지는 미국중앙정보국CIA과 미국연방수사국FBI이 우크라이나의 반러시아 과도정부를 지원하고 있다고 보도했다.* 또한 미국의 존 매케인 상원의원이 네오나치 성향의 정당인 스보보다Svoboda의 지도자 올레 타니복과 만나 유로마이단을 지지하는 선언을 하는 장면도 사진에 찍혔다.** 또한 유로마이단을 촉발시킨 시위대 피격 사건은, 우크라이나 경찰이 발포한 것이 아니라 시위대 몇 명이 일부러 총을 쏜 자작극이라고 주장했다.

친서구 언론만 접하는 한국인에게 이 같은 주장은 매우 이상하게 여겨질 것이다. 그러나 우크라이나 임시정부에 '프라비 섹토르(우익 섹터)'라 불리는 네오나치이자 반러 성향의 과격한 민병대가 다수 포함된 것은 사실이다. 실제로 제2차 세계대전 당시, 우크라이나 서부에서는 나치 독일군을 환영하며 친나치 민병대로 활약했던 사람이 많았다. 이런 나치의 후예가 나치 패망 이후 은밀하게

---

* https://news.sbs.co.kr/news/endPage.do?news_id=N1002374511

** https://www.dailymail.co.uk/news/article-2524179/John-McCain-tells-Ukraine-protesters-We-support-just-cause.html

숨어 있다가, 소련이 붕괴하고 우크라이나가 독립하자 다시 고개를 들고 활동하던 중 유로마이단이 터지자 이 기회를 노려 모습을 드러낸 것이다.

또한 독일은 우크라이나에 유럽연합에 가입하라고 권유했다. 얼핏 보면 매우 좋은 제안 같지만 유럽연합 가입은 결코 공짜가 아니다. 독일은 우크라이나 정부에 유럽연합에 가입하는 대가로 강도 높은 구조 조정을 하라고 요구했다. 1997년 IMF의 구제금융을 받는 조건으로 단행한 구조 조정 탓에 한국에 수많은 실업자가 양산됐듯, 독일은 이런 대가를 우크라이나 정부에 요구한 것이다.

반면 러시아는 우크라이나에 유라시아경제연합에 가입하는 조건으로 아무런 대가도 요구하지 않았다. 우크라이나 정부가 요구하는 대로 150억 달러를 무상으로 지원하겠다고 제안했다. 이러니 우크라이나 정부가 러시아가 주도하는 유라시아경제연합에 가입하겠다고 선언한 것은 결코 잘못된 결정이 아니다.

아울러 독일은 우크라이나에 미국이 주도하는 군사 기구인 나토NATO에 가입하라고도 요구했다. 러시아 입장에서는 자국의 턱밑인 우크라이나에 미군 군사기지가 들어서는 위험을 안게 되는 형국이었다. 러시아는 보복 차원으로 우크라이나에 군사·경제적 압박 수위를 높였다. 결국 우크라이나 국민만 피해를 고스란히 떠안고 말았다.

이런 이유로 러시아는 유로마이단이 미국과 독일이 주도한 쿠데타였다고 강도 높게 비판한다. 물론 독일 정부는 유로마이단이 자국과 전혀 상관이 없는 일이라고 부정한다.

그사이 우크라이나 남부의 크림반도와 동부의 돈바스 지역(도네츠크와 루한스크 지역)에서는 친서방 성향의 임시정부에 반발해 "우리는 러시아인이다! 그러니 러시아와 손을 잡겠다!"라며 러시아계 주민이 들고 일어났다. 러시아 푸틴 대통령은 재빨리 크림반도를 러시아 영토로 편입시켰다. 또 돈바스에 자치 정부를 세운 러시아계 주민에게 무기와 장비를 지원해 친러시아 민병대로 만들어 우크라이나 정부군과 싸우게 만들었다. 이렇게 시작된 우크라이나 내전, 일명 돈바스전쟁은 2014년 9월 5일에 맺어진 민스크협정으로 종식되는 듯했으나 산발적인 교전은 계속되고 있다. 최근에는 돈바스 지역 주민들에게 러시아 여권을 신속하게 발행할 수 있게 하는 대통령령에 푸틴이 서명했다. 우크라이나는 이를 강하게 비난하며 러시아의 공세에 맞서 나토 가입을 추진하고 있다.

푸틴은 우크라이나에 대한 야심을 결코 포기하지 않을 것이다. 원래 우크라이나와 러시아는 같은 역사와 문화를 공유한 민족이며 동질감도 강한 데다, 푸틴이 야심차게 추진하는 유라시아경제연합이 성사되려면 5,000만 인구와 곡창지대를 가진 우크라이나가 반드시 필요하다. 또 러시아가 흑해와 지중해로 나가는 길목을 안전하게 확보하기 위해서라도 우크라이나는 러시아의 세력권 아래에 들어가야 한다. 여러모로 우크라이나는 위대한 러시아 건설을 추구하는 푸틴에게 결코 놓쳐서는 안 되는 먹잇감인 셈이다.

그런데 유로마이단 사태를 둘러싸고 러시아와 독일 사이에 맴도는 긴장은 대체 어떻게 끝을 맺을까? 과연 독일은 러시아를 상대로 네 번째 전면전을 감행할 수 있을까?

이 물음에 섣불리 대답하기는 어렵다. 현재 독일은 가동할 수 있는 탱크가 100대도 채 되지 않는다. 제2차 세계대전 때와는 비교가 안 될 정도로 군사력이 매우 약화돼 있다. 심지어 탱크에 기관총이 없어 빗자루를 검게 칠해서 달았다가 들통이 난 우스꽝스러운 일도 있었다. 반면 러시아는 2008년 조지아전쟁과 2015년 시리아 내전에서 보여주었듯이 아직도 강력한 군사력을 보유하고 있다. 특히 시리아 내전에서 맹활약을 한 러시아군의 위상을 보고 미국과 유럽 국가들은 큰 충격을 받았다.

독일이 유럽의 명실상부한 맹주가 되기 위해서는 우선 자국의 안마당이라고 할 수 있는 동유럽부터 제압해야 한다. 그러려면 우크라이나에 이어 체코, 불가리아, 헝가리 같은 동유럽 국가에 친러 정권을 만들려는 러시아를 반드시 막아야 한다. 이러나저러나 21세기에도 독일은 동유럽의 주인 자리를 두고 러시아와 다퉈야 할 운명인 듯하다.

서구의 최강자 지위를 놓고 벌어진 패권 경쟁
영국 vs 미국

미국과 영국이 대서양을 사이에 두고 마주보고 있다.

위치 영국은 사방이 바다로 둘러싸이고 유럽 본토에서 떨어진 섬나라다. 즉, 영국은 지정학적으로 볼 때 해양 세력으로 분류된다. 유럽 본토를 통일할 강력한 단일 제국이 탄생하지 않도록, 유럽 내 각 세력을 이간하고 분열시키는 일이 곧 영국의 핵심 전략이었다.

미국의 지정학적 위치도 영국과 다르지 않다. 서쪽과 동쪽에 태평양과 대서양이 있고, 북쪽 캐나다와 남쪽 멕시코는 약한 나라라 미국의 적수가 못 된다. 따라서 미국은 외세의 침입에 비교적 안전하기 때문에 대륙이 아닌 바다를 통해 외부로 진출했다. 미국도 영국처럼 지정학적 관점으로는 섬나라이자 해양 세력인 셈이다.

역사 영국은 서기 5세기경 앵글로색슨족이 정복한 뒤에야 비로소 국가 정체성을 갖추었다. 앵글로색슨족은 바이킹 등 노르만족의 지배를 받기도 했으나, 이들을 동화시켜 유럽 대륙과는 다른 정체성을 가진 국가를 형성했다. 국토를 둘러싼 바다를 고속도로로 삼아 해외로 세력을 뻗어 방대한 식민지를 확보했는데, 미국 역시 그 가운데 하나였다.

원래 영국인이 북미로 이주해 세운 식민지였던 미국은, 1776년 영국 본국의 가혹한 세금 징수에 반발한 주민들이 독립을 선언하면서 반란을 일으켜 영국 군대와 싸워 이긴 끝에 1783년 독립국으로 승인을 받았다. 그 뒤에도 1812년 영미전쟁이 벌어졌으나 미국은 영국을 격퇴하고 북미 대륙의 서부를 파죽지세로 점령해가면서 마침내 영국이 손댈 수 없는 수준의 초강대국으로 떠오르게 된다.

종교 영국은 7세기부터 16세기까지 로마 가톨릭을 믿었으나, 16세기 중엽 국왕 헨리 8세(1491~1547)의 종교개혁 이후 독자적 기독교인 성공회를 국교로 삼는다. 로마 가톨릭이 교황과 에스파냐의 앞잡이가 돼 자국을 간섭하고 침략하려 한다는 불안감 때문이었다.

미국은 영국에서 개신교의 일파인 청교도가 탄압을 피해 북미 대륙으로 이주하면서 세워진 나라다. 자연히 청교도 문화를 강하게 띤다. 비록 21세기에 들어와서는 종교적 열정이 쇠퇴하고 있지만 아직까지 미국은 세계 최대의 개신교 국가로 남아 있다.

언어 영국은 5세기 이후, 영어를 사용하는 앵글로색슨족이 정착하면서 자연스레 영어를 일상 언어로 받아들였다. 11세기에 프랑스 문화에 동화된 노르만족이 정복한 뒤 프랑스어 어휘가 영어에 많이 들어가기는 했지만, 여전히 영국은 영어권 국가로 남아 있다.

영국인 이주민이 개척한 미국 역시 영국에서 독립한 뒤에도 여전히 영어를 일상 언어로 사용하고 있다. 다만 1960년대 이후 에스파냐어를 사용하는 중남미에서 들어온 히스패닉 인구가 많아짐에 따라 에스파냐어 사용 인구도 증가하고 있다.

민족 영국에 이주해 온 민족은 이베리아인과 켈트족, 로마인, 앵글로색슨족, 바이킹, 노르만족 등이다. 이들 가운데 영어를 사용하는 앵글로색슨족의 정체성이 가장 확고하다. 1066년에 영국을 정복한 노르만족도 3세기가 지난 뒤에는 앵글로색슨족에 동화됐다. 따라서 영국은 곧 앵글로색슨족의 나라라고 할 수 있다.

　미국 또한 영국에서 이주해 온 앵글로색슨족의 후손이 처음 나라의 기틀을 다졌다. 그래서 미국의 '파워 엘리트'는 백인White이자 앵글로색슨족Anglo-Saxon의 후손이면서 개신교Protestant를 믿는 집단인 와스프WASP라 불리는 세력이 근간을 이룬다. 미국 역시 영국과 마찬가지로 앵글로색슨족의 나라라고 할 수 있다.

갈등　18세기 중엽 이후, 영국은 프랑스와 전쟁을 치르면서 고갈된 재정을 충당하기 위해 북미 식민지에 세금을 독촉한다. 이에 반발한 식민지 주민들이 무기를 들고 반란을 일으켜 영국과 맞서 싸워 승리하고 세워진 나라가 미국이다. 초기 미국은 영국이 군대를 다시 보내 침략할 것을 두려워했고, 자연히 영국과 적대 관계가 됐다.

　영국 역시 자국의 손에서 빠져나간 식민지 미국에 여러모로 미련이 남아, 기회만 있으면 미국에 개입해 영향력을 행사하려 했다. 특히 19세기까지 미국 북쪽의 캐나다가 영국의 식민지였기 때문에, 미국과 영국의 갈등 관계는 1859년부터 1872년까지 마치 국경 분쟁이 벌어진 듯 일촉즉발의 상황에까지 몰리기도 했다. 그러나 두 나라가 갈등한 근본 문제는 세계 패권을 놓치지 않으려는 기득권국(영국)과 이를 뺏으려는 후발국(미국)의 대립에 있다.

　1914년에서 1918년까지 벌어진 제1차 세계대전 때 영국은 막대한 국력을 소모한 나머지 세계 최강대국으로서의 지위에 심각한 타격을 입었다. 반면 미국은 본토에 아무런 피해를 입지 않았을뿐더러 영국과 프랑스 등 연합국에 군수물자를 팔아 엄청난 이득을 챙겼다. 영국을 대신할 새로운 최강대국으로서의 입지를 튼튼하게 다진 것이다. 그렇지만 영국은 여전히 전 세계에 방대한 식민지를 보유하고 있었다.

미국은 자국의 머리 바로 위에 영국의 식민지 캐나다가 있다는 사실이 늘 불안했다. 그래서 영국을 공격해 대영제국을 해체시키고 그 자리를 대신 차지하려는 음모를 꾸민다. 바로 1930년 미 육군사령부가 작성한 '전쟁계획 레드War Plan Red'였다. 이 계획은 극비였으나 실수로 유출된 탓에 실행되지 못했다.

그런데 영국은 1939년에서 1945년까지 계속된 제2차 세계대전에서도 막대한 피해를 입은 데다 미국에서 엄청난 돈을 빌려다 쓰느라 국력이 쇠락했다. 식민지를 더 이상 유지할 힘도 없어 인도와 파키스탄 등을 차례로 독립시킬 수밖에 없었다. 19세기부터 20세기 초까지 세계를 지배했던 대영제국이 해체된 것이다.

반면 미국은 제2차 세계대전에서도 군수물자를 팔아 이득을 챙긴 데다가, 적국인 독일과 일본을 누르고 경쟁국인 영국조차 몰락한 덕분에 완벽한 승자가 됐다. 영국을 대신해 세계를 지배하는 초강대국의 반열에 오른 것이다.

미국독립전쟁
영국과 미국이 처음 충돌하다

미국은 본래 1620년 12월, 영국에서 박해를 받던 청교도가 배를 타고 대서양을 건너 지금의 미국 매사추세츠주 연안으로 이주해 오면서 역사가 시작됐다. 이들은 비록 본국에서 종교 탄압을 피해 북미 대륙으로 이주해왔으나, 자신들을 엄연히 영국인으로 여겨 영국 국왕을 지도자로 삼는 등 영국과의 유대 관계를 완전히 포기하지는 않았다.

청교도가 무사히 터를 잡자, 전쟁과 가난에 지친 수많은 유럽인이 새로운 땅에서 풍요롭게 사는 꿈을 품고 앞다퉈 신대륙으로 이주했다. 유럽 이주민 대부분은 영어를 사용하는 영국인(잉글랜드인, 스코틀랜드인)과 아일랜드인이었다. 이들 다음으로 독일인이 많았다. 북미 식민지는 영국 문화에 기초한 사회였으므로, 비영어권 이주자들도 영어를 빠르게 받아들여 영국 문화권에 동화돼갔다.

한편 영국과 프랑스는 북미 대륙의 지배권을 잡기 위해 1754년부터 1763년까지 북미 대륙에 군대를 보내 전쟁을 벌였다. 프랑스군은 인디언과 동맹을 맺고 영국군과 싸웠는데, 이 사건을 가리켜 프렌치-인디언전쟁이라고 부른다. 7년에 걸친 이 전쟁은 영국의 승리로 끝났다. 영국은 이로써 경쟁자인 프랑스를 밀어내고 광대한 북미 대륙을 지배할 수 있었다.

영국은 비록 승리했지만 이 전쟁에서 막대한 군비를 소모했다.

영국 정부는 부족한 국고를 채우기 위해 북미 식민지에 많은 세금을 부과했다. 그러자 식민지 주민들 사이에서 자신들의 재산을 빼앗아가는 영국 정부에 대한 반감이 싹트기 시작했다. 급기야 1773년 12월 16일, 보스턴 시민들이 항구에 정박 중인 영국 선박으로 몰려가 찻잎을 넣은 상자를 모두 바다에 내다 버리는 '보스턴 차 사건'이 발생했다. 영국 정부가 차에 많은 세금을 매기자, 여기에 불만을 품은 식민지 주민들이 정면으로 맞선 사건이다.

이듬해인 1774년 필라델피아에서 식민지 13개 주의 대표들이 모인 '대륙회의'가 개최됐다. 이 회의가 바로 미국 연방 정부의 기원이며, 이때 나온 주장이 그 유명한 "대표 없이 과세 없다No taxation

보스턴 차 사건을 묘사한 기록화. 영국에 대해서 식민지 주민들이 일으킨 최초의 저항 운동이었다.

without representation"이다. 식민지 주민도 영국 의회에 대표를 보낼 정치적 권리가 있어야 영국 정부에 세금을 내겠다는 뜻이다.

영국 정부는 이 요구를 거부했다. 당시에는 영국과 독일을 포함한 유럽 여러 나라에서 수많은 이주자가 살 땅을 찾아 신대륙으로 몰려가고 있었다. 영국은 머지않아 식민지 인구가 영국 인구를 넘어설 것으로 예상했다. 만약 이들의 요구를 받아들여 식민지 주민이 영국 의회에 참여하게 된다면, 영국보다 인구가 많은 식민지 대표들이 영국의 정치와 권력을 마음대로 휘두를 수 있다는 두려움이 있었기 때문이다.

영국이 거절하자 불만이 커진 식민지 주민들은 마침내 영국에 전쟁을 선포하고, 1775년 4월 19일부터 1783년 9월 3일까지 '미국 독립전쟁'이 벌어진다. 즉, 미국 독립은 식민지 주민이 영국에 세금을 내기 싫다는 이유에서 벌어진 사건이었다. 그런데 영국 정부가 신대륙 식민지에 부과한 세금은 영국의 다른 지방의 세금보다 더 가벼웠다고 한다. 더군다나 북미 식민지의 주민들은 영국 본토의 주민들보다 더 풍족한 삶을 누리고 있었다.

미국독립전쟁의 초기 양상은 영국군이 우세하고 식민지군이 불리했다. 하지만 식민지군은 강력한 영국군에 맞서 새로운 전략을 구사했다. 영국군과의 정면 대결을 피하고 숲과 늪지에 숨어 게릴라전을 펼쳤다. 특히 영국군 장교들만 골라서 쏴 죽이는 식민지군의 저격수는 매우 위력적이었다. 영국군은 "왜 식민지 주민들은 비겁하게 숨어서 싸우는가?"라며 불만을 토로할 정도였다.

식민지군은 영국의 적인 프랑스를 끌어들였다. 프랑스는 적국 영국에 복수하려는 일념으로 불타올라 막대한 돈을 들여 식민지 군에게 무기와 식량을 공급하고, 신대륙에 군사 교관을 보내 오합지졸인 식민지군을 훈련시켰다. 결국 영국군은 단련된 식민지군에 참패를 거듭했다. 1781년 10월 19일 요크타운에서 식민지군에 항복하고, 1783년 파리에서 열린 회담에서 북미 대륙 식민지 13개주의 독립을 승인했다. 비로소 북미 식민지 주민들이 영국의 지배에서 벗어나 새로운 독립국가의 자유민으로 탄생했다.

영미전쟁
영국과 미국의 두 번째 충돌

비록 독립전쟁에서 영국과 싸워 이기고 미국이 독립하기는 했지만, 그렇다고 양국의 갈등이 완전히 끝나지는 않았다. 미국 북쪽의 캐나다는 여전히 영국의 식민지로 영국군이 주둔하고 있었다. 미국은 약소한 신생국가에 불과했기 때문에 영국이 대규모로 파병한다면, 미국의 독립국 지위는 언제든지 흔들릴 수 있었다.

수면 아래에서 진행되던 양국의 갈등에 불을 지핀 것은 외교관계였다. 미국이 영국의 적국인 프랑스와 손을 잡고 영국에 맞섰기 때문이다. 물론 당시 미국은 영국에 큰 위협이 될 만한 힘이 없었으나 영국 입장에서는 눈엣가시였다.

한편, 미국 선원을 상대로 취한 영국의 적대적 태도도 문제로 작용했다. 18세기부터 영국 해군은 이른바 '프레스갱press gang'이라고 해서, 다른 나라 배나 항구를 습격해 성인 남자를 모조리 붙잡아다 강제로 자국의 선원이나 해군 병사로 만드는 짓을 계속해왔다. 즉, 강제로 징집한 것이다. 프레스갱으로 미국인 선원과 주민이 피해를 입자 미국 정부는 영국에 항의하며 프레스갱을 중단하라고 요청했다. 영국은 이를 무시해버렸다. 이 때문에 미국과 영국 사이의 갈등이 다시 수면 위로 오르기 시작했다.

먼저 미국이 영국의 식민지인 캐나다를 공격했다. 캐나다의 방대한 영토까지 차지하려는 욕심이 더해져 캐나다를 침공한 것이

미국인 선원을 상대로 프레스갱을 하는 영국 해군을 묘사한 기록화

다. 1812년 6월 18일에서 1815년 2월 18일까지 벌어진 영미전쟁의 시작이었다.

캐나다에 쳐들어간 미군은 토론토를 점령하는 등 초반에 기세를 올렸다. 그러나 영국군의 대대적인 반격을 견뎌내지 못하고 미국 본토로 퇴각했다. 영국군은 후퇴하는 미군을 쫓아 미국 본토까지 쳐들어갔다. 1814년 8월 24일, 미국의 수도 워싱턴 D.C를 점령하고 미국 백악관을 불태워버렸다. 미국 역사상 외국 군대에 수도를 빼앗기고 대통령 관저가 파괴된 것은 이 전쟁이 유일하다. 이때, 영국군은 콩그리브 로켓을 사용해 백악관을 불태워버렸는데, 이 사건은 오늘날 미국 국가인 〈성조기〉의 가사에 "로켓의 붉은 섬광 And the Rocket's red glare"으로 표현돼 미국인들의 마음속에 남아 있다.

제임스 매디슨 미국 대통령은 영국군이 오기 전에 서둘러 피신했는데, 영부인 돌리 메디슨이 미국 초대 대통령 조지 워싱턴의 초상화를 챙겼다. 역사가 짧은 미국에서 초대 대통령의 초상화는 소중한 유산일 테니 영국군에게 빼앗긴다면 치욕이었으리라.

하지만 영국군도 계속 승승장구하지는 못했다. 1815년 1월 8일 벌어진 뉴올리언스 전투에서 영국군은 미군의 명장인 앤드루 잭슨의 지휘를 받는 미군에게 1,550명의 사상자를 냈고 484명이 사로잡히는 대패를 당했다. 반면 미군의 피해는 사상자 43명에 행방불명자 19명으로 매우 가벼웠다. 뉴올리언스 전투를 계기로 영미전쟁의 추는 미국 쪽으로 기울었다. 영국은 더 이상 미국을 상대로 전쟁을 계속하는 것이 무리라고 판단해서 1815년 2월 18일 미국을

뉴올리언스 전투를 묘사한 그림. 이 전투에서 미군은 영국군을 격퇴시켜, 영미전쟁의 주도권을 쥐었다.

상대로 한 모든 교전 행위를 끝냈다. 영미전쟁 자체는 이미 1814년 12월 24일 벨기에 헨트에서 미국과 영국 대표가 헨트 조약을 맺고 종전을 선언해 끝났다. 그런데 뉴올리언스 전투에는 그런 사정이 제대로 전해지지 않아 두 나라 군대가 계속 전쟁을 벌인 것이다.

영미전쟁은 누구도 이기지 못한 전쟁이었다. 그러나 미국이 영국의 식민지에서 독립한 지 불과 32년 만에 옛 종주국과 다시 전쟁을 해서 끝내 망하지 않고 독립을 지켜냈다는 점에서 본다면, 사실상 미국의 승리나 다름없었다.

미국-영국 국경분쟁과 페니언 사건
영국과 미국의 세 번째 갈등

1859년에서 1871년까지 미국과 영국은 북미 대륙 북서부의 샌환 제도의 영유권을 두고서 분쟁을 벌였다. 이 사건을 돼지전쟁Pig War 이라고 부르기도 한다. 샌환 섬에 이주한 미국인 농부 라이먼 커틀러가 밭을 망치고 있는 돼지 한 마리를 쏴 죽였다. 그런데 그 돼지가 영국 회사 소유라 영국군이 커틀러를 체포하겠다고 위협했다. 이에 커틀러가 미국 정부에 도움을 요청하면서 터진 사건이기 때문이다.

자국민인 커틀러를 보호한다는 명분으로 미군이 샌환 섬에 상륙했다. 영국군 역시 미국의 위협에 맞서 영토를 지킨다는 명분으로 샌환 섬에 상륙했다. 일촉즉발의 위기 상황이 전개됐으나 두 나라 군대는 전쟁에 돌입하지는 않았다.

1861년에서 1865년까지 미국은 나라 전체가 북부와 남부로 나뉘어 싸운 남북전쟁에 휩쓸렸다. 내전으로 인해 중앙정부가 둘로 분열돼버렸고, 그 바람에 샌환 섬에 상륙한 미군은 어느 정부의 말을 따라야 할지 몰라 영국군과의 전투를 망설였다. 남북전쟁이 끝난 뒤에도 미국은 뒷수습하느라 바빴기 때문에 고작 작은 섬 탓에 영국과 전쟁을 벌이고 싶지는 않았다.

영국 역시 미국과 섣불리 전쟁을 벌이기가 어려웠다. 당시 영국은 1864년에서 1870년까지 6년 동안 계속된 파라과이와 삼국동맹

(브라질, 아르헨티나, 우루과이) 사이의 전쟁에 관심을 기울이던 와중이었다. 이 전쟁은 영국이 브라질, 아르헨티나, 우루과이를 대리인으로 내세워 파라과이를 무력으로 점령해 시장을 개방시키려고 일으킨 것이다. 이런 와중이라, 영국은 미국과 자칫 전쟁을 벌였다가 혹시라도 일이 커져 예상치 못한 피해를 입을까 염려했다.

결국 두 나라는 각자의 처지가 전쟁에 돌입할 상황이 못 된다는 사실을 깨달았다. 타협에 나선 두 나라는 샌환 섬을 미국 영토로 인정하는 대신 서로 무력 충돌을 자제하자고 합의했다. 1872년 11월 25일 영국군은 샌환 섬에서 철수했고, 섬은 미국에 넘어갔다. 돼지전쟁의 승자는 결국 미국이었다.

한편 돼지전쟁이 한창 진행 중이던 1866년 4월부터 영국령 캐나다는 페니언 형제단Fenian Brotherhood의 침략이라는 예기치 못한 사건에 휘말렸다. 당시 미국에는 아일랜드 대기근(1845~1852)을 피해 이주해 온 아일랜드계 주민이 많았는데, 이들은 자신들을 굶어 죽도록 방치한 영국에 대한 증오심이 매우 컸다. 그래서 아일랜드 전설에 나오는 전사들의 모임인 '페니언'에서 이름을 따온 무장 조직인 페니언 형제단을 만들어, 캐나다로 쳐들어가 영국에 복수하려는 계획을 꾸몄다.

미국 정부는 페니언 형제단의 움직임을 알면서도 모르는 척했다. 미국으로서는 손해 볼 일이 전혀 없었기 때문이다. 형제단의 활약으로 캐나다를 지배하는 영국의 힘이 약해진다면 더없이 좋고, 혹 영국 정부가 항의해도 "우리는 전혀 몰랐다! 이건 어디까지나

페니언 민병대가 캐나다로 쳐들어가 영국군과 싸운 리지웨이 마을 전투의 기록화.

무장 폭도들이 멋대로 벌인 일이다. 우리는 아무 관련도 책임도 없
다"라고 발뺌하면 그만이었다.

　700명의 페니언 형제단은 오늘날 캐나다의 캄포벨로 섬을 빼앗
기 위해 쳐들어갔으나 영국군의 방어에 막혀 철수했다. 하지만 페
니언 형제단은 포기하지 않았다. 1866년 6월 1일, 1,300명의 페니
언 형제단이 나이아가라강을 건너 캐나다를 침공했다. 그러나 보
급이 원활하지 않은 데다, 리지웨이 마을에서 영국군에 매복 공격
을 받아 탈영자가 속출하는 바람에 철수할 수밖에 없었다. 1866년
7월 2일, 캐나다 온타리오의 포트에리 전투에서도 400명의 페니언
형제단은 영국군의 방어선을 뚫지 못하고 결국 달아나고 말았다.
그럼에도 불구하고 페니언 형제단은 1886년까지 산발적으로 캐나

다 서부의 브리티시컬럼비아 지역을 공격했다.

비록 성과는 보잘 것 없었지만, 페니언 형제단의 움직임은 영국
에 매우 불쾌한 일이었다. 페니언 형제단이 미국에서 왔다는 사실
자체가 영국령 캐나다에 대한 미국의 위협이었기 때문이다.

한편 미국은 페니언 형제단의 캐나다 공격이 수포로 돌아가자,
아예 캐나다와 영국을 직접 공격해 무너뜨리려는 계획을 세우는
데, 바로 뒤에서 자세히 설명할 전쟁계획 레드였다.

제1차 세계대전
노쇠한 영국과 신흥 미국

1914년 제1차 세계대전이 터지자, 영국은 적국인 독일을 막기 위
해 곧바로 참전한 반면 미국은 중립을 지키고 있었다. 멀리 떨어진
유럽에서 벌어진 전쟁은 미국과 아무 상관이 없으니 미국이 끼어
들 이유가 없다는 명분에서였다.

그러나 미국은 영국을 중심으로 한 연합국에 친밀한 방향으로
태도를 기울이고 있었다. 전쟁이 시작되자 영국이 미국에 막대한
빚과 군수물자를 지원받았기 때문이다. 1914년에서 1917년까지
미국의 은행들은 영국과 프랑스 등 연합국에 30억 달러를 대출해
주었다. 연합군이 사용한 총탄 중 무려 84퍼센트가 미국에서 만들
어진 제품이었다. 상황이 이러하니 1917년, 미국이 영국을 도와 참

전한 것은 당연한 일이었다. 영국이 독일에 패배한다면 미국은 영국에 빌려준 돈을 받지 못하게 돼 큰 손해를 입을 테니 말이다.

미국 국회에서는 애초에 중립을 지키던 미국이 왜 영국을 도와 제1차 세계대전에 참전했는지를 놓고 논쟁이 벌어지기도 했다. 친정부 관련 인사들은 민주주의 국가인 영국을 도와야 잔혹한 전제 국가인 독일의 침략을 막아 세계 평화를 지킬 수 있다고 주장했다. 그러나 당시 연합국에도 전제 국가인 러시아가 있었기에 이 주장은 설득력이 없었다. 가장 큰 이유는 바로 영국에 빌려준 돈 때문이었다.

제1차 세계대전은 4년 만인 1918년에 끝났으나 그 여파는 결코 작지 않았다. 먼저 연합국의 맹주였던 영국은 약 300만 명의 인명 피해를 입은 데다, 국가 채무가 무려 250억 파운드로 증가하는 바람에 경제적으로도 엄청난 손해를 입었다. 반면 미국은 인명 피해가 31만 명에 불과했고, 국토가 대서양 건너편에 떨어져 있어서 전쟁 내내 본토에 포탄 한 발 떨어지지 않아, 자국 내 공업 시설을 그대로 보존하면서 연합국에 막대한 군수물자를 팔아서 엄청난 부를 챙길 수 있었다.

제1차 세계대전이 끝나자 전 세계 경제의 중심이 영국 런던에서 미국 뉴욕으로 바뀌었다. 특히 미국의 석유와 철강 회사는 영국 기업을 누르고 세계 최대의 대기업이자 자본주의 사회를 이끄는 엔진 역할을 맡게 됐다.

결과적으로 본다면 제1차 세계대전은 노쇠한 제국인 영국이 쥐고 있던 세계 패권을 새로운 제국인 미국이 잡는 과정이었다고 할 수 있다. 미국으로서는 경쟁국 영국과 전쟁을 벌이지 않고도 영국과의 대결 구도에서 우세를 차지한 사건이었다.

전쟁계획 레드
캐나다와 영국을 정복하려던 미국의 야망

제1차 세계대전에서 승리한 미국은 눈부신 황금기를 누리며 세계 경제의 중심지라는 덕을 톡톡히 보았다. 그러다 1929년 경제 대공황의 어둠에 휩쓸리며 큰 타격을 받았다. 미국 정부 내에서는 경제위기를 전쟁으로 해결하자는 목소리가 나왔다. 이 일환으로 캐나다와 영국을 공격하려는 작전을 추진하게 된다.

1930년 미군은 영국령 캐나다를 공격해 점령한 다음, 곧바로 영국 본토까지 쳐들어가 영국을 손에 넣고 전 세계의 영국 식민지를 모두 독립시켜 대영제국의 기반 자체를 통째로 없애버린다는 전쟁계획 레드를 세웠다.

전쟁계획 레드의 구체적인 내용은 캐나다 동부의 도시 핼리팩스를 먼저 공격 점령해 영국과 캐나다의 연결을 끊고, 캐나다 중부의 도시 위니펙을 차지해 캐나다 서부와 동부 사이를 단절시킨 다음, 몬트리올과 퀘벡을 장악한다는 것이었다. 이렇게 되면 캐나다의 주요 거점 대부분이 미국의 수중에 들어가니 사실상 캐나다 전

미군이 세운 전쟁 계획을 나타낸 지도. 실제 지도에 영국을 붉은색으로 표시했다. 그래서 영국과의 전쟁계획을 레드라고 불렀다.

체가 미국의 차지가 된 것이나 다름없었다. 이 여세를 몰아 영국 본토에 대규모의 해군 함대와 육군 병력을 보내 영국을 점령하고 나서 전 세계 영국 식민지의 독립을 승인하면, 영국은 완전히 해체되고 더 이상 미국을 위협할 강대국으로서의 위상을 지닐 수 없게 된다는 것이 전쟁계획 레드의 최종 목표였다.

전쟁계획 레드를 실현하기 위해 미군은 1935년 5,700만 달러의 예산을 정부로부터 지원받았다. 그리고 미국과 캐나다 국경 사이의 오대호에 대규모 공군 기지를 세워서 캐나다를 공격하는 데 사용하려 했다. 하지만 전쟁계획 레드가 실수로 유출되고 말았다. 영국은 캐나다 방비를 강화했고, 결국 전쟁계획 레드는 서류상의 작전으로 남고 말았다.

이후 영국은 제2차 세계대전에서 수도 런던이 독일에 폭격당하고 독일 잠수함에 해상이 봉쇄당해 경제적 궁핍에 시달리는 등 큰 피해를 입었다. 아시아의 식민지인 홍콩, 말레이시아, 미얀마 역시 일본군에 점령당하면서 국가 위신이 크게 추락했다. 또 영국 식민지의 보석이라 불리던 인도에서 대규모 반영 시위가 일어나면서 더 이상 인도를 지배하기도 어려웠다. 이뿐만 아니라 영국은 제1차 세계대전 때 진 빚을 다 갚지 못한 상황에서 제2차 세계대전을 치르면서 미국에 80억 파운드라는 거액을 빌려 썼는데, 눈덩이처럼 불어난 빚을 무려 2006년에야 다 갚을 수 있었다.

경제난에 시달리던 영국은 전 세계의 방대한 식민지를 관리할 힘이 더 이상 없다고 판단해 1948년 식민지인 인도와 미얀마 등의 독립을 허락했다. 식민지가 떨어져 나가자 영국의 국력은 곤두박질치기 시작했다. 아울러 영국은 1956년과 1976년에 두 번이나 IMF로부터 구제금융을 받아야 할 만큼 국가 경제가 쇠퇴했다.

영국의 경제 위기가 얼마나 심각했는지, 1966년 영국 총리인 해럴드 윌슨이 영국을 미국의 51번째 주로 편입하려는 비밀 계획을 세우기까지 할 정도였다. 경제난에 시달리는 영국을 그대로 이끌고 가느니, 차라리 세계 최강대국인 미국과 합병해서 국제 기축통화인 미국의 달러화를 쓰면서 경제난을 회복하자는 것이 윌슨의 계획이었다. 물론 쇠퇴하긴 했어도 세계를 지배했던 대영제국의 영광을 기억하는 영국 국민에게는 매우 자존심 상하는 일이라 이 계획은 실행되지 못했다. 그러나 나라를 통째로 미국에 들어 바치자는 의견이 나올 만큼 영국의 경제가 피폐해졌다는 신호였다.

반면 미국의 처지는 완전히 달랐다. 미국은 국토가 전쟁의 피해를 전혀 입지 않았으며, 제2차 세계대전에 참전해 막대한 군수물자를 팔아 엄청난 수익을 챙겨 경제 대공황에서 완전히 탈출했다. 영국이 전쟁 피해와 경제난에 허덕이는 동안, 미국은 1950년대에 국내총생산이 세계경제의 절반을 차지할 정도로 눈부신 번영을 이루었다.

이렇듯 제2차 세계대전 이후 영국은 나치 독일을 막았다는 상처뿐인 영광만을 안고 몰락했지만, 미국은 파시즘 국가인 독일과 일본을 제압했다는 명분과 함께 경제적 이득까지 모두 챙겼다. 미국은 완전한 승자이자 영국을 대신해 세계를 지배하는 초강대국으로서의 지위를 비로소 손에 넣었다. 비록 미국이 세운 전쟁계획 레드는 실현되지 않았지만, 미국이 애초에 원했던 영국의 식민지 해체와 경제 불황 탈출이라는 두 목표는 모두 이룩한 셈이었다.

브렉시트
미국이 놀란 이유는?

패권을 상실한 영국은 미국이 요구하는 대로 어떤 정책이든 다 따라야 하는 처지가 됐다. 대표 사례가 2003년에 벌어진 이라크전쟁이다. 당시 전 세계적으로 아무 명분도 없는 전쟁이라며 이라크전쟁에 대한 반발 여론이 굉장히 거셌고, 영국에서조차 "왜 우리가 미국이 시키는 대로 이라크에 군대를 보내서 젊은이들을 죽게 만들어야 하나?"라는 반대 여론이 강했다. 하지만 당시 영국 총리인 토니 블레어는 이라크 파병을 강행했다. 그러자 영국인들은 블레어가 미국 대통령 부시의 푸들(애완견)이라며 맹렬히 비판했다.

영국인들이 이라크전쟁에 반대하는 데도 그 나름의 이유가 있었다. 국내외 반발 여론을 무시해가며 4만 5,000명이나 파병을 했으나, 영국은 아무런 이익도 얻지 못했다. 하다못해 이라크의 유전을 장악해 영국 내의 기름값을 떨어뜨리지도 못했고, 그렇다고 미국이 제2차 세계대전에서 했던 것처럼 군수 경기를 활성화하지도 못했다. 그러면서 미국의 애완견이라는 욕만 잔뜩 먹었으니, 영국인들로서는 체면과 실리 모든 면에서 실패한 헛된 전쟁이었다.

여기에 2008년 전 세계를 강타한 미국발 금융 위기가 영국에까지 전파되자 영국 경제는 낮은 성장과 높은 실업률이라는 중병에 시달렸다. 1970년대처럼 영국은 다시 경제 불황에 신음하게 됐다. 영국 내에서는 반성의 목소리가 점차 높아갔다.

"우리가 왜 이렇게 고통스러운 현실을 보내야 하는가? 이건 지금 우리가 가는 길이 대단히 잘못됐기 때문이다. 미국이 시키는 대로 이라크전쟁에 군대를 보냈지만 아무런 소득도 없었고, 금융업에 지나치게 몰두했다가 제조업이 파탄 났으며, 유럽연합에 가입했다가 외국인 노동자가 너무 많이 몰려와서 임금이 오르지 않고 범죄만 증가했다. 이제 영국의 국익과 안전을 가장 우선시하는 자국 중심 정책으로 가야 한다!"

결국 2010년부터 영국에서는 "유럽연합에 있어봐야 국익에 아무 도움이 안 되니 탈퇴하는 편이 낫다"라는 이른바 '브렉시트' 여론이 널리 퍼졌다. 처음에는 그저 장난인 줄로만 알았으나, 점차 여론이 진지해지자 영국 정부에서도 국민을 상대로 브렉시트의 정당성 여부를 결정하기 위한 국민투표를 실시하겠다고 밝혔다.

마침내 2016년 6월 23일, 영국의 브렉시트 찬반을 놓고 국민투표가 실시됐다. 미국과 프랑스 등 영국의 동맹국을 포함한 다른 나라들은 영국이 유럽연합에 계속 남으리라고 예상했으나 결과는 전혀 달랐다. 브렉시트를 찬성한 사람이 51.9퍼센트로 반대한 사람인 48.1퍼센트보다 더 많았다. 곧 영국 정부는 국민투표를 근거로 유럽연합에서 탈퇴하겠다고 선언했다.

브렉시트가 현실이 되자, 세계 언론은 일제히 "이번에 브렉시트에 찬성한 영국인은 모두 제정신을 잃었다. 브렉시트는 영국의 파멸을 알리는 신호탄이다"라며 비판했다. 하지만 영국 정부는 미국의 오바마 대통령과 존 케리 국무 장관의 반대에도 불구하고 브렉시트를 결코 취소하지 않겠다고 선언했다.

영국이 브렉시트를 강행하는 목적은 무엇일까? 공식적으로는 외국인 난민을 받지 않기 위해서라고 했지만, 일부 사람들은 진짜 이유가 따로 있다고 주장한다. 영국이 유럽연합에 가입돼 있는 한 미국의 압력을 거부할 수 없고, 그 압력에 따라봤자 2003년 이라크전쟁 때처럼 막대한 돈만 낭비하고 얻는 이익이 없으니, 차라리 유럽연합을 탈퇴해 미국의 압력에서 벗어나 독자 외교를 펼치는 편이 영국 국익을 가장 많이 챙길 수 있는 길이라는 것이다.

이 주장이 전혀 근거가 없는 허튼 소리만은 아니었다. 2016년 6월 29일, 존 브레넌 CIA 국장은 미국 워싱턴에서 열린 미국외교협회 강연에서 브렉시트로 인해 미국의 국가안보가 큰 위기에 처했다고 발언했다.

돌이켜보면 제2차 세계대전 이후 쇠락한 영국은 줄곧 미국이 원하는 대로만 움직였다. 원래 미국을 식민지로 거느렸던 영국 입장에서는 매우 자존심이 상하는 상황이었다. 그러다가 전쟁 후유증을 모두 떨쳐버리고 독자적인 국가 정책을 펼칠 형편이 되자, 더이상 미국의 애완견 소리나 들으며 살지 않겠다고 나선 것이다. 만약 영국이 미국과 갈라서는 홀로서기 노선을 계속 고집한다면, 미국은 더 이상 영국을 최우선 동맹국으로 생각하지 않을 것이다. 어쩌면 두 나라는 다시 갈등하고 충돌할지도 모른다.

2_ 종교 갈등

종교가 국경을 가르다
인도 vs 파키스탄

파키스탄

네팔

부탄

인도

방글라데시

아라비아해

스리랑카

인도양

인도는 지리적 여건 탓에 인도양을 통한 진출을 노리고 있다.

위치 인도는 영토 넓이가 웬만한 대륙에 버금가지만, 북쪽은 파키스탄과 중국에 막혀 있고, 서쪽과 남쪽은 바다로 둘러싸여 있으며, 동쪽은 중국의 영향력을 강하게 받고 있는 미얀마가 있다. 따라서 육지를 통해서는 외부로 진출하기 어렵고, 서쪽과 남쪽의 인도양으로밖에 나갈 길이 없다. 사실상 섬나라와 같다.

파키스탄은 북쪽으로 아프가니스탄, 서쪽으로 이란, 동쪽으로 중국, 남쪽으로 인도와 마주하고 있다. 중앙아시아와 인도를 연결하는 위치를 차지하는 중간 통로에 위치해 있다. 파키스탄을 통하지 않고서는 인도가 중앙아시아로 진출할 수 없으며, 경우에 따라서는 파키스탄이 인도의 중앙아시아 진출을 막는 방파제 역할도 한다.

역사 본래 파키스탄은 인도의 일부였다. 그러다 서기 10세기 후반부터 중앙아시아에서 쳐들어온 이슬람 세력에 의해 파키스탄 지역에는 이슬람교를 믿는 무슬림이 정착했다. 이는 훗날 인도와 파키스탄 분열의 씨앗이 됐다.

16세기, 이슬람교를 믿는 투르크족이 세운 무굴제국이 인도를 지배하자, 인도 대륙 곳곳에 무슬림이 퍼져나갔다. 그들은 인도의 토착 종교인 힌두교를 믿는 인도인과 마찰을 빚으면서 인도에 섞였는데, 이 역시 힌두교도에게 반감을 사는 계기로 작용했다.

종교 인도는 전통 종교인 브라만교에서 유래한 신앙인 힌두교를 믿고 있다. 오늘날까지 인도는 전 세계에서 가장 거대한 힌두교 국가로 남아 있다. 비록 힌두교 이외에 다른 종교를 믿는 인도인도 있으나, 힌두교에서 유래한 힌두 문화가 인도 문화의 중심이기 때문에 인도의 종교는 사실상 힌두교라고 보아도 무방하다.

파키스탄은 국민 97퍼센트 이상이 이슬람교를 믿는다. 수도의 명칭도 이슬람의 도시를 뜻하는 이슬라마바드일 만큼 철저한 이슬람교 국가다. 기독교 같은 다른 종교를 믿는 파키스탄인은 주위 무슬림에게 탄압과 차별의 대상이 된다.

언어 인도는 힌디어, 타밀어, 펀자브어, 벵골어, 구자라트어 등 총 14개 언어가 공용어로 지정될 만큼 여러 언어가 쓰이는 나라다. 그중 약 4억 명이 사용하는 힌디어가 가장 많은 사람이 쓰는 말이며, 200년 동안 영국 식민지를 경험한 탓에 영어도 지식인과 사업가 사이에서 널리 사용된다.

파키스탄에서는 우르두어, 펀자브어, 발루치어 등 여러 언어가 쓰인다. 그중 우르두어가 가장 유력하다. 인도와 마찬가지로 영국 식민지 시절을 경험한 탓에 영어도 공용어로 쓰인다.

민족 인도는 서기전 20세기 중앙아시아에서 쳐들어온 백인계 민족인 아리아인과 인도의 토착민인 드라비다인 그리고 몽골계 인종까지 여러 민족이 서로 공존하는 다민족 국가다. 그러나 가장 수가 많고 사회 주도권을 장악한 민족은 아리아인이다.

파키스탄 역시 인도처럼 다민족 국가이며, 가장 수가 많은 집단은 이란계 민족인 파슈툰족이다. 파슈툰족은 파키스탄뿐만 아니라 아프가니스탄에서도 수가 가장 많은 집단이다. 그래서 파키스탄과 아프가니스탄은 매우 친숙한 관계를 유지하고 있다.

갈등 1947년까지 파키스탄은 영국의 식민지인 인도제국의 일부였다. 그러다가 1947년 인도제국이 영국에서 독립해 인도연방공화국이 되자, 이슬람교도가 많은 파키스탄도 인도로부터 독립해야 한다는 여론이 많아져 파키스탄공화국으로 분리 독립했다.

하지만 카슈미르 지역을 둘러싼 영토 분쟁을 벌이면서 인도와 파키스탄은 세 차례의 국지전을 치렀다. 서로를 적국으로 간주해 핵무기 개발에 열을 올릴 정도로 두 나라는 높은 군사적 긴장 관계가 지속되고 있다.

힌두교와 이슬람교의 갈등
두 나라 분열의 씨앗

본래 인도는 고대 아리안족(인도유럽어족)의 신앙인 브라만교를 믿던 나라였다. 브라만교는 카스트라 불리는 신분 차별 제도를 옹호했다. 제사장 계급인 브라만과 귀족 계급인 크샤트리아가 지배층이 되고, 평민인 바이샤와 노예인 수드라는 피지배층이 돼야 한다. 이 계급은 신들이 만든 신성한 관습이니 결코 인간이 거역해서는 안 된다.

이런 카스트제도에 반발해 석가모니는 새로이 불교를 만들었다. 만민 평등과 현세의 무상함을 주장한 불교는 주로 가난한 사람에게 큰 인기를 끌었다. 마우리아 왕국의 아소카 대왕은 불교를 국교로 삼기까지 했다. 그러나 아소카 대왕이 죽고 난 뒤, 마우리아 왕국은 왕위 계승을 둘러싼 내전에 휘말려 붕괴됐다. 강력한 후원자를 잃은 불교는 브라만교의 반격을 받아 교세가 크게 쇠퇴했다.

브라만교는 불교에 맞서 새로운 모습으로 등장했다. 바로 힌두교였다. 초기의 불교에는 전생이나 환생이 없으며, 이 세상의 부귀영화가 모두 부질없다고 가르쳤다. 여기에 맞서 힌두교는 지금 살고 있는 현세에서 착한 일을 하면 내세에 좀 더 나은 환경에서 태어나고, 행운의 여신인 락슈미를 믿으면 부귀영화를 누리며 즐겁게 살 수 있다고 반박했다.

서로 전혀 다른 두 종교의 충돌 결과는 힌두교의 압승이었다. 아

브라만
(제사장, 승려)

크샤트리아
(왕족, 무사)

바이샤
(평민)

수드라
(노예)

불가촉천민

카스트제도. 카스트제도는 인도 독립 이후 법적으로는 없어졌으나 인도인의 생활 속에 남아 있다.

무래도 사람들은 지금보다 더 나은 내세와 부귀영화를 약속하는 힌두교 쪽에 더 마음이 끌린 듯하다. 당황한 불교는 힌두교 교리 일부를 받아들여 전생과 환생을 인정할 수밖에 없었다. 불교의 창시자인 석가모니가 힌두교의 최고신인 비슈누의 화신이라고 주장한 것이다. 그런데 이러한 조치는 오히려 불교가 힌두교의 아류인 것으로 인식되는 역효과를 낳았다. 결국, 교세 대결에서 밀린 불교는 인도를 벗어나 중국, 한국, 일본, 티베트, 동남아 등지로 옮겨 갔다. 인도는 서기 7세기까지 사실상 힌두교가 지배하게 됐다.

그러던 중 서기 8세기에 접어들면서 인도는 지금까지 겪지 못했던 큰 소용돌이에 휩싸인다. 멀리 서쪽의 아라비아반도에서 일어난 이슬람교 세력이 마침내 인도에까지 몰려왔던 것이다. 이슬람교를 앞세운 아랍인의 침입은 주로 인도 서북부의 펀자브 지방에 집중됐고, 이로 인해 펀자브가 위치한 파키스탄 지역에 이슬람교가 전파되기 시작했다.

10세기 말부터 인도 북부는 이슬람 세력의 지배하에 들어갔다. 아프가니스탄에 거점을 둔 투르크계 이슬람 세력인 가즈나 왕조의 마흐무드가 10년 동안 30회가 넘게 침공한 끝에, 마침내 인도 북부를 정복해 통치하게 된 것이다. 당시 인도는 여러 나라로 분열돼 정치적 혼란이 극심한 탓에 이슬람의 침략에 맞서 연합 전선을 이루어 대항하지 못했기 때문에 결국 굴복당하고 말았다.

가즈나 왕조를 시작으로 인도 북부는 델리 술탄국(델리 왕조)과 노예 왕조 및 로디 술탄국(로디 왕조) 등이 들어서며 이슬람교를 믿는 나라가 계속 지배하게 된다. 아울러 1526년 투르크계 군벌인 바부르가 세운 무굴제국은 인도의 남쪽 끝을 제외한 인도 대부분을 정복하고 지배했다.

그렇다고 인도에서 힌두교가 이슬람교에 완전히 밀려서 사라지지는 않았다. 비록 정치적인 면에서 이슬람 세력이 권력을 잡고 있다고는 해도, 여전히 인도 국민 대다수는 힌두교 신

가즈나 왕조의 군주 마흐무드의 초상화.

자가 훨씬 많았다. 또한, 이슬람 세력이 힌두교도에게 높은 세금을 부과하거나 이슬람으로의 개종을 강요할 때면, 힌두교도는 무기를 들고 봉기해 그들에 맞서 싸웠다. 인도 대부분을 지배하던 강력한 무굴제국이 붕괴된 이유도 이슬람교로의 개종과 과다한 세금 강요에 분노한 힌두교도가 들고 일어난 반란 때문이었다. 18세기로 접어들자, 무굴제국은 왕위 계승을 둘러싼 내분과 불만을 품은 힌두교도의 반란 탓에 수도 델리를 제외하면 사실상 영향력을 행사하지 못할 정도로 쇠약해졌다. 인도는 수많은 봉건 제후가 저마다 싸우는 내전 상황에 휩싸이고 만다.

바로 이 틈을 노려 새로 등장한 외세인 서구 열강, 그중에서도 영국이 인도에 손을 뻗쳤다. 영국은 경쟁자인 프랑스를 1757년 벌어진 플라시 전투에서 격파한 뒤, 다른 인도 제후국 사이의 내전에 끼어들었다. 이때부터 영국은 인도의 이권과 영토를 얻어내면서 점차 세력을 늘려갔다. 이윽고 마라타전쟁과 시크전쟁에서 승리함으로써 1849년에 이르러 인도 전역을 손에 넣었다. 영국군에 고용된 인도인 용병 부대인 세포이가 1857년에 일으킨 봉기(세포이 항쟁)도 고작 2년 만인 1859년에 진압당했다. 이로써 인도는 89년 동안 영국의 식민 지배를 받는다.

1900년 무렵 영국의 인구는 겨우 4,000만 명에 불과했던 반면, 인도 전역의 인구는 무려 3억 명이나 됐다. 인구 면에서 절대 불리한 탓에 영국은 인도 각 지방의 토착 통치자인 라자(제후)들에게 위임권을 주었다. 이들에게 영국 왕이 인도 황제임을 인정케 하는 식

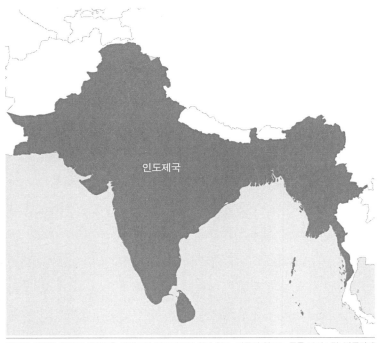

영국이 인도를 점령해 세워놓은 괴뢰국인 인도제국의 최대 영토. 지금의 인도는 물론 파키스탄, 방글라데시, 스리랑카까지 포함하는 거대 제국이었다.

의 간접 통치를 적용한 것이다.

영국은 인도에서 힌두교와 이슬람교가 빚고 있는 갈등을 교묘하게 이용해, 이들의 대립을 부추기면서 자신이 중재자로 나서는 이이제이以夷制夷 수법도 구사했다. 이렇게 하면 인도인의 분노와 증오심이 영국이 아닌 상대 종교로 쏠리기 때문이었다. 영국은 이런 분열 조장 수법을 전 세계에 건설한 방대한 식민지 운영에 반드시 사용했다. 아일랜드에서는 친영국 개신교도에게, 미얀마에서는 소수민족인 카렌족에게, 이라크에서는 수니파에게 권력을 주고는, 영국에 적대적인 이들이 다른 세력을 제압하게 했다. 이렇게 함으로써 힘의 균형을 맞출 수 있다고 판단한 것이다.

힌두교와 이슬람교 사이의 갈등을 이용하는 영국의 통치 방식은 결국 성공을 거두었다. 1906년, '전인도무슬림연맹All India Muslim League'이란 정치 단체가 인도에서 등장했다. 이 단체는 수적으로 우세인 힌두교도에 이슬람교도가 밀려 불이익을 받고 있다고 주장하며, 영국의 힘을 빌려 힌두교의 압박에서 무슬림을 보호하고자 했다. 또 무슬림이 많이 살고 있는 펀자브 지역은 장차 인도가 영국에서 독립하더라도, 힌두교도와 함께 사는 것을 거부하고 무슬림끼리만 사는 독자적인 나라를 세워야 한다는 운동을 벌였다. 이 결과 탄생한 나라가 바로 파키스탄이다.

한편 1914년과 1939년, 양차 세계대전을 치르면서 너무나 많은 돈과 물자와 사람을 소모한 영국은 더 이상 세계 각지에 놓인 방대한 식민지를 관리할 힘이 없었다. 특히 영국 본토보다 인구가 거의 열 배나 많은 인도를 간디로 대표되는 인도인의 저항을 억누르며 관리하는 것은 힘에 부칠 지경이었다. 결국 영국 정부는 1947년 8월 15일까지 인도의 독립을 승인하겠다고 약속했고, 마침내 이 약속이 실현돼 인도는 독립할 수 있었다. 물론 인도 독립은 영국인이 양심적이어서가 아니라 더 이상 인도를 지배할 힘이 없었기 때문이다.

그런데 영국이 뿌려놓은 종교적 갈등의 씨가 끝끝내 인도 독립

영국에 비폭력 시위로 저항하는 간디와 그를 따르는 인도인들, 이들은 영국이 판매하는 소금을 쓰지 않겠다고 선언하고는 직접 바다로 가서 바닷물을 끓여 소금을 만들었다.

의 발목을 잡았다. 인도의 비폭력 독립운동가 간디는 힌두교와 이슬람교의 갈등을 넘어 모든 인도인이 하나의 나라로 독립해야 한다고 주장했다. 그런데 전인도무슬림연맹은 힌두교도가 훨씬 많으니, 인도가 단일 국가로 독립하면 자연히 무슬림이 불리하다며 무슬림만의 독자적인 나라를 세워야 한다고 반박했다. 인도 독립을 앞두고 힌두교도와 무슬림은 인도 각지에서 폭력 충돌을 벌였고, 이를 말리는 연설을 하던 간디는 오히려 힌두교 광신자에게 습격당해 목숨을 잃고 말았다. 그만큼 힌두교와 이슬람교 사이의 종교 갈등이 컸던 것이다. 결국 1947년 8월 15일, 인도는 영국에서 독립했으나 하나의 나라가 아닌, 힌두교를 믿는 인도연방과 이슬람교를 믿는 파키스탄이라는 두 나라로 분리 독립하고 말았다.

　일설에 의하면 인도와 파키스탄의 분리 독립도 영국의 의도였다고 한다. 만약 인도와 파키스탄이 하나의 나라로 뭉쳐서 독립했다면 400만 제곱킬로미터에 15억 인구라는 거대한 국가가 탄생했을 것이다. 통일 인도는 향후 영국에 강력한 도전자가 될지도 몰랐다. 이를 애초에 저지하기 위해 영국이 일부러 인도와 파키스탄의 종교 갈등을 일으켜 분리 독립을 하도록 치밀한 공작을 꾸몄다는 설이다. 아울러 두 나라가 전쟁을 벌이면 영국이 둘 사이에 슬그머니 끼어들어 중재자 역할을 하면서 이권을 챙길 수도 있으니, 영국으로서는 일거양득이라고 할 만하다.

파키스탄의 분리 독립
유혈 사태로 점철되다

김두한은 자서전인 《피로 물들인 건국 전야》에서 자신이 직접 1,000여 명의 공산주의자들과 싸워 그들을 죽였다고 주장했다. 이를 그대로 믿기는 어렵지만, 1945년 해방 직후 한반도가 김두한의 주장처럼 좌익과 우익 세력 간의 유혈 사태로 매우 혼란스러웠다는 점은 분명하다.

　인도와 파키스탄도 해방 직후의 한반도와 같았다. 수많은 명상 서적에 묘사된 지극히 평화로운 인도의 이미지와는 전혀 달리, 파키스탄의 분리 독립은 결코 평화롭지 않았다. 신생 독립국 파키스탄의 탄생은 처음부터 끔찍한 폭력과 유혈 사태로 점철됐다.

두 나라는 종교 갈등으로 분열됐지만 인도에 힌두교도만, 파키스탄에 이슬람교도만 살았던 것은 아니다. 인도에도 이슬람교도가 많았고, 파키스탄에도 힌두교도가 있었다(아직도 인도에는 이슬람교도가 1억 명가량 살고 있다). 이들은 혹시 테러를 당할지 몰라 불안해 인도의 이슬람교도는 파키스탄으로, 파키스탄의 힌두교도는 인도로 이주하기로 결정했다. 인도와 파키스탄의 접경 지역인 펀자브에 살고 있던 약 1,000만 명의 무슬림과 힌두교도는 서로 상대편 나라로 거주지를 옮겼다.

그런데 이 과정에서 대규모로 끔찍한 유혈 사태가 발생했다. 열차를 타고 상대편 나라로 가던 이주자들이 기차역에 들를 때마다 미리 대기하고 있던 폭도들에게 무자비하게 당했다. 남자는 칼과 총에 죽고, 여자는 모조리 강간당했다. 얼마나 많은 사람이 죽었는지 열차가 철로를 지날 때 핏물이 계속 흘러내려 철로가 온통 피로 붉게 물들었다고 한다. 여자들은 하루에도 수십 번씩 강간과 능욕을 당한 탓에 미쳐버리거나 자살하는 일이 많았다고 한다.

살인과 강간은 서로 꼬리를 물고 이어졌다. 힌두교도가 이슬람교도 남자를 죽이고 여자를 강간하면, 곧바로 이슬람교도가 힌두교도 남자와 여자에게 똑같은 짓으로 응수했다. 이런 사건이 펀자브 지역의 도시와 마을마다 계속 벌어졌다. 힌두교도 마을에 이슬람교도 폭도가 들이닥쳐 힌두교도에게 "당신은 이슬람교도인가,

1947년 인도 독립과 동시에 난민이 돼버린 무슬림들이 기차를 타고서 피란길에 오르고 있다.

힌두교도인가?"라고 질문해서 힌두교도라고 대답하면 곧바로 칼로 마구 찌르거나 총으로 쏘아 죽였다. 살아남으려면 "무슬림이 되겠습니다!"라고 대답하거나 이슬람교의 경전인 코란에 실려 있는 말이라도 미리 알아두었다가 재빨리 읊어야 했다. 반대로 이슬람교도 마을도 힌두교도 폭도에 똑같이 시달려야 했다. 실수로라도 "나는 이슬람교도인데, 무슨 문제라도 됩니까?"라고 말하면, 그 남자는 즉시 죽임을 당했다. 이 끔찍한 학살에는 아이들도 결코 예외가 아니었다.

한편 간신히 살아남은 사람들은 각각 인도와 파키스탄으로 도망쳐 자신들이 겪은 만행을 적나라하게 폭로했다. 인도와 파키스탄에서는 각자 이슬람교와 힌두교에 대한 분노가 동시에 끓어올랐다. 이들은 미처 피신하지 못한 무슬림과 힌두교도를 찾아 몰려가서 마구잡이로 폭행과 방화, 살인과 약탈을 일삼았다.

건국 초기부터 벌어진 잔인무도한 유혈 사태는 인도와 파키스탄에 서로 결코 지워지지 않는 불신과 증오의 벽을 남겼다. 불과 1년 전까지만 해도 하나의 나라였던 인도와 파키스탄은 이렇게 해서 확고하게 분리된 정체성을 지니게 됐다.

카슈미르 분쟁
카슈미르를 둘러싼 전쟁과 방글라데시의 탄생

펀자브 지역 외에도 인도와 파키스탄 사이에 일어난 분쟁이 하나 더 있다. 인도의 가장 북쪽에 위치한 카슈미르 지역에서 일어난 사건이다. 이곳은 인도와 파키스탄이 서로 자기 땅이라며 다투는 영토 분쟁 지역이기도 하다.

분쟁의 발단은 카슈미르 지역이 인도에 편입되면서 시작됐다. 당시 카슈미르 왕국은 인구의 약 80퍼센트가 이슬람교도였지만 특이하게도 왕실은 힌두교도였다. 이에 카슈미르 왕은 인도로 편입할 것을 결정했다. 이에 반발한 무슬림들이 파키스탄에 편입돼야 한다고 주장하자 무슬림과 힌두교도 사이에 유혈 사태가 벌어졌다. 카슈미르 지역을 지키기 위해 인도군과 파키스탄군이 나서서 전투를 벌인 것이다. 바로 제1차 인도-파키스탄전쟁(카슈미르 분쟁)이다.

1947년 제1차 인도-파키스탄전쟁에 참가한 인도군 병사들.

    이 전쟁은 1947년 10월 22일부터 1949년 1월 1일까지 계속됐다. 인도 측 사망자는 1,500명에 부상자는 3,500명이었고, 파키스탄 측 사망자는 6,000명에 부상자는 1만 4,000명으로 인도의 승리로 끝났다.

    하지만 파키스탄은 카슈미르 지역에 대한 미련을 버리지 못해 1965년 8월 5일 다시 인도에 전쟁을 걸어왔다. 1965년 9월 23일까지 인도와 파키스탄이 두 번째로 싸운 제2차 인도-파키스탄전쟁이 벌어졌다. 이 전쟁에서 인도는 70만 육군과 700대의 항공기에 720대의 탱크를 동원했다. 파키스탄은 26만 육군과 280대의 항공기에 756대의 탱크를 동원했다. 두 나라 모두 총력전을 전개했다. 이 전쟁에서 입은 피해가 모두 얼마나 되는지에 대해서 양측의 주장이 엇갈려서 정확하게 파악하기 어려우나, 대략 1만 3,000명의

1965년 제2차 인도-파키스탄전쟁에 투입된 파키스탄 육군의 탱크들.

사상자에 180대의 항공기와 970대의 탱크가 파괴된 것으로 추정된다. 서로 일진일퇴를 주고받던 인도와 파키스탄은 계속 국경 지역에 군대를 주둔시킨 채 무력 대치 상태에 있었으나, 1966년 1월 소련의 중재로 휴전 협정을 맺었다.

하지만 휴전 협정은 그로부터 불과 5년 뒤 전쟁이 터지면서 깨져버리고 말았다. 그런데 이 전쟁의 원인은 카슈미르가 아닌, 다소 엉뚱한 곳에서 비롯했다. 그때까지 파키스탄 영토의 일부였던 동파키스탄, 즉 지금의 방글라데시에서 터져 나온 것이다.

원래 벵골 지역에 위치한 동파키스탄은 주민 대부분이 이슬람교를 믿어서 파키스탄과 함께 인도로부터 분리 독립을 한 곳이었다. 그래서 동파키스탄은 파키스탄의 영토였으나 파키스탄 본국보다 더 못한 차별 대우를 받고 있었다. 인구는 본국보다 더 많은 데도 불구하고 파키스탄 정부 예산의 고작 30퍼센트가량만을 할당받았다. 그만큼 사회 인프라가 뒤떨어지고 본국보다 더 높은 가난과 실업에 시달렸다.

그러던 와중인 1970년 11월 12일, 동파키스탄에 거대한 태풍이 몰아쳐 홍수가 일어나 무려 30만 명이 사망하는 끔찍한 사태가 발생했다. 이렇게까지 피해 규모가 커진 데에는 파키스탄 본국이 태풍이 불어오는데도 뒤늦게 경보를 내려 주민 대피가 늦었던 이유도 있었다. 물론 다분히 파키스탄 본국이 동파키스탄 주민의 생명과 안전을 소홀히 여기고 그들을 천대했던 인식이 한몫했으리라. '가난하고 미개한 동파키스탄 주민 따위야 태풍에 죽어도 상관없지 않은가' 하고 말이다.

이에 분노한 동파키스탄 주민들은 자치권 확대와 군사독재 정권(당시 파키스탄은 군사독재 정권이 지배하고 있었다)의 퇴진을 외치는 대규모 반정부 시위를 벌였다. 그러자 파키스탄 본국은 동파키스탄을 내버려두었다가는 분리 독립할 수 있다고 판단해, 긴급히 군대를 보내 동파키스탄 주민의 반정부 시위를 진압하려 했다. 그런데 문제는 진압 임무를 맡은 파키스탄 군대가 지나치게 난폭해서 무고한 주민을 마구잡이로 살상한 데 있었다. 이 탓에 오히려 더 많은 주민이 반정부 시위대에 가담했고 급기야 총을 들고 아예 본국으로부터 독립하겠다는 무장 투쟁 전선을 만들고 말았다. 이 사태를 세계사에서는 방글라데시 독립전쟁이라고 부른다. 이 전쟁은 1971년 3월 26일부터 시작해 1971년 12월 16일까지 계속됐다.

한편 바로 옆에서 이 사태를 지켜보고 있던 인도 정부는 "자유를 위한 정의로운 투쟁을 벌이고 있는 동파키스탄 주민을 인도적인 차원에서 도울 것이다"라고 선언하며 재빨리 동파키스탄에 군대를 보내 주민들과 손을 잡고 파키스탄 군대와 맞서 싸웠다. 물론 인도가 동파키스탄을 특별히 좋아하거나 정말로 불쌍히 여겨서 군대를 보내 도와준 것은 아니었다. 동파키스탄이 독립하면 파키스탄의 영토와 인구가 줄어드니 인도로서는 그만큼 약해진 파키스탄을 상대하기가 더 쉬워지기 때문이었다.

이에 파키스탄 정부도 1971년 12월 3일, 군대를 보내 인도를 공격했다. 제3차 인도-파키스탄전쟁이 발발한 것이다. 하지만 인도는 전혀 밀리지 않았다. 오히려 대규모 반격을 감행해 파키스탄군을 밀어붙였다. 인도군의 역습에 고전을 면치 못하던 파키스탄군은 12월 16일 인도군에 항복하고 말았다. 같은 날, 동파키스탄에서 활동하던 파키스탄군도 인도군과 동파키스탄에 항복함으로써 방글라데시 독립전쟁과 제3차 인도-파키스탄전쟁은 파키스탄의 완패로 끝났다. 그리고 신생 독립국인 방글라데시가 탄생했다.

방글라데시 독립전쟁은 끔찍한 유혈로 얼룩진 대규모 참극이었다. 당시 방글라데시 전역에는 독립을 외치던 민병대가 파키스탄 본국을 돕거나 혹은 돕는다고 판단한 사람을 모조리 색출해 산 채로 땅에 파묻거나 총으로 쏘고 칼로 찌르고 불에 태우는 등 온갖 잔혹한 방법으로 죽였다. 그 수가 어찌나 많은지 최소한 200만에서 최대 300만 명으로 추정된다. 이런 점을 감안한다면 방글라데시

방글라데시 독립전쟁 때 죽은 사람을 땅에 묻는 장면.

독립전쟁을 두고 자유와 민주주의를 외친 독립 혁명이라고 무조건 추켜세울 수만도 없는 노릇이다. 새로운 나라의 탄생에는 언제나 피가 따르는 법일까.

핵무기 개발 경쟁
극한으로 치닫는 인도와 파키스탄의 갈등

방글라데시 독립전쟁에서 패배한 파키스탄은 공포와 불안에 떨었다. 그렇지 않아도 인구와 경제력, 군사력 등을 포함한 총체적 국력에서 인도보다 훨씬 뒤떨어진 마당에 방글라데시마저 떨어져 나갔으니, 인도와의 격차가 더욱 벌어져서 이제는 도저히 인도와 싸워 이길 수 없었기 때문이었다. 이런 판국에 만약 인도가 독한 마음을 먹고 모든 군사력을 총동원해 파키스탄을 공격한다면, 파키스탄은 꼼짝없이 멸망할 수밖에 없었다. 그래서 파키스탄은 인도를 견제하려는 목적으로 인도가 가장 경계하는 적국인 중국과 군사동맹을 맺었다.

유신론 이슬람 국가인 파키스탄이 무신론 공산주의 국가인 중국과 어떻게 동맹을 맺을 수 있을까? 이런 의문이 들지도 모르겠으나, 파키스탄은 인도에 워낙 밀리기 때문에 중국과 손을 잡을 수밖에 없었다. 지금도 중국인은 파키스탄을 매우 좋아하고 파키스탄인도 중국에 우호적이다. 둘 다 인도를 적국으로 보는 까닭이다. 실제로 중국은 인도와 1962년에 국경에서 전쟁을 벌이기도 했다.

파키스탄이 중국과 손을 잡자 인도는 바싹 긴장했다. 파키스탄과는 달리 중국은 인도에 결코 만만한 상대가 아니었다. 인도는 1962년 벌어진 중국과의 국경분쟁에서 중국군을 상대로 참패를 거듭했다. 게다가 1971년까지 인도는 단 하나의 핵무기도 없었는데 반해, 중국은 그보다 일찍 1964년과 1967년에 각각 핵폭탄과 수소폭탄 실험을 성공적으로 끝낸 핵무기 보유국이었다. 최악의 경우에는 중국이 파키스탄과 손잡고 인도를 상대로 전면전을 벌였을 때 핵무기라도 사용한다면 인도는 꼼짝없이 패망하고 말 위험이 있었다.

위협을 느낀 인도는 장차 중국과의 핵 전쟁에 대비하기 위해 1974년 라자스탄 사막에서 지하 핵실험을 시작한 끝에 사실상 핵무기 보유국임을 알렸다. 주목할 점은 이때 미국은 독자적으로 핵

인도가 개발한 핵탄두를 장착할 수 있는 Agni-II 중거리 탄도 미사일.

무기 개발을 한 인도에 아무런 제재도 가하지 않았다는 사실이다. 북한이 핵무기를 개발한다고 경제제재나 군사 공격까지 거론하며 호들갑을 떠는 모습과 비교해보면 너무나 대조적이다. 그 이유는 무엇일까? 북한과는 달리 인도의 핵무기는 미국이 아니라 중국을 겨냥한 것이기 때문에 미국은 인도의 핵무기 개발을 문제 삼지 않았다.

숙적 인도가 핵무기 개발에 성공하자 이번에는 파키스탄이 바싹 긴장했다. 그렇지 않아도 가뜩이나 국력이 밀리는데 인도가 핵무기까지 보유했으니 이제 파키스탄은 인도에 완전히 눌려버릴 판국이었다. 더구나 파키스탄이 중국의 동맹국이라는 이유로 미국은 파키스탄의 핵무기 개발을 반대했다.

그러다가 1979년 소련이 아프가니스탄을 침공하자, 파키스탄은 이전보다 훨씬 유리한 환경을 맞았다. 소련을 견제하기 위해 미국이 파키스탄의 핵무기 개발을 용인해준 것이다. 파키스탄은 재빨리 핵무기 개발에 착수했다. 천재 과학자인 압둘 카디르 칸 박사가 핵무기 연구의 중심에 서고 파키스탄 정부와 군부의 고위 요원이 막대한 지원을 해주었다. 가난한 나라인 파키스탄에서 핵무기 개발은 부담이 많은 큰돈이 들어가는 문제였지만, 파키스탄 정부 요인들은 "우리가 풀만 뜯어 먹는 한이 있어도 반드시 핵무기를 개발하고 말 것이다!"라며 결연한 자세를 보였다.

19년 동안의 노력 끝에 마침내 1998년, 파키스탄은 지하 핵실험을 성공리에 마치고 곧바로 핵무기 보유국임을 선언했다. 경제력이나 국민 생활에서 인도보다 훨씬 가난한 파키스탄이었지만, 없는 나라 살림에도 모든 돈을 쏟아부어 핵무기 개발에 매달렸던 것이다. 파키스탄 국민들도 인도가 워낙 무섭고 미웠던지라, 핵무기를 개발했다는 소식이 들리자 모두 길거리로 뛰쳐나와 만세를 외치며, 핵무기 모형을 실은 자동차를 타고 거리를 신나게 누볐다고 한다.

세 번이나 전쟁을 치른 두 나라가 모두 핵무기를 갖게 되자, 이들 사이에는 다시 전쟁의 불안감이 상승하기 시작했다. 2001년 12월 카슈미르 지역을 두고 인도와 파키스탄의 국경에는 무려 100만 명의 대군이 배치됐다. 언제 전쟁이 터질지 모르는 일촉즉발의 상황이 벌어진 것이다. 또한 파키스탄과 인도 군부의 지도자들은 서로를 향해 "어차피 사람은 다 죽지 않던가? 핵 전쟁이 무슨 대수냐?", "당신네들이 핵 전쟁을 원한다면 우리도 기꺼이 하겠다"라며 막말을 주고받았다.

다행히 두 나라의 살벌한 무력 대치는 전쟁으로 이어지지 않았다. 서로 핵무기를 가지고 있는 이상 섣불리 전쟁을 벌였다가 곧바로 수억 명의 사상자가 발생할 핵 전쟁으로 확대될 우려가 있었기 때문이다. 아이러니하게도 핵 전쟁의 공포가 두 나라 사이의 전쟁을 막은 셈이다.

상하이협력기구
오랜 분쟁은 해결되는가?

68년 동안 적대국이던 두 나라의 관계는 뜻밖의 전환점을 맞았다. 2017년 6월 9일, 인도와 파키스탄은 중국이 주도하는 군사동맹인 상하이협력기구sco(2001년 6월 15일 창설)에 가입했다. 1948년 영국에서 독립한 뒤 세 번이나 전쟁을 벌일 만큼 앙숙인 두 나라가 중국과의 군사동맹에 가입한 것은 무엇을 의미할까? 이는 인도와 파키스탄이 군사적 충돌과 분쟁을 겪는 관계에서 벗어나기를 원한다는 것을 보여준 사건이었다. 서로 군사동맹을 맺은 두 나라가 전쟁을 벌이기는 매우 어려울 테니까.

아울러 인도와 파키스탄의 상하이협력기구 동시 가입은 두 나라가 향후 미래를 함께 이끌어나갈 동반자로 미국이나 유럽 등 서방이나 일본이 아닌 중국을 선택했다고 보는 시각도 있다. 실제로 미국은 급속히 경제성장하는 중국을 다른 동맹국과 함께 봉쇄해 무너뜨리려는 '중국 포위망 전략'을 펴고 있는데, 이 전략에 중국의 오랜 동맹국인 파키스탄이야 그렇다 쳐도 인도까지 빠져버린다면 이 계획은 완전히 수포로 돌아가고 만다. 그래서 미국 오바마 대통령은 인도 모디 총리를 만나 미국과 손을 잡자고 오랫동안 설득했으나, 모디 총리는 끝내 오바마의 말을 듣지 않았다.

한편 인도와 여러 차례 전쟁을 치른 파키스탄이 왜 인도와 함께 같은 군사동맹 기구에 가입했는지에 대해서는 이런 견해도 있다. 파키스탄 정부의 지도자들이 인도와의 체제 경쟁에서 패배했음을 인정했다는 설이다. 중국과 더불어 세계경제를 이끌어나가는 엔진 역할을 할 만큼 경제 대국으로 올라선 인도와는 달리, 파키스탄은 좀처럼 경제나 정치 등 국내 사정이 나아지지 않고 있다. 2000년대 초반까지 파키스탄은 군사 쿠데타와 정치인 암살 테러가 빈발할 정도로 정치가 불안했으며, 공무원 조직의 부패가 남아시아에서 가장 심했다. 상황이 이러니 강대국 인도와 계속 군사적 대결 태세를 취하는 것은 무의미했다. 그래서 파키스탄은 인도와의 공존을 모색하고 전쟁을 막기 위한 방안으로 상하이협력기구에 가입했다고 보는 시각이다.

인도와 파키스탄 간의 오랜 갈등과 반목이 또다시 대규모 전쟁으로 번질 것인지, 아니면 두 나라가 평화와 공존을 선택할지는 아직 누구도 알지 못한다.

종교 때문에 벌어진 분열과 내전
수단 vs 남수단

수단과 남수단의 지도. 남수단은 바다가 없는 내륙국인 데다. 바로 북쪽에 사이가 좋지 않은 수단이 막고 있어서 국가 안보가 매우 불안하다.

위치 수단은 북쪽으로 이집트와 국경이 맞닿아 있고, 남쪽으로 에티오피아와 이어져 있으며, 동쪽으로 홍해를 접하고 있고, 서쪽으로는 차드 등 아프리카 내륙으로 연결돼 있다. 즉, 수단은 아프리카 외부 지역에서 들어와 아프리카 북부의 핵심 지역을 차지하기에 매우 좋은 곳에 위치해 있다.

남수단공화국은 바다가 없는 내륙국이다. 북쪽으로 수단과 대치하고 있으며, 서쪽으로 중앙아프리카공화국, 남쪽으로 콩고, 우간다, 케냐와 국경이 맞닿아 있고, 동쪽으로는 에티오피아에 맞닿는 등 여러 나라에 둘러싸여 있다. 외부의 공격으로부터 안전하게 보호받을 수 있는 배후지가 없어서 안보가 매우 불안하다.

역사 원래 수단은 고대 이집트 시절에 누비아라고 불렸으며 풍부한 황금이 나는 지역으로 유명했다. 정령신앙을 믿었던 수단인은 서기 4세기부터 기독교를 받아들였다. 그러다 7세기 들어 이슬람교를 믿는 아랍인이 수단을 침공했으나 뛰어난 궁수인 수단인의 강력한 저항에 부딪혀 수단 정복을 포기하고 철수했다.

하지만 이슬람의 파도가 결코 멈춘 것은 아니었다. 전쟁이 끝나자 많은 아랍인이 장사를 하러 수단으로 이주해오면서 수단에도 이슬람교도의 수가 늘었다. 16세기에 이르러 이슬람을 믿는 아랍인이 수단 북부를 완전히 장악하면서 기독교는 남부 지역에만 남게 됐다. 이렇게 해서 생긴 종교 갈등이 훗날 수단내전을 촉발시켜 남수단 독립으로 이어졌다.

종교 현재 수단은 이슬람교가 사실상 국교나 다름없다. 과거 영국 식민지였던 탓에 기독교에 대한 감정이 매우 나쁘며, 오사마 빈라덴이 4년 동안 머물렀을 만큼 반서구 성향의 이슬람원리주의 색체가 강하다.

수단에서 독립한 남수단은 인구 대부분이 기독교를 믿으며, 그 외에 전통 정령신앙을 믿는 사람도 있다.

언어 수단은 이슬람 국가의 기틀을 이룬 만큼 언어는 자연히 아랍어를 쓰게 됐다. 영국 식민지 시절에는 영어를 쓰기도 했지만 1956년 독립한 뒤에는 영어를 밀어내고 아랍어가 지배적인 언어가 됐다.

남수단 역시 수단과 함께 영국 식민지를 경험했기 때문에 영어와 아랍어를 함께 쓴다. 다만 남수단은 수단과 내전을 벌인 탓에 이슬람과 아랍 문화에 대한 반감이 커서 아랍어 대신 영어를 쓰는 사람이 더 많다.

민족 수단은 흑인이 살던 땅이었다. 그런데 7세기 이후 이주해온 아랍인이 많아지면서 아랍인이나, 아랍인과 흑인 혼혈이 인구의 대부분을 차지했다. 다만 종교와 언어 등 문화 면에서는 아랍의 영향을 강하게 받았기에 수단인들은 자신들을 아랍인의 후손으로 여긴다.

반면 남수단은 이슬람에 밀린 기독교도 흑인의 후손인 관계로 인구 구성에서 흑인 비중이 매우 높다. 그리고 딩카족, 바리족, 누에르족, 잔데족 등 여러 부족으로 나뉘어 있는데, 그중에서 딩카족이 가장 수가 많고 강하다.

갈등 이슬람교와 기독교의 갈등 탓에 수단은 남북 간의 반목과 대립이 매우 심했다. 1956년 수단이 독립하자 마침내 종교 갈등이 무력 충돌로 확대되면서 30년 동안 250만 명의 인명 피해를 낳은 수단 내전이 발발했다. 이런 극심한 혼란 속에서 하나의 나라로 지낸다는 것은 도저히 불가능했다. 마침내 2011년 수단 남부 지역 주민들은 국민투표를 통해 수단에서 분리 독립한 새로운 나라인 남수단공화국을 세웠다. 독립한 뒤에도 여전히 남수단은 물과 석유 같은 자원 문제를 두고 수단과 갈등을 벌이고 있어, 이 지역은 여전히 전쟁의 위험이 감돌고 있다.

갈등과 분열의 싹
영국의 식민지 시절

수단이 오랜 내전을 겪은 끝에 남수단으로 분열된 배경에는 바로 이슬람교와 기독교라는 종교 갈등이 있었다. 이 갈등의 근원은 상당히 오래전으로 거슬러 올라가는데, 그 뿌리는 19세기부터 시작됐다.

1820년 오스만제국(오스만튀르크)의 이집트 통치자 무하마드 알리(1769~1849)는 4,000명의 군대를 보내 수단 북부인 누비아, 센나르, 동골라, 다르푸르 등을 정복했다. 수단의 모든 영토는 1874년에야 완전히 이집트에 편입되지만, 수단 대부분은 무하마드 알리가 침공한 1820년에 이미 이집트의 영향권에 들어간 상태였다.

그러나 이집트의 수단 통치는 얼마 못 가 수단인의 분노를 사고 말았다. 이집트 정부가 수단인에게 무거운 세금을 물리고, 수단인 청년을 강제 징병해 이집트 군대로 끌고 가는 등 횡포를 부렸기 때문이었다. 무하마드 알리는 수단 북부를 정복하자마자 약 3만 명의 수단인을 징발해 이집트 군대에 편입시

이집트의 통치자 무하마드 알리의 초상화..

키기도 했다.

이집트의 지배 기간 동안, 많은 수단인이 이집트 정부에서 부과하는 세금 때문에 큰 고통을 겪었다. 세금은 주로 수단 인구의 대부분을 차지하는 농민과 상인에게 부과됐다. 가장 나쁜 점은 가뭄이나 기근이 들어도 세금은 전혀 줄지 않았다는 것이다.

19세기 중엽, 이집트 정부는 지중해와 홍해를 연결하는 수에즈 운하를 건설했다. 그런데 당초 예상했던 금액보다 훨씬 많은 공사비가 들어가는 바람에 이집트 정부는 영국과 프랑스에 많은 빚을 지고 말았다. 이 빚을 갚기 위해 수단에서 더욱 세금을 많이 쥐어짜 냈다.

1877년에는 이스마일 파샤가 영국 정부의 압력을 받아 영국인 장군 찰스 조지 고든을 수단 총독으로 임명하자 수단인의 처지는 더욱 악화됐다. 고든이 수단 총독이 되자 영국 정부는 수단을 자국의 식민지로 간주해 수단인에게 세금을 내도록 강요했다. 수단은 이집트 외에 영국에도 지배를 받게 된 상황이었다. 그러자 이집트와 영국 두 나라 정부에 세금을 모두 내느라 부담이 두 배로 늘어났다. 참다못한 수단인은 폭발하기 일보 직전이었다.

마침내 1881년, 수단인의 대대적인 저항이 일어났다. 수단의 이슬람교 수도승인 무함마드 아마드(1844~1885)가 자신을 세기말에 나타난 구세주라고 주장하면서, 수단인을 억압하는 사악한 집단인 이집트인과 영국인을 수단에서 몰아내자며 지하드를 선언했던 것이다. 사실 지하드는 무슬림이 이슬람교의 교리에 입각한 투쟁

무함마드 아마드의 초상화.

을 선언할 때 사용되는 명분으로 흔히 '성스러운 전쟁聖戰'을 말한다. 그러나 20세기 들어서는 서구 제국주의 열강의 지배에 대항하기 위한 테러의 명분으로도 쓰인다.

아마드의 외침은 폭탄의 심지에 불을 붙였다. 이집트와 영국의 악랄한 수탈을 증오하던 수단인은 억압자들에 맞서 싸우자는 아마드의 말에 공감했다. 사람들이 순식간에 그의 주위로 몰려들어 너도나도 지하드에 동참하겠다고 밝혔다. 잠깐 사이에 아마드를 추종하는 자들, 일명 '마디 교단'의 신도가 무려 20만 명으로 늘었다.

수단인이 봉기를 일으키자, 이집트 정부는 수단에 주둔하고 있던 병력과 본국의 병력을 파병했지만 모두 패했다. 1882년 이후로 이집트를 지배하던 영국도 개입했으나 역시 패하고 만다. 윌리엄 힉스 대령이 지휘한 영국-이집트 연합군 1만 1,000명은 수단의 엘오베이드 인근 전투에서 마디 교단에 기습을 당해 전멸했다. 그리고 크림전쟁과 아편전쟁에 참전해 명성을 떨친 영국의 고든 장군조차 하르툼 공방전에서 마디 교단에 죽임을 당했다.

한편 강력하다고 소문난 영국군과 두 번이나 싸워서 승리한 아마드는 홍해 인근을 제외한 수단 대부분 지역을 세력권하에 넣었다. 그는 수단을 이슬람 율법에 따라 운영하는 이슬람 국가로 만들려고 노력했다. 그러나 하르툼에서 승리한 지 5개월 뒤인 1885년 6월, 그는 뜻하지 않은 병으로 사망했다.

아마드가 사망하자 마디스트들은 새로운 지도자로 압달리를 선출했다. 그는 마디라는 칭호 대신, 자신이 모든 이슬람 신도의 대표라고 자처하며 칼리프 칭호를 사용했다. 교주가 죽었지만 마디 교단의 교세는 전혀 타격을 받지 않고 굳건했다. 대부분의 신흥 종교는 교주의 죽음과 함께 무너진다. 이런 점에서 마디 교단은 단순히 아마드 한 사람을 맹목적으로 추종하는 종교가 아님을 알 수 있다. 외세에 맞서 자신들의 삶의 터전과 문화를 지키려는 수단인의 염원이 반영된 것으로 보아야 한다.

하르툼 공방전 이후 마디 교단은 교리를 수단뿐 아니라 이집트에도 전파했다. 더욱 거대한 이슬람 신정 국가를 확장하고 영국을 완전히 추방하려는 열망에 불타올라 이집트를 침공한 것이다. 또 동부 아프리카의 오랜 기독교 국가였던 에티오피아와도 전쟁을 벌였다. 그러나 모두 실패했다. 이는 주변 세력이 마디 교단을 적대시하는 역효과를 불러온 악수였다.

마디 교단은 1898년 9월 2일, 하르툼 인근 옴두르만에서 벌어진 전투로 종말을 맞았다. 이 전투에서 영국군은 1분에 총탄 500발을 발사할 수 있는 최신 무기인 맥심기관총으로 마디 교단을 궤멸시켰다. 마디 교단은 단 하루 동안 무려 3만 명이 넘는 사상자를 냈지

수단을 침공한 영국군과 수단 원주민의 전투를 묘사한 삽화. 수단인은 용감하게 저항했지만 막강한 무기를 가진 영국군을 당해낼 수 없었다.

만 패하고 말았다. 1899년 11월 25일, 영국군을 피해 도망 중이던 압달리와 신도들은 움디웨이카라트에서 영국군과 격렬한 전투를 벌이다 모두 전사하고 말았다. 이 전투로 마디 교단은 완전히 붕괴했다. 그 뒤 영국은 형식적이나마 이집트와 함께 수단을 공동 통치한다고 선언했다. 이집트 역시 영국의 내정간섭을 받는 사실상 반식민지였으므로, 수단은 영국이 단독으로 지배하는 식민지나 다름없었다.

수단을 지배하게 된 영국은 수단의 내정과 현실을 파악하는 데 주력했다. 수단 북쪽은 주로 이슬람교를 믿는 아랍인이 많았고, 남쪽에는 기독교와 정령신앙을 믿는 흑인 계열의 토착민이 많았다. 영국은 이러한 구조를 교묘히 이용해 두 지역을 따로 나누어 통치하는 방식으로 수단을 관리했다. 두 지역의 불화를 부추겨놓고는 영국이 중재자로 나서는 식이었다. 특히 영국은 기독교를 믿는 남쪽 수단인에게 북쪽 수단인보다 더 많은 권리를 주었고 식민지 정부의 요직에 앉혔다. 그러자 북쪽 수단인은 남쪽 수단인을 배신자로 여겨 기독교와 남쪽 수단인에게 증오심을 드러냈다. 남쪽 수단인 역시 북쪽 수단인에게 맞서 싸웠다.

이런 식으로 영국은 피지배민 사이에 갈등과 분열을 부추겨 영국에 대한 적개심을 서로한테 돌리는 통치 방식을 수단뿐 아니라, 인도와 파키스탄 등 다른 식민지에서도 똑같이 활용했다. 피지배민이 하나로 뭉치면 인구가 적은 영국이 불리하기 때문에 영국은 필사적으로 식민지 민족을 분열시켰다.

아무튼 영국의 수단 통치는 1950년대 초반까지는 그럭저럭 유지됐다. 그런데 1922년 영국의 보호국에서 벗어난 이집트가 1951년, 영국의 수단 지배에 반기를 들었다. 영국과의 수단 공동 통치를 더 이상 받아들이지 않겠다고 선언한 것이다.

영국 정부는 매우 당황스러웠지만, 이집트가 영국을 돕지 않겠다고 나서자 수단을 더는 유지할 수 없다는 결정을 내릴 수밖에 없었다. 그렇지 않아도 양차 세계대전을 치르느라 영국은 막대한 전비와 국력을 소모했기 때문에 더 이상 방대한 해외 식민지를 관리할 형편이 아니었다. 게다가 수단으로 향하는 통로 역할을 한 이집트가 더는 영국에 길을 열어주지 않겠다고 하자, 마땅히 수단과 통할 방법도 없었다. 영국 정부는 어쩔 수 없이 수단에 자치권을 주기로 약속했고, 1956년에 수단 독립을 승인했다.

남북 충돌과 수단 내전
독립과 함께 시작된 비극

영국 식민지에서 벗어난 수단은 그러나 심각한 국내 문제에 휩싸였다. 우선 수단인은 민주주의에 입각한 정부를 만들어 운영해본 경험이 없었다. 마디 교단은 어디까지나 이슬람 율법에 입각한 신정국가였을 뿐 현대의 서구 민주주의와는 거리가 멀었다. 물론 형식적으로 수단은 민주주의를 추구하는 국가로 출범했으나, 수단 국회는 남부와 북부의 갈등과 피폐한 경제의 재건 같은 국내 문제를 해결하지 못했다.

더구나 독립 이후 수단에는 심한 가뭄과 기근이 번번이 들었다. 그럴 때면 특히 북부 지역의 주민이 큰 고통을 겪었다. 이슬람을 믿는 북부 수단인 대부분은 가축을 키우는 목축업에 종사했는데, 비가 오질 않아 풀이 말라버리면 풀이 무성한 남부로 이동해 가축을 먹여 키울 수밖에 없었다. 그런데 남부 수단인 입장에서는 자신들이 키우는 작물과 곡식을 북부 수단인이 몰고 온 가축 떼가 먹어버리니 반발할 수밖에 없었다.

1956년 독립을 맞이한 수단. 수단은 독립하고 나서 이슬람교를 사실상 국교로 삼는 방향으로 나아갔다.

또한 북부 수단인이 요직을 맡은 수단 정부는 아랍인의 후손임을 자처하며 수단의 전통 문화와 토착민 흑인을 극도로 멸시했다. 수단 정부는 아랍인 민병대가 흑인을 총으로 쏴 죽여도 처벌하지 않았고, 남부 수단의 흑인 주민을 취업에서 차별한다는 소문이 나돌 만큼 아랍 우월주의가 강했다. 남부의 흑인 주민은 자신들을 업신여기는 북부 수단인 정부를 결코 좋아할 리 없었다. 남부 수단 최대의 흑인 부족인 딩카족은 "흑인의 피부가 검은 것이 뭐가 문제라고 정부는 총을 겨누는가?"라는 노래를 지어서 수단 정부의 흑인 차별에 대한 분노와 불만을 드러냈다.

남부 수단이 분리 독립을 결심하게 만든 가장 큰 원인은 따로 있었다. 바로 종교 탄압이었다. 앞서 언급한 대로 북부 수단은 이슬람 교를 믿는 아랍계 주민이 대다수를 차지했다. 그런 만큼 이들은 수단을 지배한 영국과 기독교를 극도로 증오했다. 독립이 되자 이제 그들은 침략자 영국이 남기고 간 유산인 기독교를 철저하게 탄압하기 시작했다. 1964년 수단 정부는 미국과 유럽 등 서구에서 들어와 기독교를 선교하던 모든 기독교 선교사를 강제 추방했다. 무슬림에게 기독교로 개종하라고 권하는 사람은 모두 범죄자로 분류해 감옥에 가뒀다. 수단 전국의 모든 기독교 교회는 강제 폐쇄 명령을 받았다.

이슬람을 믿는 수단 정부가 기독교를 탄압했다는 말에 의문을 제기할 사람들도 있을 것이다. 이슬람교는 다른 종교를 결코 탄압하거나 차별하지 않는 평화의 종교이지 않느냐고 말이다. 하지만 이는 성급한 일반화의 오류다. 역사를 살펴보면 이슬람교도 다른 종교를 탄압하고 핍박한 경우가 많다. 시아파 이슬람교를 믿던 16세기 페르시아의 아바스 1세는 조로아스터교의 경전인 아베스타를 불태우고 조로아스터교도에게 이슬람교로 개종하라고 강요했다. 이를 거부하는 자들은 죽이거나 감옥에 가뒀다. 17세기 인도 무굴제국의 아우랑제브 황제는 힌두교도와 시크교도에게 이슬람교로 개종할 것을 강요하다가 이들이 반발하자 대량 학살을 저지르기도 했다.

인종차별과 종교 탄압이 가해지자, 남부 수단인은 중앙 정부가 오직 이슬람교와 북부 수단인만을 위한 집단이지 자신들을 위하

는 집단이 아니라고 여기고 무
장 봉기를 일으켰다. 독립한 지
7년부터 시작된 남부 수단인의
반란은 거의 26년 동안이나 계
속됐다.

그러던 중 1989년 6월 30일,
수단에서는 오마르 알바시르
(1944~)가 군사 쿠데타를 일으
키고는 스스로 국가원수 자리
에 올라 독재 정권을 만들었다.

오마르 알바시르.

그는 북부 출신 군인으로 수단이 서구식의 세속적 민주주의 국가
가 아닌 이슬람 율법이 지배하는 국가가 되기를 원했다. 그러자 기

다르푸르전쟁에 참가한 군인들.

독교와 정령신앙을 믿는 남부 지역에서는 그의 정책에 불만이 높아져 무장 봉기가 줄을 이었다.

오마르는 폭력을 동원해 남부인의 분노를 억누르려 했다. 수단 북부와 남부의 접경지대에서는 매일같이 전투가 벌어졌다. 이런 양상이 더욱 확대돼 아예 2003년부터 2010년까지는 사실상 북부와 남부가 완전히 갈라져 서로 내전을 벌이는 상황에까지 이르렀다. 이 7년 동안의 수단 내전을 다르푸르전쟁이라고도 부른다. 다르푸르전쟁에서 공식 집계된 사망자 수는 40만 명에 이른다. 전쟁 난민은 무려 200만 명이 넘었다.

남수단 독립
그러나 끝나지 않은 수단과의 충돌

영원히 계속될 것 같은 수단 내전은 결국 국제사회의 중재와 수단 내부의 의견 조율로 2011년 1월 9일, 휴전 협상이 이루어짐에 따라 마침내 일단락됐다. 그리고 6일 동안 수단 남부 주민을 상대로 남부가 중앙정부에서 독립해 독자 국가를 세울지 여부를 묻는 투표가 실시됐다. 결과는 예상대로 95퍼센트가 넘는 주민이 독립에 찬성표를 던졌다.

수단 남부는 2011년 7월 9일 남수단공화국으로 수단에서 분리 독립을 이뤄 국제사회에 독자 국가로 등장했다. 21세기 들어 아프리카에서 탄생한 최초의 독립국이다.

하지만 남수단의 앞날은 결코 밝지 않다. 우선 수단과 남수단은 아비에이와 남코르도판과 청나일 등 세 지역을 사이에 두고 영토 분쟁을 계속하고 있다. 이 지역은 석유가 나오는 유전 지대이기 때문에 수단과 남수단 모두 쉽게 포기할 수 없는 땅이다. 남수단이 분리 독립하기 전, 수단은 국가 수입의 절반을 석유 판매 수익으로 충당했다. 그런데 남수단이 독립해버리자 국가 수익에 큰 차질이 생겼다. 석유가 나오는 땅 대부분이 남수단에 있기 때문이다.

게다가 수십 년 동안 무기를 들고 죽고 죽이는 전쟁을 벌인 두 나라가 과연 평화적으로 지낼 수 있을지도 의문이다. 이미 2012년 3월에서 4월까지 수단과 남수단은 군대를 동원해 국경에서 국지전을 벌였다. 이때 사상자만 약 수천 명이 발생했다고 전한다. 그러니 앞으로 국경분쟁의 규모가 더 커지면 전면전으로 번질 가능성이 매우 높다.

한편 남수단 내부의 사정도 평화롭지 않다. 여러 기독교 종파 간의 갈등이 커서 남수단인끼리도 이교도이자 원수로 여겨, 무기를 들고 민병대를 만들어 다른 기독교 종파를 믿는 마을에 쳐들어가 약탈과 학살을 저지르고 있다. 또 부족 간 다툼도 굉장히 심각하다. 남수단에는 딩카족, 바리족, 누에르족, 잔데족 등 여러 부족이 있다. 그중에서 가장 수가 많고 강한 딩카족은 다른 부족을 노예 취급하며 마구 부려먹거나 죽이기도 한다. 이에 분노한 다른 부족도 딩카족과 맞서 싸우고 있다.

신생 독립국인 남수단의 국기를 든 어린이.

이렇듯 남수단은 수단과의 분쟁에다가 내부 문제까지 겹쳐 내우외환을 겪고 있는 형편이다. 30년에 걸친 내전 끝에 독립했지만 남수단의 앞날은 현재 어두워 보일 수밖에 없다. 이대로 남수단이 내분과 혼란에 휩싸여 언제 무너질지 모르는 상태로 지속될지, 아니면 어려움을 이겨내고 아프리카의 새로운 희망으로 떠오를지는 알 수 없다.

미국-영국 우방 vs 이슬람 세력

세계 이슬람권의 중심인 서아시아.

위치   세계 이슬람 세력의 중심지인 서아시아는 미국과 영국 등 서구에
지정학적으로 매우 중요한 곳이다. 우선 서아시아는 우수한 품질
의 석유와 천연가스가 가장 많이 매장돼 있으며, 국제무역의 핵
심 길목인 이집트의 수에즈운하를 끼고 있다. 또한 서구의 두 적국
인 러시아와 중국을 견제하는 데에도 필요하다. 러시아가 남쪽으
로 내려오지 못하게 막고, 중국의 생명줄인 석유와 천연가스 공급
원을 차단하려면 서아시아가 미국과 영국 우방의 지배권에 있어야
한다.

역사   20세기 초까지 오스만제국이 지배하던 서아시아는 제1차 세계대
전에서 오스만제국이 패망하면서, 영국과 프랑스 등 서구의 침략
을 받으며 여러 작은 나라로 분열됐다. 서아시아가 하나의 거대한
단일 세력으로 통합하지 못하고 분열된 약소국들로 계속 남아 있
어야 서구가 쉽게 간섭하고 통제할 수 있기 때문이다. 약 1세기가
지난 지금도 서아시아는 여전히 극심한 분열과 반목으로 혼란에
휩싸여 있다.

종교   이슬람권인 서아시아는 당연히 이슬람교를 믿으나, 수니파와 시
아파로 나뉘어 있다. 사우디아라비아가 중심인 수니파는 전 세계
무슬림의 90퍼센트가 믿는다. 반면 이란이 중심인 시아파는 전 세
계 무슬림의 10퍼센트가 믿는다. 수니파와 시아파는 이슬람교 교
리를 둘러싼 해석의 차이로 생긴 갈등 탓에 서로 사이가 매우 나쁘

다. 이는 1980년에서 1988년까지 벌어진 이란-이라크전쟁의 원인이 되기도 했다. 2015년에는 사우디아라비아와 이란이 서로 국교를 단절하고 대립하기도 했다.

언어 이슬람권인 서아시아에서 가장 널리 쓰이는 언어는 아랍어다. 하지만 오랜 세월을 거치면서 아랍어도 나라와 지역마다 각기 다른 발음과 뜻을 지니게 됐다. 이집트인, 수단인, 사우디아라비아인이 쓰는 아랍어는 방언의 차이가 심해서 서로 의사소통이 잘되지 않을 정도다.

민족 서아시아에서 가장 수가 많은 민족은 사우디아라비아를 중심으로 한 아랍인이지만, 이란과 터키, 이집트에 사는 페르시아인과 투르크족, 이집트인도 그 수가 만만치 않다. 아직까지 독립 국가를 이루지 못한 채 터키, 시리아, 이라크에 흩어져 사는 쿠르드인 또한 인구가 3,000만 명이나 된다. 이들이 현재 시리아 북부에 독립 국가를 건설하려 하면서 시리아 정부와 갈등이 심해지고 있다.

갈등 제2차 세계대전 이후 서아시아는 사실상 미국의 뜻대로 통제돼왔다. 서아시아와 이슬람교 세계의 중심 국가인 사우디아라비아가 미국과 동맹을 맺으면서, 서아시아가 미국의 영향력 아래에 놓였던 것이다. 그리고 미국은 사우디아라비아를 미군의 힘으로 지켜주는 대신 사우디아라비아에서 싼 가격으로 석유와 천연가스를 마음껏 수입해 갔다.

그러나 제2차 세계대전 이후, 서아시아에 새롭게 건설된 국가인 이스라엘이 미국의 힘을 등에 업고 팔레스타인, 이집트, 시리아 등 아랍과 전쟁을 벌이자, 서아시아 이슬람 진영에서는 이스라엘을 돕는 미국-영국 우방에 대한 적개심이 높아졌다. 그리고 오사마 빈라덴같이 이슬람원리주의에 심취해 미국-영국 우방을 상대로 테러를 저지르는 세력도 점차 늘어났다. 시리아와 이란같이 아예 정부 자체가 미국-영국 우방에 맞서 반미와 반서구의 기치를 내거 는 일도 벌어졌다.

미국-영국 우방은 이란-이라크전쟁과 걸프전쟁같이 서아시아 의 친미 정권을 앞세워 반미 정권과 싸우게 만드는 이이제이 전술 을 구사했다. 이는 서아시아에 더욱 큰 혼란을 초래했다.

미국-영국 우방은 2003년 이라크전쟁을 치르고도 시리아와 이 란 등 서아시아의 반미 정권을 완전히 제압하지 못했다. 2014년에 는 극단적인 이슬람원리주의 세력인 이슬람국가IS가 등장하는 사 태까지 초래하고 말았다. 상황이 이러니, 힘만 앞세운 미국-영국 우방의 서아시아 정책이 이젠 한계에 다다랐다는 분석도 나왔다.

사이크스-피코협정
서아시아의 분열 초래

서기 7세기부터 서아시아는 이슬람교를 믿는 나라들이 지배해왔다. 16세기에 들어서는 현재 터키의 전신인 오스만제국이 서아시아 대부분을 다스렸다. 그러다가 19세기부터 영국과 프랑스 등 서구 열강이 산업혁명에 성공해 막강한 국력을 갖추면서, 서아시아는 서구의 침략에 시달리게 된다.

특히 '해가 지지 않는 제국'이라 불리던 영국은 본국과 식민지 인도를 연결하는 교통로인 서아시아를 통제하는 일에 온 신경을 기울였다. 먼저 1839년에는 아라비아반도의 남쪽 끝인 예멘을 점령해 식민지로 삼았다. 1882년에는 수에즈운하가 있는 이집트를 점령해 영국의 반식민지로 삼았으며, 10년 뒤인 1892년에는 오만제국마저 영국의 반식민지가 됐다. 1899년 옴두르만 전투에서는 수단인의 저항이 영국군에 좌절돼, 수단 전체가 영국의 식민지가 됐다.

이처럼 서아시아와 그 인근 지역이 서서히 영국의 지배하에 들어가자 불안해진 오스만제국은, 영국의 적인 독일과 손을 잡고 영국에 맞서려 했다. 마침 독일도 자국을 둘러싼 영국의 해상 봉쇄를 뚫기 위한 돌파구가 필요한 상황이라 오스만제국과 동맹을 맺고 3B정책을 추진했다. '3B'란 독일의 수도인 베를린Berlin과 오스만제국의 수도인 비잔티움Byzantium(이스탄불), 오스만제국의 영토이자 이라크의 수도 바그다드Baghadad의 머리글자인 'B'를 따서 붙인 명칭이다. 이 정책은 베를린에서 비잔티움을 거쳐 바그다드까지 가는 물류 수송망(철도)을 하나로 연결하겠다는 것이다. 시베리아 철도와 남북한 철도를 하나로 잇는 대규모 철도망과 비슷하다고 생각하면 된다.

그러자 영국이 크게 반발했다. 독일의 3B정책은 영국이 추진하던 3C정책(영국의 식민지였던 남아프리카공화국의 케이프타운Cape Town과 이집트의 카이로Cairo, 인도의 캘커타Calcutta 등 세 도시의 머리글자인 C를 따서 붙인 명칭)에 정면으로 충돌하는 것이기 때문이다. 자연히 영국은 3B정책이 자국의 3C정책에 해를 끼친다며 독일에 여러 차례 항의했다.

그러나 독일은 영국의 반발을 무릅쓰고 3B정책을 강행했다. 여기에는 다른 목적도 있었는데, 바로 현대 산업의 '피'라고 할 수 있는 석유를 서아시아에서 확보하기 위함이었다. 1908년 5월 26일 이란에서 영국 석유 회사인 브리티시페트롤리엄BP이 석유를 채굴한 이래, 서아시아는 산유지로 각광을 받았다. 물론 제1차 세계대전 무렵까지 세계 최대의 산유국은 미국이었다. 독일의 입장에서는 미국산 석유 수송로의 중간에 주적인 영국이 있기 때문에, 만약 영국과 전쟁이라도 난다면 미국에서 석유를 수입할 수 없게 되고 독일의 산업은 멈춰버린다. 독일로서는 미국보다 지리적으로 더 가까우면서 유사시에도 안전한 석유 수입지가 필요했다. 그런 곳이 바로 오스만제국이 지배하던 서아시아였다.

영국은 독일의 3B정책을 무슨 수를 써서라도 좌절시켜야 한다고 결론을 내렸다. 당시 독일은 영국에 비해 해외 식민지가 매우 적었지만, 그럼에도 불구하고 국내총생산에서 영국을 거의 따라잡은 산업 강국이었다. 영국은 두려워할 수밖에 없었다. 만약 독일이 안정적인 석유 수입로까지 확보한다면, 독일 경제는 호랑이가 날개를 단 것처럼 승승장구하면서 영국 경제력을 능가하고 말 것이 뻔했다.

영국이 독일에 품은 두려움에는 다른 원인도 있었다. 좀처럼 믿어지지 않는 사실이지만, 제1차 세계대전이 벌어지기 전 영국은 막대한 재정 적자에 짓눌려 거의 파산하기 직전이었다. 또한 당시 영국은 군수, 금융, 석유 등 몇몇 산업을 제외하면 제조업이 쇠퇴하면서 산업 전반이 침체돼 있었다. 말로는 해가 지지 않는 대영제국이라지만, 그 실상은 막대한 빚에 짓눌리고 제조업이 붕괴돼가는 병든 나라였다. 상황이 이러니 영국이 독일을 두려워하는 것도 당연했다(흥미롭게도 이런 상황은 21세기인 지금에 와서도 미국과 중국의 관계에서 똑같이 반복되고 있다). 이대로 독일 경제의 성장을 방관했다가는 영국이 독일에 뒤처지고 몰락하리라는 우려가 영국 정계를 지배했다.

영국은 잠재 적국 1호인 독일을 굴복시키기 위해 프랑스와 러시아를 끌어들여 동맹을 맺고는 독일을 압박했다. 이에 독일은 자국처럼 제국주의 열강의 후발주자였던 오스트리아, 오스만제국과 손을 잡고 영국과 그 동맹국들에 맞섰다. 두 세력 간의 갈등이 마침내 무력 충돌로 폭발한 사건이 바로 1914년 벌어진 제1차 세계대전이다.

　제1차 세계대전은 영국이 승리하고 독일이 패배하는 것으로 끝났다. 승패를 결정지은 가장 중요한 원인은 독일이 영국의 봉쇄망을 뚫지 못한 데 있다. 서쪽의 프랑스와 동쪽의 러시아가 독일의 육상 물류 수송로를 막아버렸고, 북쪽과 남쪽의 바다는 영국 해군이 막는 바람에 독일은 전쟁에 필요한 석유 등 물자가 부족해 더 이상 전쟁을 계속하지 못하고 영국에 무릎을 꿇을 수밖에 없었다.

　독일과 함께 제1차 세계대전에 뛰어든 오스만제국도 패배하는 바람에 제정이 무너지고 공화정으로 체제가 뒤바뀌었다. 아울러 오스만제국의 지배를 받던 아랍인이 "터키인의 압제에서 벗어나 자유를 되찾아라!"라고 부추긴 영국의 선동으로 인해 반란을 일으켜 오스만제국과 싸워 승리했다. 그 결과 등장한 나라가 시리아, 이라크, 사우디아라비아, 요르단 등 아랍 국가다. 현대 아랍 국가는 제1차 세계대전 이후 모두 오스만제국에서 독립한 나라들이다.

　그런데 아랍인이 오스만제국을 몰아냈다고 곧바로 자유를 누린 것은 아니었다. 오스만제국 대신 새로운 지배자인 영국과 프랑스가 나타나 그들을 억눌렀다. 1916년 5월, 영국의 외교관인 마크 사이크스와 프랑스의 외교관인 프랑수아 조르주 피코가 맺은 사이크스-피코협정으로 시리아는 프랑스가, 이라크와 쿠웨이트 및 팔레스타인은 영국이 지배했던 것이다(사우디아라비아도 1917년 영국의 보호국이 돼 사실상 반식민지나 다름없었다). 오스만제국의 압제를 몰아내

사이크스-피코협정으로 영국과 프랑스의 지배하에 들어간 서아시아의 지도. 오스만제국에서 독립시켜주겠다는 말을 믿고 봉기한 아랍인은 자신들을 배신한 영국에 치를 떨었다.

고 서아시아에 자유를 주러 왔다던 영국과 프랑스의 말은 모두 거짓이었다.

이에 분노한 아랍인 사이에서는 반서구 감정이 싹텄다. 영국과 프랑스의 식민 지배에 항의하는 반발이 잇따라 일어났다. 특히 영국은 서아시아의 석유를 차지해 막대한 수익을 거뒀으나 아랍인을 위해서는 단 한 푼도 쓰지 않았다. 그리하여 아랍인 사이에서는 반영 감정이 뜨겁게 불타올랐다. 이 여파로 인해 훗날 1940년대에 나치 독일의 히틀러가 영국과 전쟁을 벌이자, 히틀러를 지지하며 나치와 협력했던 아랍인도 많았다.

서아시아전쟁
무슬림의 반미 반서구 감정을 키우다

1945년 제2차 세계대전이 끝나자, 그동안 서아시아를 지배하던 영국과 프랑스는 국력을 너무나 많이 소모한 나머지 더 이상 예전처럼 세계를 주도하는 강대국으로서의 위상을 유지하기 어려웠다. 이들이 서아시아에서 물러나자 팔레스타인을 제외한 대부분의 서아시아 국가는 정치 독립을 이루었다. 그러나 아랍인이 완전한 자유를 손에 쥔 것은 아니었다. 영국과 프랑스를 대신해 새로운 제국인 미국이 서아시아에 진출했기 때문이다.

원래 서아시아 무슬림은 미국에 대한 반발심, 그러니까 반미 감정이 없었다. 오히려 미국이 영국이나 프랑스와는 달리 서아시아를 식민 지배한 사실이 없었기 때문에, 미국을 자유의 나라라고 여기는 긍정적인 분위기가 강했다. 제2차 세계대전 이후에 서아시아 출신의 많은 무슬림은 미국의 자유와 번영을 부러워하며, 새로운 문물을 배우기 위해 미국으로 유학을 떠나기도 했다.

그러나 무슬림의 친미 감정은 오래가지 못했다. 1948년 5월 14일 팔레스타인에 세워진 이스라엘이 이집트, 시리아, 요르단 등 주변 서아시아 국가와 제1차 서아시아전쟁을 벌였다. 미국은 이스라엘

현대 이슬람원리주의의 사상적 아버지인 사이드 쿠틉은 모든 서구인과 기독교인은 무슬림의 적이며, 무슬림은 그들을 멸망시켜야 한다고 주장했다.

에 무기를 공급하며 서아시아 국가들이 패배하는 데 기여했다. 그러자 무슬림은 이스라엘을 도와 무슬림 동포를 죽게 만든 미국에 강한 적개심을 품게 됐다.

서아시아전쟁과 관련해 무슬림의 반미 반서구 감정을 체계화시키고, 향후 이슬람 테러 조직의 사상적 기반을 제공한 사람으로 이집트인 사이드 쿠틉(1906~1966)을 빼놓을 수 없다. 그는 1948년에서 1950년까지 미국에서 유학했지만, 미국의 인종차별과 이스라엘을 지원하고 이슬람을 외면하는 편파적 정책에 강렬한 적개심을 느껴 지독한 반미 반서구주의자가 됐다. 그는 미국과 서구 문명 및 백인에 대해 이런 주장을 폈다.

"나는 미국, 영국, 프랑스, 네덜란드 등 모든 서구인을 저주한다! 특히 미국인을 말이다. 그들은 종교와 영혼에 너무나 무지한 족속이다. 미국인은 원시적 욕망에만 집착하는 저질스러운 자들이고, 도덕이나 윤리를 전혀 생각하지 않는다. 이는 인간이 아니라 짐승에 가까운 태도다. 그렇다. 미국인은 짐승이다! 그리고 다른 서구인도 미국인과 똑같다. 그들 모두는 무슬림의 적이다. 그들은 우리를 노예처럼 부리고 착취했다. 그러니 모든 서구인은 우리의 원수이자 적이며, 그들은 모조리 멸망해야 마땅하다!"

사이드 쿠틉은 자신이 미국 체류 중 느낀 반미 반서구 감정을 《진리를 향한 이정표》라는 책으로 정리해 출간했다. 이 책은 세속주의 이슬람 정책을 펴던 이집트 정부로부터 금서로 지정됐으나, 이슬람원리주의 세력은 정부의 감시를 피해 이 책을 몰래 인쇄해 서로 돌려보면서 반미 반서구 사상의 기반을 다지는 데 이용했다. 그러자 이슬람 테러 집단의 난립을 두려워한 이집트 정부가 1966년 사이드 쿠틉을 사형시켰으나, 오히려 이 사건이 기폭제가 돼 서아시아 각지에서는 사이드 쿠틉을 성자로 추앙하며 그가 외친 반미 반서구 감정에 입각한 테러를 벌이는 이슬람원리주의 세력만 급격히 증가하고 말았다.

19세기부터 서구의 침략과 착취에 시달린 무슬림이 반서구 감정을 갖는 것이야 이해할 수 있으나, 사이드 쿠틉은 지나치게 극단으로 치우쳤다. 일제의 잔인한 폭압에 시달렸던 조선의 독립운동가 가운데도 모든 일본인은 짐승 같은 저질스럽고 사악한 족속이니, 남녀노소 가릴 것 없이 그들을 모조리 지구상에서 말살시켜야 한다는 내용이 담긴 책을 출간한 사람은 없지 않은가.

하지만 사이드 쿠틉의 주장은 잇따른 2차 서아시아전쟁(1956년 10월 29일~1956년 11월 7일)과 3차 서아시아전쟁(1967년 6월 5일~1967년 6월 10일), 4차 서아시아전쟁(1973년 10월 6일~1973년 10월 26일)의 패배에 따른 굴욕감과 분노에 휩싸인 서아시아 무슬림에게 열렬한 환영을 받았다. 특히 치밀한 준비 끝에 이스라엘을 몰아붙인 제4차 서아시아전쟁 막바지에 미국이 이스라엘에 엄청난 무

제4차 서아시아전쟁에서 수에즈운하를 건너고 있는 이집트군.

기와 군수물자를 지원해주는 바람에 결국 이집트와 시리아, 이라
크, 요르단 등 연합국이 패배하자, 서아시아 무슬림의 반미 반서구
감정은 하늘을 찌를 듯했다. 서아시아 무슬림은 자신들의 진정한
적이 이스라엘을 돕는 미국과 영국 등 영미 우방이라고 여기게 됐
다. 애초에 서방이 이스라엘을 돕지 않았다면, 인구와 병력 수에서
서아시아 국가보다 훨씬 열세인 이스라엘이 서아시아 연합군과 싸
워 이기는 일 따위는 없었을 테니까.

　반미 반서구 감정이 극에 달한 서아시아 무슬림이 선택한 길은
두 가지였다. 하나는 서아시아 각국의 친미 정권을 무너뜨리고 반
미 정권을 세우는 일이었으며, 다른 하나는 전쟁보다 훨씬 부담이
적고 쉬우면서 효과적인 투쟁인 테러로 미국에 맞서 싸우는 방법

1979년 일어난 이란이슬람혁명의 한 장면. 친미 정책을 펴던 이란의 팔레비 정부를 반미 성향의 무슬림들이 혁명을 일으켜 무너뜨리면서, 이란은 지금까지 반미 이슬람 국가로 남아 있다.)

이었다.

전자의 경우가 1979년 이란에서 일어난 이란이슬람혁명(이란회교도혁명 또는 이란혁명)이다. 당시 이란은 친미 성향의 팔레비 정부가 집권하고 있었는데, 빈부의 격차가 심해지고 비밀경찰인 사바크SAVAK가 국민의 자유를 탄압하면서 원성을 사고 있었다. 게다가 사바크는 무슬림의 적인 이스라엘의 정보기관 모사드Mossad와도 협조하고 있었다. 무슬림은 팔레비 정부에 더욱 분노할 수밖에 없었다. 급기야 1979년, 팔레비 정부의 탄압을 피해 프랑스로 망명 중인 시아파 성직자 호메이니가 귀국하면서, 그가 외친 반미 반서구 이념을 따르는 국민이 모두 거리로 쏟아져 나와 반정부 혁명을 일으켰다. 이윽고 팔레비 정부를 무너뜨렸다.

이란이슬람혁명이 성공하자 가장 당황한 쪽은 팔레비 정부의 우방인 미국이었다. 노골적으로 반미 반서구를 내건 이란이슬람혁명이 사우디아라비아, 이라크, 터키 같은 서아시아의 친미 이슬람 국가에 확산될까 봐 두려웠다. 이란이슬람혁명이 일어난 지 1년 뒤인 1980년, 미국은 당시 친미 국가였던 이라크의 독재자 후세인을 부추겨 이란을 상대로 이란-이라크전쟁을 벌였다. 서아시아의 친미 국가를 앞세워 반미 국가를 공격하게 하는 대리전 수법이었다. 이란-이라크전쟁의 여파로 이란은 반미 이슬람 혁명을 해외로 '수출'하는 작업을 중단했고, 이라크는 '서아시아의 프로이센'이 돼 서아시아를 통합하겠다는 야심을 접어야 했다. 결국 미국은 이란-이라크전쟁으로 가만히 앉아서 서아시아의 위험한 두 국가를 모두 무력화시킨 셈이다.

후자의 길을 선택한 자들은 헤즈볼라, 알카에다 같은 이슬람 테러 조직이었다. 이란의 지원을 받는 헤즈볼라는 1983년 4월 18일 레바논 주재 미국대사관 건물을 향해 팔레스타인 소녀가 폭탄이 가득 실린 트럭을 운전해 충돌하는 자폭 테러를 일으켜 대사관 건물을 파괴하고 17명의 미국인을 죽였다. 또한 같은 해 10월 23일에는 레바논의 베이루트에 설치된 미군 해병대 막사에 역시 헤즈볼라 조직원이 자폭 트럭 테러를 자행해 241명의 미군 해병대원이 사망하는 사건도 발생했다. 연이은 자폭 테러에 충격을 받은 미국 정부는 1984년 2월 레바논에서 미군을 철수하기에 이르렀다. 무슬림 두 명의 목숨이 미군을 몰아낸 것이니 헤즈볼라가 거둔 최대의 성과였다.

알카에다는 다소 의외인데, 알카에다를 만든 사우디아라비아인 오사마 빈라덴은 처음부터 미국에 적대적인 사람이 아니었다. 오히려 그 반대였다. 소련-아프가니스탄전쟁이 한창이던 1984년, 빈라덴은 같은 이슬람 국가인 아프가니스탄을

알카에다의 창시자인 오사마 빈라덴. 그는 사우디아라비아의 부유한 집안에서 태어났다. 독실한 무슬림인 그는 미국이 서아시아 각국을 강력하게 간섭하는 현실에 반발심을 느끼고, 미국 등 서방에 맞서 싸우는 길을 걷게 됐다.

돕는다는 명분을 내걸고 미국의 지원을 받아 구성한 이슬람 의용군을 이끌고 아프가니스탄에서 소련군과 맞서 싸웠다. 비록 빈라

소련-아프가니스탄전쟁에 참전한 이슬람 저항군. 오사마 빈라덴도 이 전쟁에 참가해 명망을 얻었다.

덴이 지휘한 의용군이 거둔 성과는 그리 대단하지 않았지만, 그 과정에서 빈라덴은 조국 사우디아라비아와 이슬람 세계에 "막강한 소련군과 싸워 이긴 위대한 이슬람의 투사!"라는 찬사를 받았다. 빈라덴이 자발적으로 미국의 적인 소련과 싸우는 모습을 본 미국은 빈라덴을 "미국의 친구"로 여겼다. 빈라덴도 미국 주재 사우디아라비아 대사인 반다르 빈 술탄 왕자에게 이렇게 말했다.

"신을 믿지 않는 사악한 집단인 공산주의 국가 소련과 싸워 이길 수 있도록 미국이 도와준 일에 나는 진심으로 감사의 인사를 전하고 싶습니다."

이런 모습을 보면 빈라덴은 친미적 인물로 생각될 것이다. 그러나 빈라덴의 또 다른 모습에는 그렇지 않은 점도 발견된다. 1982년 빈라덴은 레바논을 공격한 이스라엘을 도운 미국을 거론하며 이런 발언을 남겼다.

"이스라엘군의 레바논 폭격으로 수많은 무슬림의 사지가 찢겨지고 거리는 온통 시체와 피로 가득했다. 그런 극악무도한 범죄를 저지른 원흉은 누구인가? 첫째는 이스라엘이지만, 둘째는 이스라엘을 도와준 미국이다. 미국이야말로 서아시아의 이슬람 세계를 억압하고 살육하는 폭군이다. 우리는 폭군 미국을 파괴해야만 한다. 그래야 이슬람 세계에 진정한 평화가 올 것이다."

미국을 살인마라고 저주하던 사람이 미국의 지원을 받아 미국이 원하는 대로 소련군과의 전투에 나섰다? 어째 앞뒤가 맞지 않는 이야기다. 도대체 빈라덴의 본심은 무엇이었을까? 이미 고인이 된 사람의 마음을 정확히 알기란 불가능하지만, 개인적인 상상력을 동원해서 추리를 한다면 아마 이런 것이 아니었을까?

'나는 독실한 무슬림이다. 오직 이슬람교만이 참되고 올바른 가르침이며, 나머지 종교나 사상은 모두 사악한 것이다. 나에게는 신을 부정하는 공산주의 국가인 소련이나 이교인 기독교를 믿는 미국이나 똑같이 악하다. 하지만 지금 당장 그 둘과 모두 싸울 수는 없다. 그리고 싸우기 위해서는 먼저 싸우는 방법을 알아야 한다. 마침 미국이 아프가니스탄을 침략한 소련군에 맞서는 이슬람 의용군을 모집하기 위해 자금과 무기를 지원한다고 하니, 이번 기회에 일단 아프가니스탄을 도우면서 미군에게 그들의 전투 기술을 배우고 경험을 쌓은 다음, 소련군을 몰아내면 기회를 보아서 미국과 싸울 것이다. 소련도 미국도 모두 이슬람의 적이다!'

결과적으로 빈라덴의 아프가니스탄 참전은 일석이조의 절묘한 수였다. 무슬림을 돕는다는 명분도 있고 미군의 전투 기술도 배우면서 이슬람 무장 조직의 기틀을 다질 기회도 잡았으니까.

걸프전쟁과 911테러
빈라덴의 반발

1990년 8월 2일, 이라크는 쿠웨이트를 침공해 걸프전쟁을 일으켰다. 이 사건에 가장 충격을 받은 나라는 이라크의 이웃인 사우디아

결프전의 한 장면. 쿠웨이트 유전이 불타고 있다. 결프전 자체는 미국의 완승으로 끝났지만, 이로 인해 오사마 빈라덴은 미국을 이슬람의 적이라고 확신하게 됐다.

라비아였다. 국토의 대부분이 사막인 사우디아라비아는 1990년까지 인구가 500만 명에 불과했으며 군 병력도 고작 5만 8,000명이었다. 반면 이라크는 인구 2,000만 명에 100만 대군을 거느리고 있었다. 이라크가 여세를 몰아 사우디아라비아로 쳐들어온다면 군사력에서 뒤진 사우디아라비아는 꼼짝없이 패할 운명이었다.

나이프, 투르키, 술탄 왕자 등 사우디아라비아 왕실의 주요 인사는 이라크의 침략에 대비하기 위해서 미군을 불러들여야 한다고 주장했다. 그러자 빈라덴이 강력히 반발하고 나섰다.

빈라덴 사우디아라비아에는 전 세계 이슬람교의 성지인 메카와 메디나가 있습니다. 그런데도 이교도인 미군을 불러들일 생각입니까? 이슬람교의 창시자인 예언자 마호메트도 아라비아에 결코 두 종교가 있게 하지 말라고 하지 않으셨습니까? 미군을 사우디아라비아에 불러들인다는 것은 신성모독입니다!

술탄 왕자 미군을 부르지 않는다면 대안이 있소? 이라크군이 쳐들어오면, 그때는 어떻게 하란 말이오? 우리 군대를 다 합쳐봐야 그들 군대의 10퍼센트도 안 되오. 전쟁이 벌어지면 우리가 무조건 불리하단 말이오.

빈라덴 이슬람 의용군을 이끌고 아프가니스탄에서 막강한 소련을 무찌른 제가 있지 않습니까? 미군 따위 필요 없습니다. 제게 군사권을 맡겨주신다면, 10만 명이 넘는 무슬림으로 구성된 의용군을 만들어 이라크군에 맞서 싸우겠습니다!

투르키 왕자 의욕은 넘치는군. 그러다 만약 이라크군이 사우디아라비아를 향해 독가스 미사일이라도 날린다면 그때는 어떻게 할 거요?

빈라덴 신앙심은 화학무기보다 더 강력합니다. 소련-아프가니스탄전쟁에서 소련군은 온갖 무기를 사용했지만, 이슬람의 신앙심으로 무장한 의용군에게 패배했습니다. 이라크군도 그렇게 될 겁니다.

빈라덴은 자신의 참전 이력과 신앙심을 들먹이며 자신만만하게 말했지만, 사우디아라비아 왕실 인사들은 그의 제안을 거부했다. 아무래도 이라크의 독가스를 신앙심으로 막아내겠다고 호언장담하는 빈라덴을 믿기가 어려웠던 모양이다. 그들은 빈라덴 대신 미국에 도움을 요청했고, 미국은 이를 받아들였다. 당시 미국 입장에서도 전 세계에서 가장 많이, 그리고 싸게 석유를 수입하는 나라인 사우디아라비아가 이라크의 손에 들어간다면 미국의 경제와 안보에 심각한 위협으로 작용하기 때문이었다.

곧 50만 명의 미군이 사우디아라비아에 들어와 이슬람의 성지인 메카와 메디나에 주둔했다. 1991년 1월 16일 이라크를 공격한 '사막의 폭풍 작전'을 시작한 지 두 달도 안 돼 미군은 이라크를 굴복시키고 전쟁을 승리로 이끌었다. 이라크의 쿠웨이트 침공으로 시작된 걸프전은 이렇게 끝났다.

걸프전은 대규모의 미군이 서아시아에 직접 개입해 서아시아 국가를 상대로 전쟁을 했다는 점에서 이제까지와는 확연히 달랐다. 물론 미국 정부가 흔히 하는 변명처럼 그동안 미국이 서아시아 현지 주민의 권리를 존중해서 서아시아 국가를 직접 공격하지 않았던 것은 결코 아니었다. 1990년 초반까지 미국과 어깨를 나란히 하는 초강대국인 소련이 버티고 있었기에, 서아시아에 대규모의 미군을 보냈다가 소련의 반발을 사서 3차 세계대전으로 확산될까 봐 두려웠기 때문이다. 그래서 그동안은 이스라엘을 대리인으로 내세워서 서아시아의 반미 이슬람 세력과 싸우게 하는 선에서 그쳤다. 그런데 걸프전이 벌어지기 전인 1990년 말이 되자, 소련은 붕괴 직전의 위태로운 상황을 맞았다. 더 이상 소련의 눈치를 살필 필요가 없었다고 판단한 미국은 서아시아에 대규모로 군을 투입할 수 있었다.

아무튼 이라크의 위협에서 벗어난 사우디아라비아는 안도의 한숨을 쉬었다. 그러나 걸프전이 끝났음에도 불구하고 전혀 기뻐하지 않은 사람이 있었으니, 바로 빈라덴이었다. 그는 사우디아라비아 왕실이 자신의 건의를 무시하고 미군을 불러들인 일에 대해 맹렬히 반발했다.

"사우디아라비아 왕가는 그동안 이슬람의 수호자임을 자처해왔다. 하지만 그들은 이슬람의 성지인 메카와 메디나에 이교도인 미군을 불러들였다. 그들은 아라비아에 결코 두 종교가 있어서는 안 된다는 예언자 마호메트의 가르침을 어겼다. 그들은 더 이상 무슬림이 아니라 이교도나 마찬가지다! 따라서 독실한 무슬림인 나는 이제 사우디아라비아 왕실을 따르지 않겠다! 또한 이슬람의 성지에 더러운 발을 들여놓은 미국에 더 이상 참지도 않겠다. 미국은 사우디아라비아를 이라크의 침략으로부터 지켜주기 위해 왔다고 변명했다. 그런데 왜 이라크를 격퇴한 뒤에도 계속 사우디아라비아에 남아 주둔하고 있는가? 그들은 이라크를 지키러 온 것이 아니라 이슬람을 지배하고 파괴하기 위해 온 것이기 때문이다. 미국은 이슬람을 더럽힌 대가를 그들의 피로 치러야 한다!"

이라크를 불과 두 달도 안 돼 초토화시킨 세계 최강의 미군에 맞서 싸우겠다는 빈라덴의 결심이 무모해 보일지도 모른다. 그러나 빈라덴은 그 나름대로 믿는 구석이 있었다. 그는 미국인이 단지 첨단 무기에만 의존할 뿐 전사로서의 의지가 없다고 판단했다.

"나는 미군이 두렵지 않다. 왜냐하면 그들이야말로 진정 나약한 자들이기 때문이다. 멀리 6·25전쟁에서부터 베트남, 레바논, 소말리아에 이르기까지 미군들이 보였던 모습을 떠올려보라. 그들은 자기네 병사 몇 명이 죽으면 이런 전쟁은 할 수 없다면서 아우성을 치고 전쟁터에서 벗어나 집으로 돌아갈 생각만 한다. 이렇게 의지가 박약한 자들이 어떻게 전사가 될 수 있겠는가? 그들은 살이 피둥피둥 찐 자본주의의 돼지에 불과하다. 전쟁의 승패는 무기가 아니라, 누가 더 오래 버티는가 하는 의지가 결정한다. 미국인에게는 그런 의지가 없다. 우리가 미국을 향해 힘찬 일격을 날린다면, 미국인은 겁에 질려 싸움을 포기한 채 집 안에 틀어박혀 버릴 것이다. 우리가 미국을 상대로 오래 버틴다면, 틀림없이 승리할 수 있다."

이런 결심에 따라, 빈라덴은 미국을 상대로 한 테러를 일으켜 미국을 굴복시키고 이슬람 세계가 서구의 지배에서 벗어날 수 있다고 보았다. 그는 1994년 필리핀 마닐라를 찾은 빌 클린턴 미국 대통령과 요한 바오로 2세 교황을 암살하려는 계획을 세웠다가 경비를 뚫지 못해 중단했지만, 빈라덴과 한 패인 칼리드 셰이크 모하메드는 1994년 마닐라에서 출발한 도쿄행 여객기에 폭탄을 장치해 비행기를 폭파시키는 테러를 성공시켰다. 또한 빈라덴과 뜻을 같이하는 이슬람 테러리스트 자와히리는 1997년 이집트 룩소르에서 총격 테러를 일으켜 58명의 관광객을 죽였다.

그리고 1998년 8월 7일 케냐의 수도 나이로비에 있는 케냐 주재 미국대사관은 빈라덴의 지시로 알카에다 단원들이 자살 폭탄 테러를 일으켜 파괴했다. 12명의 미국인을 포함해 213명이 죽고 4,500명이 부상당했다. 완벽하게 '성공'한 이 사건은 그로부터 3년 뒤에 자행할 미국 본토에 대한 테러 공격의 예행연습이었다.

알카에다의 자폭 테러로 구멍이 뚫린 미국 전함 USS콜호. 이후 알카에다는 자폭 테러로 미국을 괴롭혔다.

2000년 10월 12일에는 알카에다 단원들이 폭탄이 가득 실린 어선을 이용해 예멘의 수도인 아덴 인근 바다에서 미군함인 USS콜호에 자폭 테러를 벌여, 17명이 죽고 39명이 다쳤으며 하마터면 콜호가 침몰할 뻔했다. 조그만 어선이 미군의 강력한 최첨단 군함을 격침시킬 뻔했다는 사실을 알고 빈라덴은 기뻐서 의기양양했다.

"스스로를 희생하려는 의지로 무장한 이슬람 전사는 거대하고 막강한 악의 제국 미국을 상대로 얼마든지 싸워서 이길 수 있다! 그들이 자랑하는 군사력은 지나치게 크고 느려서 신속한 공격에 대응할 수 없다. 두고 보라. 머지않아 미국 본토에도 이와 같은 이슬람 전사의 공격이 있을 것이다!"

마침내 2001년 9월 11일, 빈라덴의 명령을 받고 미국에 잠입한

미국과 전 세계를 충격에 빠뜨린 911테러.

알카에다 단원들은 바로 전해에 있었던 USS콜호 자폭 테러의 원리를 살려 여객기를 납치해 세계무역센터 빌딩에 그대로 들이받는 자폭 테러를 일으켰다. 이 사건으로 약 3,000여 명이 사망하고 6,000여 명이 부상을 당했다. 전 세계에 생중계된 911테러의 모습은 미국인을 포함한 수많은 사람을 충격과 공포로 몰아넣었다.

여기서 한 가지 의문이 생긴다. 과연 미국은 빈라덴과 그가 하는 일을 몰라서 911테러가 일어나기 전까지 그대로 방치해둔 것이었을까? 세계 최고의 정보력을 지닌 미국이 그 정도로 무능했을까? 정말 그랬다면, 그렇게 무능하고 어리석은 나라가 어떻게 세계를 지배할 수 있단 말인가? 혹시 미국은 빈라덴의 테러 정보를 입수했으면서도 일부러 방관한 것이 아닐까? 소련이 붕괴된 뒤 미국은 막대한 군사비와 군수산업체, 정보기관을 계속 유지할 명분이 필요했다. 소련 못지않은 강력한 적이 필요했던 것이다. 미국은 빈라덴과 알카에다 같은 이슬람 테러 세력을 소련을 대신할 새로운 적으로 내세워 군산복합체를 유지하려고 한 것이 아닐까?

또 하나. 911테러를 일으킨 빈라덴과 비행기 납치범 14명은 모두 사우디아라비아인이었는데, 미국은 왜 사우디아라비아에 책임을 묻거나 불이익을 가하지 않았을까? 아프가니스탄은 그저 빈라덴을 보호하고 있다는 이유만으로 미군이 쳐들어갔는데 말이다. 덧붙여 전 세계의 이슬람 테러 조직에 사우디아라비아 왕실이 막대한 돈을 지원하고 있는데, 미국은 거기에 대해 전혀 문제 삼지 않는다.

사실 여기에는 1945년 이래로 미국과 사우디아라비아가 체결한 끈끈한 유착 관계가 한몫했다. 미국은 사우디아라비아를 60년 동안 군사적으로 보호해주는 대신, 사우디아라비아는 미국에 싼 값으로 석유를 판다는 내용의 밀약을 맺었다. 그리고 사우디아라비아 왕실은 오랫동안 미국 정부의 주요 인사에게 막대한 돈을 바쳤다. 미국 정부 기관이나 대학 가운데 사우디아라비아의 돈을 받지 않은 곳이 거의 없을 정도다. 이러니 미국은 사우디아라비아에 테러 책임을 일절 묻지 않았고, 어쩌면 억울하다고 할 수 있는 아프가니스탄과 이라크만 공격했던 것인지도 모른다.

아프가니스탄전쟁과 이라크전쟁
대량 살상 무기는 없었다

아이러니하게도 911테러는 부시 정권에게 큰 도움이 됐다. 테러가 일어나기 전까지 부시 대통령은 부정 선거 의혹에 잦은 말실수로 거의 탄핵 직전에 몰렸다. 그런데 갑작스럽게 미국 뉴욕 한복판에서 비행기 테러가 일어나 수천 명의 인명 피해가 발생하자, 부시는 이 사건을 기회로 삼아 자신의 권력 기반을 탄탄히 다지는 데 이용했다. 그는 테러를 일으킨 빈라덴이 세계 어디에 있든지 반드시 찾아내서 죽일 것이며, 만일 빈라덴을 숨겨주거나 미국에 협조하지 않는 나라가 있다면 모두 적으로 간주해 빈라덴처럼 만들어주겠다고 으름장을 놓았다. 그리고 911테러가 일어난 바로 그해에 미군은 빈라덴이 숨어 있다고 알려진 아프가니스탄을 공격해 미국-아프가니스탄전쟁을 일으켰다.

놀랍게도 이때 미국인의 70퍼센트가 부시가 벌이는 군사작전에 동의했다. 베트남전쟁 때 미국 전역에서 반전 여론이 치솟았던 사실을 감안한다면, 너무나 놀라운 변화였다. 영미전쟁 이후 약 190년 만에 처음으로 미국 본토가 공격당해 수천 명이 사망한 탓에 미국인이 이성을 잃었던 셈이다.

미국-아프가니스탄전쟁이 벌어지자 처음엔 전황이 미국에 유리하게 돌아갔다. 아프가니스탄을 지배하던 탈레반은 수도 카불을 버리고 지방으로 달아났다. 미군은 "아프가니스탄의 낙후된 인권과 민주주의를 개선하기 위해서 왔다!"라고 호언했다. 이슬람원리주의 세력인 탈레반의 지배 기간 동안 영화조차 볼 수 없었던 아프가니스탄인들이 다시 문을 연 극장에 몰려드는 모습을 찍은 사진이 신문을 통해 보도됐다. 다만, 과거 아프가니스탄을 공격했다가 패한 적이 있는 러시아가 미국에 이런 우려를 전했다.

러시아 고문들 당신네 미국인은 지금 큰 실수를 저질렀소. 자고로 아프가니스탄은 어떤 나라도 쳐들어가서 점령할 수 없는, 그야말로 '제국의 무덤'이라 불리는 나라요. 이미 19세기와 20세기 초, 세계를 지배했던 영국조차 세 번이나 쳐들어갔다가 모두 참패하고 간신히 빠져나왔소. 그리고 우리 역시 10년 동안 아프가니스탄에 군대를 보냈다가 막대한 희생자만 내고 패잔병이 돼 전쟁을 끝내야 했소. 당신네 미국인도 마찬가지요. 아프가니스탄을 결코 우습게 보면 안 될 거요.

미군 우리는 당신네 러시아인과 다르오! 구소련 시절의 당신들보다 훨씬 발달된 첨단 무기와 과학기술을 가지고 있으니, 아프가니스탄 따위한테 결코 패배할 리가 없단 말이오.

초반 승리에 도취된 미군은 아프가니스탄전쟁에 참전한 경험이 있는 러시아군 출신 고문들의 충고를 무시했다. 그렇게 미국은 '제국의 무덤'인 아프가니스탄의 저주를 깨는 것처럼 보였다.

그런데 2003년 부시는 뜬금없이 이라크의 독재자 후세인이 대량 살상 무기를 숨겨놓았으며, 세계 평화를 위해 그것들을 반드시 파악해서 없애야 한다고 주장했다. 그러자 유엔의 무기사찰단이 이라크를 방문해 군수창고와 무기고를 샅샅이 뒤진 끝에 이라크에서는 대량 살상 무기를 전혀 찾을 수 없다고 발표했다. 그 말에 부시는 이렇게 반응했다.

"대량 살상 무기가 없다고? 당연히 그러겠지. 후세인이 바보가 아닌 이상 그것을 유엔의 무기사찰단이 찾을 수 있는 곳에 놔두었겠는가? 아마 무기사찰단의 사찰을 받지 않는 비밀 장소에 대량 살상 무기를 숨겨두었을 것이다. 그러니 나는 유엔 사찰단의 발표를 믿을 수 없다. 이라크는 반드시 대량 살상 무기를 보관해두었을 것이니, 미군을 포함한 국제연합군이 반드시 이라크에 쳐들어가 그것을 찾아내고 후세인 독재 정권을 응징해야 한다!"

걸프전이 끝난 지 12년 만에 다시 이라크를 공격하겠다는 부시의 말에 전 세계는 충격에 휩싸였다. 미국을 포함한 유럽과 동아시아와 서아시아 등 세계 각지에서 미국의 이라크 침공을 반대하는 반전시위가 잇달아 일어났다. 미국의 최고 동맹국인 영국은 물론, 미국을 혈맹으로 여기던 한국에서도 이라크 침공에 반대하는 유명 인사의 발언과 반전시위가 줄을 이었다. 이뿐만 아니라 미군의 공격으로부터 이라크인을 보호하겠다며 이라크로 달려간 '인간 방패'도 무려 10만 명에 달할 만큼 지구촌은 반전 열기에 휩싸였다.

그러나 2003년 미국은 전 세계적인 반대 여론에도 불구하고 끝내 이라크 침공을 강행하고야 말았다. 자신들의 목소리로 전쟁을 막을 수 있다고 여겼던 세계 각국의 시민은 부시 행정부의 일방적

외교에 큰 실망을 금치 못했다. 미군이 이라크를 폭격하자 순진한 인간 방패들은 모두 고국으로 돌아가 버렸다.

미군은 순식간에 승리했다. 이미 이라크는 걸프전 이후 10년이 넘게 미국의 경제 봉쇄로 인해 완전히 피폐해진 상태라서 미군의 공격에 도저히 저항할 능력이 없었다. 전쟁이 벌어진 지 한 달도 안 돼 이라크 수도 바그다드가 점령됐고, 후세인은 달아나 숨었다가 약 8개월 뒤 미군에게 발각돼 사형당했다. 그렇게 이라크는 미군의 군홧발에 무릎을 꿇는가 싶었다.

그런데 승리한 미군은 금세 전쟁 피로를 호소했다. 정규전에서 밀린 이라크군과 반미 감정을 가진 아랍인이 게릴라전과 폭탄 테러로 미군에 맞서 싸웠던 것이다. 이라크 어디를 가든지 반미 게릴

2003년 미국의 이라크 침공 와중에 벌어진 바그다드 폭격의 한 장면. 전 세계적으로 명분이 없다고 비판받았던 이 전쟁은 훗날 미국의 세계 지배에 큰 균열을 일으킨 사건으로 기억될 것이다.

라가 널려 있었다. 이들은 미군을 상대로 한 비정규전을 벌이며 미군에게 출혈을 강요했다. 미군은 이라크 전역에 깔린 폭탄과 저격수의 총탄에 두려움을 느끼며, 잠시도 편안하지 못했다. 여기저기서 미군을 겨냥한 테러가 잇달아 일어났고, 그러는 사이 미군 전사자와 부상자가 5,000명을 넘어섰다. 심지어 부시가 이라크전의 승리를 선언한 바로 그날에도 바그다드에서는 미군을 노린 폭탄 테러가 발생했을 정도였다.

도덕적 명분을 차치하고서라도 이라크 침공은 미국에 아무런 이익을 주지 못했다. 미국이 이라크를 공격하기 위해 아프가니스탄에 파견된 미군 병력을 빼서 이라크로 투입한 사이, 숨어 있던 탈레반이 다시 힘을 길러 아프가니스탄을 장악하기 시작한 것이다. "두 전쟁을 동시에 치르지 말라"는 전쟁학의 기본을 어겼기 때문에 빚어진 결과였다. 제아무리 초강대국이라고 해도 동시에 두 전쟁을 치르며 승리할 수는 없다. 미국 정부가 이런 사실을 깨달았을 때는 이미 아프가니스탄은 탈레반의 수중에 떨어지기 시작한 뒤였다.

탈레반은 이슬람 율법을 지나치게 내세워 민심을 잃었던 일을 되풀이하지 않기 위해서, 아프가니스탄 농민에게 양귀비 재배를 허용했다. 세계에서 가장 가난한 나라 가운데 하나인 아프가니스탄은 국가 주요 수입원이 아편의 원료가 되는 양귀비 재배인데, 미국은 아프가니스탄에 들어와서 농민에게 양귀비 재배를 금지하고 대신 밀을 심으라고 명령했다. 그러나 양귀비를 길러서 판 수익이 밀의 판매 수익보다 훨씬 높기 때문에 농민들은 불만이 많았다. 탈레반은 바로 이 점을 노려 양귀비 재배를 허용한 것이다. 아프가니스탄의 민심은 곧바로 탈레반에게 쏠렸다. 반대로 미국은 민심을 잃고 말았다. 아무리 강력한 군대라고 해도 민심을 잃은 이상 승리는 불가능했다.

그나마 미국이 아프가니스탄전에서 거둔 유일한 전과가 있다면, 911테러의 주범인 오사마 빈라덴을 2011년 5월, 사살하는 데 성공했다는 것이다. 빈라덴을 제거했으니 이제 미국은 아프가니스탄전에서 발을 뺄 명분이 생겼다. 그런데 어떻게 된 일인지 미국은 좀처럼 아프가니스탄에서 철수하지 않았다. 바로 중국 때문이었다. 아프가니스탄은 중국과 바로 국경을 접하고 있으며, 중앙아시아의 교차로이기 때문에 아프가니스탄에 미군이 주둔하고 있으면 중국을 서쪽에서 압박할 수 있었다. 아울러 중국이 중앙아시아와 이란으로 진출하는 것도 막을 수 있었다. 그래서 미국은 막대한 군사비와 사상자를 감수하고서라도 계속 아프가니스탄에 남아 있다.

이슬람국가
시리아 내전과 이란

빈라덴 사살로 그나마 체면치레를 한 아프가니스탄전과는 달리, 이라크전은 미국에 전혀 이득이 없는 재앙 그 자체의 연속이었다.

우선 미국인은 이라크 내부 사정에 대해 거의 아는 게 없었고 알려고 하지도 않았다. 이라크인의 처지를 배려하지도 않았다. 미군은 독재자 후세인을 몰아내고 이라크에 자유와 민주주의를 주러 왔다고 주장했으나, 정작 후세인이 제거된 뒤 이라크인은 후세인 집권 시절보다 더 가난하고 힘든 삶을 살아야 했다. 후세인 집권 시절에는 꼬박꼬박 공급되던 물과 전기가 후세인이 없어진 뒤에는 전혀 공급되지 않았다. 이라크인은 미군 부대 앞으로 몰려가 구호를 외치며 항의 시위를 벌였다.

"후세인을 다시 돌려달라! 우리에게 물과 전기를 공급해달라!"

미국이 세운 이라크 정부는 대다수 이라크인에게 미국의 앞잡이 괴뢰 정부로 여겨져 외면당했다. 이라크 정부와 미군에 반발해, 두 집단을 공격하는 폭탄 테러가 이라크 전역에서 연일 끊이지 않았다. 미군은 적은 병력으로 이라크 전역을 다스리기가 어려워지자 이라크 정부에서 근무하는 경찰과 군인을 훈련시키고 무장시켰다. 그러나 이들도 미군에게 받은 무기와 장비를 가지고 탈영해 미군을 공격하는 일이 비일비재했다.

이라크인의 절대 다수가 반미 감정을 품고 미군을 따르지 않으니, 미군은 테러와의 싸움이라는 끝없는 수렁 속으로 빨려 들어갔다. 미국인 사이에서도 "도대체 뭐하러 이라크에 갔느냐? 후세인도 죽었고 대량 살상 무기도 없었다. 아무 명분 없는 전쟁이니 빨리 나와라"라는 여론이 높아졌다. 미국 정부는 "서아시아에 민주주의를 전하러 왔다"라며 핑계를 댔으나, 전혀 호응을 얻지 못했다. 오히려 "미국이 정말로 민주주의를 전하러 전쟁을 일으켰다면, 잔혹한 전제 왕정 국가인 사우디아라비아의 왕가부터 없애라!"라는 조롱만 받았다.

2008년 부시 2세의 후임으로 44대 미국 대통령에 당선된 오바마는 "내가 대통령이 되면 이라크에서 미군을 철수시키겠다. 더 이상 미국 시민이 이라크에서 헛되이 죽는 일이 없도록 하겠다"라고 말해 미국인의 지지를 받았다. 2009년부터 미군은 이라크에서 단계적으로 철수하기 시작했고, 그렇게 이라크의 수렁에서 빠져나오는 듯했다.

그러나 2014년 6월 29일, 아무도 예측하지 못했던 사태가 발생했다. 이라크에서 자신이 과거 이슬람 제국의 후계자라고 주장한 아부 바크르 알 바그다디(1971~)가 등장한 것이다. 그는 이슬람 테러 조직인 '이라크 레반트 이슬람국가IS'를 창설하고, 이라크를 중심으로 서아시아 전역에서 반미 반서구 테러를 일으켰다. 이라크는 순식간에 IS의 조직원에게 파죽지세로 점령당했다. 미군이 막대한 돈과 무기를 지원하며 키운 이라크 정규군은 자신들보다 훨씬 적은 IS 조직원에게 추풍낙엽처럼 쓰러졌다. 여전히 높은 반미 감정을 지니

아부 바크르 알 바그다디.

고 있던 이라크군 병사들은 반미 구호를 외치던 IS를 상대로 진심으로 싸우고 싶지 않았기에 달아나거나 항복하는 등 전투를 거부했다.

이라크의 절반이 IS의 수중에 떨어지자 그 여세를 몰아 사우디아라비아와 터키 등 미국의 서아시아 동맹국에까지 IS가 세력을 뻗을 기세였다. 미국은 다시 서아시아에 군대를 보낼 수밖에 없었다. 자칫 IS가 서아시아의 대부분을 점령하게 된다면, 이는 후세인이나 이란보다 더 강대한 반미 이슬람 국가의 출현을 의미하기에 미국의 개입은 불가피했다.

미국뿐 아니라 영국, 프랑스, 독일 등 미국의 서방 동맹국과 심지어 미국과 사이가 나쁜 러시아, 중국까지 IS 제거에 동참하겠다고 선언했다. 겉보기에 IS는 연합군의 공세에 그대로 무너져버릴 것 같았다.

그런데 어찌된 일인지 IS는 창설한 지 2년이 지나도록 좀처럼 무너질 기미를 보이지 않을뿐더러 오히려 건재했다. IS를 제거하겠다던 나라들도 말로만 IS 제거를 외쳤을 뿐, 정작 군대를 보내는 일에는 소홀했다.

이뿐만 아니라 IS를 없애기 위해 다시 서아시아에 개입한 미군이 무려 2년 동안이나 계속 폭격을 퍼부었지만 IS는 도무지 타격을 받지 않았다. 명색이 세계 최강의 군사력과 정보력을 가진 미국이 오합지졸에 불과한 IS를 상대로 2년 넘게 전쟁을 벌이면서 이기지 못한다? 뭔가 이상하지 않은가. 베트남전에서야 밀림이 하도 우거

져서 상대가 보이지 않아 제대로 못 싸웠다고 변명할 수 있지만, IS가 활동하는 서아시아는 숨을 곳이 없는 모래벌판이다. 게다가 미군은 IS보다 훨씬 막강한 후세인의 이라크군을 이미 1991년 걸프 전쟁에서 거의 완벽하게 제압해버리지 않았던가. 그런데 오합지졸 IS를 미군이 이기지 못하다니, 이게 말이나 되는 소리인가? 그래서 인지, 미국이 지지부진한 이유를 두고 이런 음모론까지 나왔다.

"IS의 숨은 배후가 어딜까? 놀라지 마라. 바로 미국이다. 미국이 겉으로는 IS를 제거한다며 요란하게 폭격을 퍼붓는 것처럼 보이지만, 사실은 다 거짓 쇼다. 생각해보라. 만일 미군이 정말로 IS를 제거하려고 폭격을 퍼부었다면, IS가 허허벌판인 모래사막에서 견딜 수나 있었겠는가? 그런데 왜 2년이 넘도록 IS가 멀쩡할까? 이유는 간단하다. 미군이 IS를 향해 제대로 폭격을 하지 않았기 때문이다. 왜 그랬을까? 미국은 IS가 정말로 없어지기를 바라지 않았다. 왜냐 하면 IS는 미국이 일부러 키워낸 테러 집단이기 때문이다. 미국은 IS를 향해 폭격한다면서 사실은 그들에게 무기와 식량 등 보급품을 지원하고 있다. 그렇게 키워낸 IS를 시리아와 이란 같은 서아시아의 반미 국가와 싸우게 하려는 속셈이다. 아울러 IS 일부 세력을 미국의 잠재 적국인 러시아와 중국으로 보내, 이들 나라에서 이슬람 테러를 일으킴으로써 혼란에 빠뜨리려는 목적도 갖고 있다. 그러니 IS가 제거될 수 없는 것이다."

실제로 미군 공군기가 IS를 향해 낙하산이 달린 보급품 상자를 보내는 장면이 사진으로 찍히기도 했다. 이 문제가 논란이 되자 미

이슬람국가의 전투원들. 이슬람원리주의자 이외에도 서방 국가에서 몰려온 지원자로 인해 좀처럼 기세가
꺾이지 않고 있다.

군 사령부는 "실수였다"라고 변명했지만, 정말로 실수인지 아니면
고의인지는 아무도 알 수 없다.

한편 이라크를 휩쓴 IS는 이라크 서쪽 국경을 넘어 시리아로 침
투하기도 했다. 원래 시리아는 반미 성향의 아사드(1965~) 대통령
이 장기간 독재를 하고 있었다. 2012년 7월부터 아사드에 반대하
는 시리아 반군이 정부군과 시리아 내전을 벌이고 있었다. 아사드
대통령은 비록 반미주의자이기는 하지만 이슬람원리주의자가 아
닌 세속주의자이기 때문에 빈라덴이나 IS 같은 이슬람 테러 집단
과도 사이가 나빴다. 그래서 IS는 시리아의 세속 정권을 무너뜨리
고 이슬람원리주의 정부를 세우기 위해 시리아를 침공한 것이다.

IS는 시리아 반군과 손잡고 시리아 정부군을 공격하면서, 시리아의 각 도시를 점령하고 파괴했다. 이들의 기세가 한때 굉장히 강력해서 아사드 정부는 그대로 무너질 것 같았다. 미국과 서방 연합국이 IS를 제거하기 위해 시리아에 공군 지원을 해주겠다고 제안했지만, 아사드는 시리아의 자주권을 침해한다며 거부했다. 그러나 미군, 영국군, 프랑스군, 아사드의 거부에도 불구하고 IS를 제거한다는 명분을 내걸고 시리아 폭격을 감행했다. 그래도 IS는 좀처럼 제거되지 않았고 등등한 기세로 시리아 정부를 위협했다.

그러던 와중인 2015년 9월 30일, 뜻밖의 사태가 발생했다. 전통적으로 시리아의 동맹국이었던 러시아가 아사드 정부를 돕기 위해 시리아 내전에 개입하겠다고 선언한 것이다. 2014년 크림반도를 기습 합병한 뒤, 미국과 유럽 등 서방의 제재를 받고 국제 유가가 떨어지는 등 경제 위기에 시달리던 러시아가 시리아에 군사 지원을 하기는 어려울 것이라는 전망이 많았다. 그런데 러시아의 푸틴 대통령은 그런 예상을 뒤엎고 시리아에 전폭적인 군사 개입을 하겠다고 선언하고서, 2015년 10월부터 즉시 실행에 옮겼다.

러시아군이 시리아 내전에 개입하자 전황은 완전히 바뀌었다. 1년 넘도록 미군이 폭격을 할 때는 멀쩡하던 반란군과 IS가 러시아 공군의 폭격이 시작되자 비명을 지르면서 달아나기 급급했다. 러시아 정부의 발표에 따르면, 러시아 공군은 시리아 내전에 개입한 이후로 시리아 반란군과 IS를 향해 무려 5,000번이나 집중 폭격을 퍼부었다고 한다. 방공망 능력이 전혀 없는 시리아 반란군과 IS로서는 러시아 공군의 폭격을 도저히 막아낼 수 없었다.

시리아 내전에 러시아군의 지원이 더해지자 전세는 시리아 정부 쪽으로 기울었다. 수세에 몰리던 시리아 정부군은 다시 기세를 회복하고 러시아군과 연합해 반란군과 IS를 밀어붙이며 빼앗긴 국토를 서서히 되찾고 있다. 러시아군의 폭격이 시리아 내전의 승패를 결정지은 것이다.

헌데 IS와 시리아 반군이 러시아군의 개입으로 큰 타격을 받자 갑자기 미국이 러시아를 비난하고 나섰다. 러시아군이 IS나 시리아 반군과는 전혀 상관이 없는 시리아 민간인을 폭격으로 마구 죽인다는 것이다. 러시아 정부도 즉각 반박에 나서, 러시아군이 폭격한 곳은 언제나 IS와 시리아 반군과 관련된 지점이었으며, 미국이 러시아를 터무니없이 모함해 시리아에서 손을 떼게 하려고 한다며 공세를 폈다.

이와 더불어 또 다른 음모론이 제기됐다. IS는 터키로부터 물적 인적 지원을 받고 있기 때문에 미국과 러시아가 아무리 공격해도 그 세력이 도무지 줄어들지 않는다는 설이다. 또 IS의 배후에 있는 미국은 원래부터 시리아의 아사드 정부를 제거하고 시리아를 차지하기를 원했는데, 그 이유는 바로 시리아에 매장된 막대한 양의 천연가스 때문이라는 설이다.

한편 서아시아 최대의 반미 이슬람 국가인 이란은 2015년 7월, 미국과 뜻밖의 일을 벌였다. 1979년 이란혁명 이후 36년 동안 미국의 적성국인 이란은 미국과 서방으로부터 경제제재를 받아왔다. 이로 인해 이란은 핵무기를 만들어 미국의 위협에 맞서왔다. 그런데 미국과 이란이 끈질긴 협상 끝에 마침내 2015년 7월에 이르러 "이란은 핵무기를 완전히 포기한다. 그 대신 미국은 이란에 대한 모든 경제제재 조치를 해제한다"라고 합의했다.

서아시아의 같은 반미 이슬람 국가인 이라크는 공격해 무너뜨리고, 시리아도 IS를 보내 무너지게 할 거라는 음모론이 나오는 현실에 비하면 너무나 대조적인 사건이었다. 단, 미국과 이란의 핵협상 타결을 두고 나오는 분석 가운데 이런 내용이 있다. 미국이 결코 이란을 평화적으로 대하기 위해서 협상을 맺은 것은 아니다. 이란은 이라크나 시리아보다 국토와 인구가 훨씬 많아서 미국이 함부로 공격하기 어렵기에 일단 타협을 한 것뿐이다. 만일 미국이 시리아의 반미 아사드 정부를 전복하고 나면, 곧바로 이란과의 협상을 뒤엎어버리고 이란을 공격할 가능성도 높다.

실제로 2003년 이라크전쟁을 일으킨 미국의 네오콘(공화당을 중심으로 한 미국의 신보수주의자들)은 이라크 다음에는 시리아와 이란을 공격하겠다고 외친 바가 있다. 이란 정부에서도 미국과의 협상 타결 바로 직후에 "우리는 결코 미국을 믿거나 방심하지 않는다"라는 성명을 발표해 아직도 미국에 대한 경계심이 여전함을 보여주었다.

1948년 제1차 서아시아전쟁 이후부터 지금까지 미국과 영국, 영미 우방은 서아시아의 이슬람 세력과 적대 관계를 맺어왔다. 이 과정에서 이라크는 영미 우방의 공격을 받아 무너졌고, 이제 서아시아에 남은 반미 이슬람 국가는 시리아와 이란뿐이다. 만일 이 두 나라마저 영미 우방에 굴복한다면, 서아시아는 완전히 그들의 손에 떨어지게 된다. 그렇다고 이슬람이 서방에 완전히 패배하지는 않을 것이다. 미국의 폭력과 음모를 잘 알고 기억하는 무슬림이 한 명이라도 남아 있는 한, 제2의 빈라덴과 911테러는 계속 나타날 수밖에 없으니까.

3_ 이념 대립

남한 vs 북한

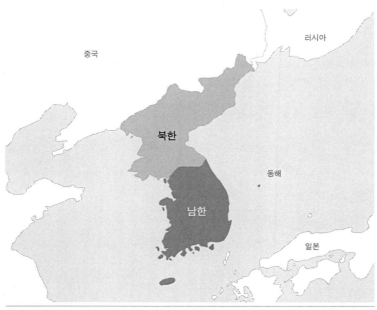

북쪽이 북한으로 막히고, 3면이 바다로 둘러싸인 남한은 지정학적인 위치가 섬나라와 다를 바 없다. 북한은 남쪽이 남한으로 막혔고, 북쪽은 중국과 러시아에 접해 있어, 두 강대국을 상대로 한 외교에 국운을 걸어야 한다.

위치 한국, 즉 남한은 다들 알다시피 동북아시아의 동쪽 끝인 한반도 남쪽에 위치해 있다. 서쪽, 동쪽, 남쪽이 바다로 둘러싸이고, 북쪽은 적대국인 북한과 휴전선을 맞대고 있기 때문에 지정학적인 위치로 보았을 때, 남한은 사실상 섬나라나 다름없다. 더욱이 서쪽은 거대한 중국이, 북쪽은 언제 쳐들어올지 모르는 북한이 버티고 있으며, 남쪽과 동쪽은 일본이 초승달처럼 감싸고 있기 때문에 남한은 호수 속에 갇힌 작은 섬과 같다.

북한은 국경의 북쪽을 중국, 러시아와 마주하고 있다. 따라서 두 나라와 우호적인 관계를 수립하고 있는 한 결코 고립될 염려가 없다. 하지만 북쪽을 제외하면 남쪽은 적대국인 남한과 맞닿아 있기 때문에, 북한은 외교적으로 고립되지 않도록 중국과 러시아 사이에서 줄타기 외교를 하면서 최대한 자국의 안전과 이익을 더 많이 보장받으려 노력하고 있다. 만약 중국, 러시아와도 적대 관계로 돌아선다면, 북한은 사방이 모두 봉쇄당하는 최악의 위기를 맞기 때문이다.

역사 1945년 8월 15일, 한반도를 지배하던 일제가 패망하고 미군과 소련군이 들어오면서 한반도는 각각 미군이 지배하는 남쪽과 소련이 지배하는 북쪽으로 분단됐다. 두 초강대국은 한반도를 서로의 세력이 대치하는 완충 지대로 삼고, 남쪽과 북쪽을 자국의 지정학적인 목표와 이익을 실현하는 대리국으로 키워내려 했다.

애초부터 남한과 북한은 국가 목표 자체가 서로의 종주국을 대신해서 냉전을 치르는 일이었다. 따라서 같은 역사와 문화를 가졌음에도 불구하고 두 나라는 언제나 적대 관계에 놓여 있었다.

종교 북한은 무신론에 입각한 공산주의 국가로 종교의 자유를 인정하지 않는다. 다만 자국의 지배층 자체를 신격화한 주체사상을 인민에게 강요해, 사실상 주체사상이 유일한 국교 역할을 한다.

남한은 종교의 자유가 보장된 민주주의 국가다. 남한 국민의 약 절반은 종교가 없으며, 나머지 절반은 전통 신앙인 무속이나 불교, 기독교 등의 종교를 믿고 있다. 그중에서 종주국 미국과 높은 유착 관계를 가진 기독교, 특히 개신교의 교세가 매우 강하다.

언어 분단 이전까지 남한과 북한은 지역 방언을 제외하면 하나의 언어를 공유해 언어 소통에 전혀 문제가 없었다. 그러나 분단 이후 각자 다른 정부를 꾸려나가면서 언어생활에도 차이가 커지기 시작했다. 남한은 미국 등 외부에서 들어온 외래어를 발음과 뜻 그대로 사용하는 반면, 북한은 순혈 민족주의에 집착해 외래어 전부의 뜻을 해석한 말을 새로 만들어서(아이스크림→얼음 보숭이) 사용한다. 남한과 북한 주민은 서로 의사소통이 갈수록 힘들어지고 있다.

민족 아직까지 남한과 북한이 가장 강한 동질감인 느끼는 요소가 바로 혈연이다. 비록 1997년 IMF 구제 금융 사태를 겪으면서 남한 정부가 다민족 혼혈 정책을 밀어붙이고 있지만, 아직까지 남한 인구의 절대 다수는 북한과 같은 혈통을 가진 한민족이 차지하고 있다.

갈등　두 나라의 갈등은 1950년 6월 25일에 벌어진 6·25전쟁(한국전쟁)에서 시작됐다. 북한의 남침으로 벌어진 6·25전쟁에서 남북한은 모두 400만의 인명 피해를 입고 국토가 초토화되는 등 엄청난 재앙을 고스란히 겪었다. 6·25전쟁으로 인해 불과 5년 전까지 하나의 공동체였던 두 나라는 서로를 원수로 여기게 됐다. 21세기인 지금도 서로를 적대시하며 군사 대치를 지속하고 있다.

　다만 남한의 역대 정부들 중에서도 김대중 정부와 노무현 정부는 북한과 정상회담을 여는 등 갈등을 해소하고 평화를 정착시키려는 노력을 여러 차례 했다. 그리고 2018년 현재 문재인 정부 역시 여러 차례 정상회담을 열어 갈등 해소와 평화 정착을 위한 구체적 노력을 지속적으로 하고 있다.

남북 분단과 6·25전쟁
신생아 쌍둥이들의 사생결단

1945년 8월 15일, 한반도를 지배하던 일제는 패망했다. 그러나 한반도에는 진정한 해방이 오지 않았다. 남쪽은 미군이, 북쪽은 소련군이 들어와 자기들 입맛에 맞는 세력에게 권력을 쥐어주며 남과 북에 위성국을 만들었다. 그렇게 해서 한반도는 남한과 북한으로 갈라지게 됐다.

물론 미국과 소련의 입김에 휘둘리지 말고 같은 한민족끼리 단결된 공동체를 결성하자고 부르짖은 자주파가 없지는 않았다. 하지만 자주파의 주장은 미국과 소련의 이해관계에 반하기 때문에, 두 제국은 김구, 여운형, 조만식 같은 자주파를 제거해버렸다. 대신 자신들의 이해관계를 충실히 따르는 이승만, 김일성 같은 사대파에게 힘을 실어주었다.

1950년 6월 25일, 소련의 지원을 받은 북한이 남침을 해 시작된 6·25전쟁은 남한과 북한이라는 갓 태어난 신생아 쌍둥이를 서로 영원히 계속될 증오와 불신의 늪에 빠뜨렸다.

전쟁이 일어나게 된 결정적인 원인은 미국과 소련 두 나라가 남한과 북한에 서로를 상대로 전쟁을 하라고 부추겼기 때문이다. 미국은 "한국은 혼자가 아니다!"라고 주장하면서 미국 무기를 제공하는 한편 미군 군사고문단을 파견해 한국군을 훈련시켰다. 소련역시 북한에 탱크 등을 비롯한 무기를 제공하고 군사고문단을 파견해 북한군을 훈련시켰다.

한국의 국방장관 신성모가 "전쟁이 나면 아침은 서울에서 점심은 평양에서 저녁은 의주에서 먹겠다"라고 말한 것이나 북한의 김일성이 기습 남침을 감행한 것도 다 전쟁이 나면 미국 또는 소련이 도와주겠지라고 믿는 구석이 있어서 가능한 일이었다. 만약 미국과 소련이 무슨 일이 있어도 한반도에서

6·25전쟁 당시 남한의 국방장관이었던 신성모. 전쟁 중에 저지른 실책이 너무 많아 보수 세력조차 그를 북한의 첩자라고 할 만큼 비판받았다.

결코 전쟁이 일어나서는 안 된다는 강한 의지를 보였다면, 두 나라의 입김에 휘둘리는 남북이 전쟁을 벌일 수 있었을까? 6·25전쟁 이후 남한과 북한 사이에 무력 충돌이 몇 차례 일어났지만 결코 제2의 6·25전쟁 같은 전면전으로 번지지 않았던 이유도 바로 미국과 소련이 전쟁을 원하지 않았기 때문이다.

그렇다고 미국과 소련이 마음껏 날뛰라고 남한과 북한의 목줄을 풀어준 것도 아니었다. 먼저 전쟁을 부추긴 소련은 막상 미군이 한반도에 투입돼 북한군을 격파하고 북쪽으로 올라오자, 김일성이 간절하게 "제발 도와달라! 이대로 있으면 북한은 망한다!"라고 외쳐도 "이제 북한은 틀렸다. 우리는 미군과 이웃이 될 준비를 해야 한다"라며 냉혹하게 거부했다. (대신 소련은 중국이 자국 대신에 북한을

돕도록 했는데, 이는 소련의 잠재적 적국인 중국의 국력을 소모시키려는 고도의 술책이었다.)

미국 역시 북한군을 격파하면서 북진하다가 대규모로 투입된 중국군과 맞닥뜨리자, 중국군의 전력이 만만치 않음을 깨닫고 중국과 휴전협정을 맺고 전쟁을 그만둬버렸다. 남한의 이승만 정부가 "왜 휴전했느냐? 지금이라도 당장 북으로 올라가서 김일성 정권을 무너뜨리고 북진 통일을 해야 한다!"라고 애타게 사정해도, 미국은 끝내 매몰차게 거부했다.

미국과 소련은 남북한 정권에 전쟁을 부추겨놓고는 둘 다 기진맥진하는 수준에까지 이르자 서둘러 둘을 떼어놓고 휴전을 해버린 것이다. 여기서 드러난 진실은 이렇다. 미국과 소련은 남북한이 서로 적당히 통제할 수 있는 수준에서 툭탁거리기만을 바랐다는 점이다. 냉혹하게 말한다면, 남한과 북한은 미국과 소련이 길러내고 그 목에 목줄을 채워 언제든지 자기들 마음대로 싸움을 붙였다가 떼어놓을 수 있는 '투견' 신세였다. 결국 남한과 북한 두 나라는 미국과 소련의 대리전에 실컷 이용만 당한 꼴이다.

여기서 한 가지 의문이 든다. 왜 미국과 소련은 하수인인 남한과 북한에 서로 전쟁을 하라고 허락했을까? 추측컨대, 아마도 서로의 전력을 탐색하기 위해서가 아니었을까? 만약 싸워봐서 상대 전력이 약하면 그대로 밀고 나가 점령해버리면 되지만, 예상보다 전력이 만만치 않으면 출혈이 많을 테니 적당히 무력 대치 상황에서 끝내는 편이 낫다고 여긴 것이 아닐까?

여기에는 6·25전쟁 무렵 동원된 미군과 중국군의 전력이 서로에게 준 인상도 한몫했다. 미군의 막강한 공군 전력과 해군 전력, 그리고 방대한 보급력은 6·25전쟁을 일으킨 공산주의 진영의 수뇌부에게 미군이 버티는 한, 남한을 쉽게 점령할 수 없다는 교훈을 주었다. 반면 중국군의 뛰어난 전술과 강인한 전투 의지도 미군에게 두

남한의 초대 대통령 이승만. 6·25전쟁이 일어나자 그는 가장 먼저 피신했다. 국민에게는 자신이 아직 서울에 남아 있으니 안심하라고 거짓 방송을 했다.

려움을 주었다. 오늘날 미국인이 6·25전쟁을 '잊힌 전쟁The Forgotten War'으로 치부하는 이유도 중국군에게 당한 연전연패의 정신적 충격 탓이다.

또 하나, 이승만이 6·25전쟁의 막바지에 미국을 상대로 북진 통일을 외쳤지만, 미국이 끝내 거부한 이유는 무엇이었을까? 이는 아마도 미국이 한국군의 전력을 믿지 못하거나 그리 높이 평가하지 않아서였을 것이다. 실제로 6·25전쟁 내내 한국군의 전적은 형편없었다. 전쟁이 일어난 지 불과 한 달 만에 수도 서울을 포함한 국토의 70퍼센트를 북한군에게 내주고 패주를 거듭했다. 중국군이 쳐들어오자 수복한 서울을 다시 빼앗기고 후퇴했다. 1년 동안 수도를 두 번이나 적에게 내줄 정도였으니, 한국군의 전력이 결코 훌륭

했다고 할 수 없다.

여기서 주목해야 할 점이 있다. 6·25전쟁 때 진짜 인해전술을 편쪽은 중국군이 아니라 바로 한국군이었다. 한국군은 70만 정규군 이외에 수십만의 학생과 청년단을 군사 조직으로 활용했으며, 여기에 약 80만에 달하는 국민방위군이라는 별도의 군대까지 만들었다. 따져보면 한국 정부가 동원한 병력이 무려 200만 명에 육박했다. 반면 인해전술의 대명사로 알려진 중국군은 병력을 다 합해봐야 그 수치의 절반도 되지 않았다. 그러니 진짜 인해전술은 중국이 아닌 한국군이 했던 셈이다. 인해전술을 폈음에도 불구하고 전쟁 와중에 한국군이 보인 전력이나 전과는 매우 부실했다.

6·25전쟁의 경험 탓에 한국 정부의 수뇌부는 북한군을 지나치게 두려워했다. 한국군을 믿지 못하는 동시에 미군에 강박적으로 의존하는 정신적 후유증을 앓게 됐다. 2013년 11월 5일 국방부 정보본부장이 "미군의 도움이 없이 남한과 북한이 1대 1로 싸우면 우리가 패배한다"라고 말했던 것도 6·25전쟁 와중에 한국군이 보인 부실한 전력과, 수도를 두 번이나 내주고 패주한 형편없는 전과가 남긴 기억 때문일 것이다.

6·25전쟁을 치르며 남북한이 서로를 극도로 증오하게 된 데에는 다른 이유도 있었다. 6·25전쟁은 전방과 후방이 따로 없는 전쟁이었다. 전방에서 군대가 싸우면 후방에서는 준군사 조직이 민간인 학살을 일삼았다. 북한군이 우세해 남으로 밀고 내려가면 그 후방에서는 좌익 세력이 우익 인사를 학살했고, 반대로 남한군이 북

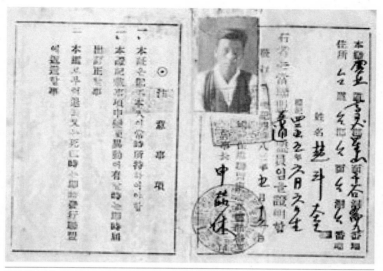

남한 정부가 6·25전쟁 이전에 창설한 조직인 보도연맹의 회원증.

으로 밀고 올라가면 후방에서는 우익 세력이 좌익 인사를 학살했다. 북한에서 벌어진 신천군 학살(신천군사건)과 남한에서 벌어진 보도연맹 학살(보도연맹사건) 등이 대표적이다. 오직 자국의 체제에 맞는 사상을 가진 자가 아니면 모조리 적으로 간주해서 죽여버리는 끔찍한 살육전이 매일같이 반복된 전쟁이었다. 그렇게 '사상 검증'을 하는 동안 남한과 북한에는 각자 자국의 이념만이 절대선이며, 반대편의 이념은 절대악으로 인식하는 극단적인 사회 체제가 들어섰다.

오늘날 한국의 보수 성향을 가진 언론과 정치인은 국민을 가리켜 6·25전쟁의 위대함을 모른다느니, 애국심이 없다느니 하며 꾸

국민방위군에 끌려가는 사람들.

짖는다. 그러나 6·25전쟁의 실상을 보면 너무나도 추악하다. 전쟁이 벌어지자 한국 정부는 국민을 상대로 거짓 선전과 대량 학살에 몰두하다가, 전황이 불리해지자 서슴없이 나라와 국민을 버리고 해외로 도망치려고 했다. 당시 한국 대통령 이승만은 전쟁이 나자 극소수 측근만 데리고 도망친 뒤 국민에게는 "정부는 수도를 지키기로 결심했으니 국민 여러분은 안심하고 서울에 남아 있으라"고 거짓 연설을 했다. 이것도 모자라서 그 말을 그대로 믿고 서울에 남아 있다 북한군에게 붙잡혀 온갖 수난을 당한 시민에게 사과는 못할망정 부역자로 몰아 무려 55만 명이나 감옥에 가두고 그중 800명을 처형했다. 이 사실 하나만으로도 6·25전쟁이 얼마나 추악했는지는 알 수 있다.

어디 그뿐일까? 앞서 언급했지만 군대는 물론, 경찰 등 준군사

1951년 2월 남한군이 저지른 거창 양민 학살로 죽어간 사람들.

조직까지 동원해 수십만 혹은 그 이상의 무고한 국민을 빨갱이로 몰아 전국 각지에서 대량 학살한 보도연맹사건이 있고, 60~80만 명의 국민을 강제로 끌고 가서 그중 27만 명을 추위와 배고픔에 시달리다 병에 걸려 죽게 만든 국민방위군사건, 북한군 복장으로 위장한 무장 경찰을 보내 주민에게 "우리는 북한군이다. 김일성 장군 만세를 안 부르면 다 죽이겠다!"라고 협박해놓고는, 살기 위해 어쩔 수 없이 김일성 만세를 외친 주민들을 비열하게 학살했던 나주 경찰서부대사건, 죄 없는 민간인을 살육하고서 그 사실을 조사하러 온 사람들에게 북한군 복장을 하고서 총을 쏴 사건의 주범이 북한군인 것처럼 은폐 왜곡하는 수작까지 부렸던 거창양민학살사건 등, 정부 권력이 국민을 무참히 살육했던 끔찍한 국가 범죄가 비일비재했다.

6·25전쟁 당시 중령이었던 김종원. 거창양민학살 사건의 진상을 조사하러 온 국회의원을 상대로 부하들을 북한군처럼 위장시켜서 총을 쏴 쫓아냈다.

심지어 한국의 권력자들은 중국군이 참전해서 수도 서울이 함락되자, 미국과 짜고서 남태평양의 사모아로 자기들끼리만 도망가려는 계획을 세웠다. 만약 전세가 조금만 더 안 좋았다면 지금쯤 사모아에는 한국 망명정부가 미국의 비호를 받으며 세워졌을 것이다. 정작 수백만의 국민은 죽게 해놓고서 자기들끼리만 살려고 먼 섬나라로 도망치려고 했던 뻔뻔하고 비열한 작자들이 바로 이 나라의 지배층들이라는 뜻이다. 과연 이들이 국민에게 애국심을 요구할 자격이 있을까?

하기야 한국사 교과서에서 근현대사의 비중이 다른 부분에 비해 매우 적은 것도 다 이유가 있다. 한국 정부가 6·25전쟁 도중에 자국민을 상대로 저지른 끔찍한 대량 학살과 사악한 기만, 무책임한 도피 행각을 국민이 상세하게 안다면, 애국 하자고 외칠 사람이 매우 줄어들 테니까.

그래서일까? 한국사 교과서의 근현대사는 오직 '이승만의 나라 세우기'나 '박정희의 경제성장'에만 비중이 몰려 있다. 왜? 그래야 역사의 진실을 모르는 국민이 기계처럼 애국밖에 모르는 바보가 돼 기득권층의 배를 불려줄 테니까. 또 유사시 자신들이 시키는 대로 전쟁터에 나가 아무런 불만도 없이 죽어가는 "개돼지"가 될 테니까.

10월유신과 김일성 독재
총성 없는 전쟁이 시작되다

6·25전쟁은 3년 만에 끝났으나, 그 뒤로 두 나라가 화기애애하게 지낸 것은 결코 아니었다. 오히려 6·25전쟁으로 인해 두 나라는 서로 '총성 없는 전쟁', 즉 체제 경쟁을 무한정 벌이기 시작했다. 밖으로는 동남아와 아프리카, 중남미 국가를 대상으로 한 불꽃 튀는 외교전이 벌어졌고, 안으로는 서로의 주민을 체제에서 벗어나게 해 끌어들이려는 공작이 치열하게 전개됐다.

남한에서는 북한에서 탈출해 남한으로 귀순하는 이른바 탈북자를 더 많이 만들려는 작업을 대대적으로 벌였다. 지금이야 탈북자가 하도 넘쳐나서 탈북자 몇 명이 와도 다들 무덤덤하지만, 1980년대까지 탈북자라고 하면 '귀한 손님' 대접을 받았다. 1967년 3월 22일 북한의 기자인 이수근이 남한으로 귀순하자 서울 시내에서는 무려 100만 명의 시민이 쏟아져 나와 환영 대회를 열었다. 1983년 2월 25일 북한군 공군 장교인 이웅평과 1987년 2월 8일 북한 의사인 김만철과 그 가족이 남한으로 귀순했을 때도 비슷한 일이 벌어졌다. 그들은 충분히 그럴 만한 '자격'이 있었다. 남한 체제의 우월성을 직접 몸으로 증명해줄 대상이었으니까.

그러면서도 남북한은 서로에게 두 가지 모순된 태도를 보이기도 했다. 권력층 내부의 변화를 은밀히 알려주는가 하면, 갑자기 군대를 동원해 전쟁 직전의 상황에까지 치닫다가 이내 조용히 합의하고 물러나는 식이었다.

전자의 경우로는 1972년 10월 17일 남한의 대통령 박정희가 단행한 10월유신을 들 수 있다. 10월유신으로 헌법을 고치면서 박정희는 평생 집권할 수 있는 독재자가 됐다. 문제는 10월유신을 했다는 사실을 북한의 김일성에게 알렸다는 점이다. 박정희가 김일성에게 우정을 느끼거나 그를 친구로 생각해서 그렇게 하지는 않았을 텐데, 참으로 이상한 노릇이다. 김일성은 10월유신을 통보받고서 곧바로 친위 쿠데타에 착수해, 자신 역시 박정희처럼 종신 집권에다 아들에게 권력을 물려줄 수 있는 독재자가 됐다. 남북한의 독재자 사이에 무슨 긴밀한 교감이라도 오고 갔던 것일까?

한편 후자처럼 남북이 일촉즉발의 위기에 치달았다가 금방 화해하고 물러섰던 경우는 1976년 8월 18일 판문점에서 발생한 도끼만행사건이었다. 북한 측 초소를 가린 나무를 베던 미군 중위가 북한군이 휘두른 도끼에 찍혀 목숨을 잃자, 분노한 미군은 항공모함과 공군을 동원해 북한을 공격하겠다고 엄포를 놓았다. 이에 박정희도 즉각 한국 육군을 출동시켜 미군을 따라 북한을 들이칠 준비를 갖췄다. 그러자 김일성은 서둘러 미국에 사과를 하면서 고개를 숙였고, 사과를 받은 미국은 언제 그랬냐는 듯이 전쟁 준비를 즉각 중단하고 병력 대부분을 철수시켰다.

결국 미국도 전쟁을 일으키고 싶지는 않았던 것이다. 만약 미국이 애초에 북한을 공격하려는 확고한 결심이 섰다면, 김일성이 사과를 했어도 북한에 폭격을 퍼부었으리라. 2003년 이라크의 후세인이 이라크에는 대량 살상 무기가 없으며, 그래도 미국이 믿지 못하겠다면 자신이 이라크를 떠나 다른 나라로 망명하겠다며 간절하게 애원했지만, 기어이 이라크를 공격해 후세인을 죽이고 정권을 무너뜨리지 않았던가?

판문점도끼만행사건이 벌어진 지 3년 뒤인 1979년 10월 26일, 박정희는 심복 김재규의 총에 맞아 죽었다(10·26사태). 이로써 유신시대는 끝났다. 그러나 박정희가 키운 한국 군부의 사조직 하나회의 우두머리 전두환이 쿠데타를 일으켜 정권을 잡고(12·12사태) 다시 나라를 7년 동안 독재했다.

전두환 역시 박정희와 똑같은 반공 반북 성향의 인물이니 그의 집권기에 북한과의 관계는 박정희 시대와 근본적으로 다를 바가 없었다. 굳이 추가하자면 1983년 10월 9일 미얀마를 방문한 전두환을 폭탄 테러로 없애려고 한 아웅산테러사건과 1987년 11월 29일 대한항공 858편 폭파 사건(칼기폭파사건. 북한에서는 이 사건이 자신들과 관련 없다고 주장한다)으로 인해 북한과의 적대 관계가 한층 강화됐다는 점뿐이다.

제2차 한국전쟁 위기
1994년 서울 불바다 사건

1993년 2월 25일, 김영삼이 한국의 14대 대통령으로 집권하면서 남북 관계는 새로운 변화를 맞는 것처럼 보였다. 이전까지의 군부 출신 독재자 대통령과는 달리 김영삼은 군부독재에 맞서 오랫동안 싸워온 민주화 투사였다. 따라서 반공 일변도의 정책만 추구했던 전임자들보다 북한을 대하는 태도가 유화적일 것이라는 분석이 많았다. 실제로 취임사에서 김영삼은 북한을 상대로 놀라운 제안을 하기도 했다.

"김일성 주석에게 말합니다. 우리는 진심으로 서로 협력할 자세를 갖춰야 합니다. 어떠한 동맹국이나 이념도 민족보다 더 낫거나 행복을 가져다주지 못합니다. 남북한 동포의 진정한 화해와 통일을 원한다면, 우리는 언제 어디서라도 만나서 통일에 대해 논의를 할 수 있습니다."

취임사대로라면 당장에라도 김영삼과 김일성이 만나 남북통일에 대해 가슴을 터놓고 화기애애한 대화가 시작될 것만 같았다. 그러나 현실은 순조롭지 않았다. 김영삼의 취임사를 듣고 감동을 받은 사람들이 잊어버린 중요한 사실이 있었다. 김영삼은 유신으로 상징되는 군부 세력과 손을 잡은 3당 합당으로 대통령이 됐다는 점이다. 그리고 그들은 결코 남북 화해나 평화를 원하지 않는다는 점을 말이다.

김영삼의 취임사가 있은 지 불과 한 달 뒤인 1993년 3월 북한이 핵확산금지조약NPT을 탈퇴했다. 그 3개월 뒤인 6월에는 노동 1호 미사일을 쏘아 올렸다. 순식간에 남북 화해 분위기는 싸늘하게 식어버렸다. 남한의 보수 언론들은 연일 북한 미사일 발사를 대서특필하며 공포 분위기를 조성했다. 김영삼

남한의 14대 대통령 김영삼. 그는 취임한 뒤 북한과의 대화를 추진했으나, 냉전 반공 세력에 휘둘리는 바람에 좋은 기회를 놓치고 말았다.

도 "우리 내부의 적은 안보 의식이 해이해지는 것이다"라는 말로 맞장구를 쳤다. 이런 공안 정국에 불을 붙인 사건이 1994년 3월 북한 대표가 회담장에서 한 이른바 '서울 불바다' 발언이었다.

"만약 또다시 전쟁이 일어난다면, 평양뿐 아니라 서울도 불바다가 되고 맙니다. 그러면 송 선생(남한 대표)도 살아남지 못해요."

북한 대표의 말은 제2차 6·25전쟁이 일어난다면 누구도 살아남지 못하고 공멸한다는 뜻이었다. 그러나, 남한 보수 언론은 맥락을 모조리 무시하고 "북한 대표가 서울을 불바다로 만들겠다고 협박했다!"라고 보도해 남한 전역에 전쟁 공포를 불러일으켰다. 겁에 질린 수많은 사람이 생필품을 사재기했고, 돈 있는 부유층은 이민을 고려할 만큼 서울 불바다 발언의 위력은 무시무시했다.

그러나 이때 한국인들이 전혀 몰랐던 일이 물밑에서 벌어지고

있었다. 미국이 정말로 북한을 공격할 준비를 하고 있었던 것이다. 미국은 공군을 동원해 북한 영변의 핵시설을 폭격하는 한편, 동해에 미 해군의 항공모함과 30척의 군함을 동원해 북한을 타격하는 방법을 마련했다. 당시 상황은 곧 전쟁이 터질 듯 급격하게 돌아갔다. 다행히도 카터 전 미국 대통령이 미국 정부의 특사 자격으로 북한을 방문해서 김일성과 만나 평화 회담을 했다. 만약 이 회담이 성사되지 않았다면, 미국 정부는 틀림없이 북한을 공격했을 것이다. 미국 대통령 빌 클린턴이 전쟁을 개시하기 5분 전의 상황이었다. 그랬다면 또다시 전쟁이 터졌으리라.

1994년 미국이 북한 공격을 끝내 포기한 데는 카터 전 대통령의 김일성 면담이 성사된 것도 있었지만, 무엇보다 북한군과의 전쟁을 다룬 가상 시나리오 결과가 참혹했기 때문이었다. 미군 사상자가 5만 명에 달했고, 전쟁을 하는 데 들어갈 돈이 무려 1조 달러가 넘었으며, 남한의 사상자는 100만 명이 넘어선다는 결과였다. 미국 정부는 전쟁을 포기할 수밖에 없었다.

더욱 놀라운 사실은 당시 한국인 가운데 어느 누구도 미국이 정말로 북한을 폭격하기 직전이라는 정보를 전혀 몰랐다는 점이었다. 한국의 일반 국민은 물론 고위 정치인이나 언론인까지 아무도 몰랐다. 정말 아찔한 상황이었다.

전쟁 위기는 가까스로 넘겼지만, 남한을 지배하는 공안 정국은 계속 이어졌다. 김영삼은 자신도 카터처럼 김일성과 만나 회담을 하려고 했으나, 1994년 7월 8일 김일성이 갑자기 사망하면서 남북정상회담이 취소됐다. 남한의 보수 언론은 다시 공안 정국 몰이에 나섰다.

"전쟁 범죄자인 김일성이 죽은 것은 천벌이다. 정상회담이 안 되기를 잘했다. 어떻게 그런 전쟁 범죄자와 회담을 가질 수 있겠는가? 이번 기회에 김일성을 추종하거나 우호적인 좌익 세력을 모조리 색출해서 처벌해야 한다."

여기에 박홍 신부(당시 서강대학교 총장)가 "남한에 김일성과 북한을 추종하는 주사파가 무려 5만 명이나 있다!"라고 맞장구치고 나서자, 주사파 색출 열풍이 전국 대학가에 몰아닥쳤다. 사회 전반의 분위기가 극단적인 반공으로 치달으며 남북 화해는 입 밖에 꺼내지도 못하는 상황이 되고 말았다. 더 큰 문제는 김영삼 본인이 공안 정국 몰이에 제동을 걸기는커녕 스스로 휩쓸리면서 사태를 부풀렸다는 점이다.

결국 김영삼은 취임사에서 밝힌 북한과의 화해나 협력은 전혀 해보지도 못하고, 공안 정국만 조장했다는 비판을 받고 물러나야 했다. 김영삼 본인도 전임 대통령들처럼 반공 반북의 가치관에서 전혀 벗어나지 못한 냉전 시대의 인물이었기 때문일까.

남북정상회담
시작은 좋았으나…

김영삼이 실패한 남북정상회담은 후임자인 김대중 대통령이 성사시켰다. 2000년 6월 15일, 김대중은 평양 순안공항을 통해 북한 지도자 김정일과 만나 남북정상회담을 했다. 그런데 참으로 이해할 수 없었던 점은 역사상 최초의 남북정상회담에 대해 남한 언론과 국민이 일제히 찬양하며 열광했다는 사실이다. 불과 6년 전에는 죽은 김일성의 조문을 가자는 의견만 내놓아도 '빨갱이'로 몰아붙이며 공안 정국을 조성하지 않았는가.

여하튼 남북정상회담에서 김대중과 김정일은 남북 간에 서로의 체제를 인정하고 적화통일이나 흡수통일을 시도하지 않으며, 남북 경제 협력과 문화 교류를 함께 추진하자고 합의했다. 합의문만 보면 당장 내일이라도 남북통일이 될 것만 같은 분위기가 한동안 남한 사회를 지배했다.

하지만 남한의 보수 세력은 남북한의 화해 분위기를 전혀 달가워하지 않았다. 당연한 일이었다. 그들은 애당초 남북 갈등과 대결에 편승해 권력을 얻은 집단이었으므로, 만약 남북이 화해하고 평화 공존한다면 자연히 기득권을 잃게 되고 마니까. 비록 당장은 남북정상회담으로 인한 평화 무드가 워낙 강해서 입을 다물고 있었지만, 얼마 뒤 정신을 '수습'한 그들은 남북 화해를 파탄내기 위해 꾸준한 작업에 들어갔다. 그 일환으로 남한 보수 세력은 그들의 앵

2000년 남북정상회담에서 서로 만난 김대중과 김정일. 그러나 모처럼 찾아온 남북 화해의 분위기는 남한 내의 보수 냉전 세력이 펼친 여론 공작 탓에 사그라들고 말았다.

무새 노릇을 하는 보수 언론을 통해 다음과 같은 선전을 끊임없이 내보냈다.

"요즘 한국 경제가 어렵고 젊은이들의 취업률이 낮아지고 우리 사회의 빈부 격차가 점점 커지고 있다. 왜 그런 줄 아는가? 바로 김대중 정권이 남북정상회담을 하는 대가로 북한에 막대한 돈을 갖다 바쳤기 때문이다. 그래서 국고가 텅텅 비었고, 나라에 돈이 없어서 경제가 엉망이다. 그렇다. 김대중은 자기가 노벨 평화상을 받으려고 북한에 돈을 갖다 바쳐서 나라 경제를 파탄 낸 것이다."

물론 보수 언론의 주장은 사실이 아니었다. 김대중 정권이 북한에 지원한 돈은 김영삼 정권이 지원한 액수보다 더 적었다. 하지만 보수 언론의 왜곡 보도는 뜻밖에도 남한 국민에게 잘 먹혔다. 빈부 격차와 청년 실업률의 증가 같은 부분은 사실이었기 때문이다.

여기에는 김대중 정부의 책임도 있었다. 1997년 11월 IMF 구제 금융 사태로 인해 한국은 큰 경제적 위기에 몰렸다. 1998년 2월 취임한 김대중 정부는 구제금융 사태를 빨리 해결하기 위해 내수 시장을 활성화하려고 했다. 그 일환으로 신용카드 발급을 거의 무제한으로 풀었다. 잠시 동안 '카드 경기'가 활황을 맞아 내수 시장이 반짝하기는 했지만, 얼마 못 가 수많은 사람이 막대한 카드빚을 져 생활에 어려움을 겪었다.

아울러 김대중 정권은 한국에 미국식 신자유주의 경제체제를 서둘러 도입했다. 이 과정에서 많은 비정규직이 양산됐다. 그런데 비정규직은 정규직보다 낮은 임금과 짧은 고용 기간 등 모든 면에서 불리했다. 특히 인건비를 줄이려는 기업들이 정규직 채용을 줄이고 비정규직 채용을 늘리면서, 한국의 고용 시장은 크게 위축됐다. 비정규직으로 취업한 노동자는 열심히 일해도 처지가 나아지지 않았다. 그나마 그런 일자리도 구하지 못한 청년 실업자도 수두룩했다.

보수 언론은 그러한 서민 경제의 고달픈 사정을 잘 파악해서, 카드빚과 비정규직과 청년 실업 등으로 고통스러워하는 서민에게 "이게 다 김대중이 북한한테 돈을 갖다 바친 탓이다!"라고 선동했다. 엄연히 사실과 결과가 다른 말이었지만, 놀랍게도 이 말은 예상치 못하게 서서히 대북 유화 정책에 대한 반발심이 여론을 통해 나타나는 결과를 만들었다. 비록 김대중이 북한에 돈을 지원해서 한국 경제가 어려워졌다는 주장은 왜곡이었을지 몰라도, 막상 현실의 삶이 고달픈데 남북 화해가 무슨 소용이냐는 인식이 퍼져나갔던 탓이다.

그래서 김대중 정부를 계승한 노무현 정부가 2005년 북한과의 경제 협력을 상징하는 개성공단을 열었을 때와 2007년 10월 2일 2차 남북정상회담을 갖고 김정일과 만났을 때는, 7년 전 1차 정상회담에서 보였던 열광적인 환호 대신 "저렇게 해봐야 뭐가 나아지냐? 죄다 생쇼에 불과하다!"라는 냉소만 남한 사회 전반에 가득했다. 노무현 정부에서도 김대중 정부 시절처럼 신자유주의 경제정책은 계속됐고 서민 경제의 팍팍한 현실은 도무지 개선되지 않았기 때문에, 남북 화해에 대한 한국 국민의 열망도 싸늘하게 식어버렸다.

남북 화해 무드가 깨지다
이명박 정부의 '근자감'

민주화와 진보를 외쳤던 노무현 정부는 정반대편에 서 있던 이명박을 포함한 보수 세력에게 2008년 정권을 넘겨주었다. 김영삼 때부터 15년 동안 이어진 민주화 진영은 권력을 잃었고, 다시 보수 세력이 권력을 잡았다.

보수 세력의 회귀는 곧 남북 화해 정책의 끝을 의미했다. 이명박 정부는 2008년 7월 11일 금강산 관광객인 박왕자 씨가 북한군

경비병에게 피살된 사건을 시작으로 2010년 3월 26일 천안함 피격 사건과 2010년 11월 23일 연평도 포격 사건을 겪자, 2012년 6월 23일 미군과 함께 서해에서 항공모함이 동원된 대규모 연합 군사 훈련을 벌이는 등 대북 강경 일변도의 정책을 펴나갔다. 1994년 이후로 한반도에 다시 전쟁 위기와 긴장감이 고조됐다.

이명박 정부가 이전의 김대중 및 노무현 정부에서 추진했던 북한 정책을 완전히 뒤바꿔버린 데에는 유화 정책에 반발심을 지닌 보수층의 환심을 사려던 이유도 있었다. 이명박 정부가 벌이는 대북 강경책에 많은 사람은 "북한을 자꾸 자극해서 어쩔 생각이냐? 그러다가 한반도에 전쟁이 날 위험성이 커진다"라고 우려하기도 했지만, 이명박 정부는 자신만만했다.

"북한 따위는 전혀 겁낼 필요가 없다. 이제 곧 북한은 망한다. 그리고 통일이 머지않았다. 지금부터 북한 급변 사태를 염두에 둔 준비를 해야 한다."

이명박 정부가 뜬금없이 북한 붕괴와 통일을 주장하고 나선 데에는 그 나름대로 이유가 있었다. 2010년 11월 28일 위키리크스가 폭로해 전 세계적으로 파장을 불러일으킨 미 국무부 전문, 즉 세계 각국 외교관의 대화 기록에 "북한의 붕괴가 머지않았다. 중국 정부도 남한이 주도하는 흡수통일을 반대하지 않는다"라는 내용이 실려 있었다. 이명박 정부는 이 구절을 철석같이 믿고서 "북한은 곧 망하고 통일이 가까웠다!"라고 외쳤던 것이다. 그렇다고 이명박 본인이 위키리크스의 맹신자는 아니었다. 그는 자신에 관한 내용이 위키리크스에 "뼛속까지 친미 친일"이라고 실린 것을 두고는 "위키리크스를 누가 믿느냐?"라면서 무시했다. 그는 그저 자신이 믿고 싶은 것만 믿었던 것이다.

하지만 이명박이 부르짖었던 북한 붕괴와 흡수통일은 그의 임기가 다 끝나는 2012년이 지나가도록 끝내 실현되지 않았다. 심지어 2011년 12월 17일, 북한의 통치자인 김정일이 죽었을 때도 북한은 아무런 동요 없이 권력을 김정일의 아들인 김정은에게 넘겨주었다. 그리고 지금에 와서도 북한 붕괴의 조짐 따위는 전혀 보이지 않는다. 결국 이명박은 남북 관계만 쓸데없이 악화시킨 꼴이었다.

남북의 극한 대립
박근혜 정부의 어이없는 통일대박론

이명박 정부의 뒤를 이어 2013년에 집권한 박근혜 정부는 취임 초기에는 대북 강경책을 펼치지 않았다. 오히려 2014년 3월 28일, 독일 드레스덴에서 박근혜는 남북한의 평화와 번영을 서로 같이 추진해나가자는 '드레스덴 선언'을 하는 등 북한에 유화적인 태도를 보였다. 그리고 같은 해 7월 15일, 박근혜는 통일준비위원회를 출범시키면서 "통일은 남북한 모두에게 큰 이익을 가져다준다"라는 '통일대박론'을 외쳤다. 이런 모습은 이명박 정부 때와 정반대되는 현상이라서, 일각에서는 이렇게 추측하기도 했다.

"박근혜는 이명박과는 달리, 압도적인 지지로 대통령에 당선되지 못한 약점이 있다. 그래서 자신의 부족한 지지율을 의식해, 북한에 지나치게 강경한 태도로 나가지는 않을 것이다. 사실 남한에서도 반공 극우 세력을 제외하면, 대부분의 국민은 북한과 평화로운 관계를 가지길 원하지 않느냐. 박근혜도 그 점을 잘 알고 있으니, 앞으로 남북 관계에 대해 너무 걱정할 필요는 없다고 본다."

하지만 이 주장은 박근혜 정부 역시 본질적인 면에서는 이명박 정부와 전혀 차이가 없는 반공 반북 진영에 속한다는 사실을 간과한 성급한 추측이었다. 박근혜 정부의 드레스덴 선언이나 통일대박론 따위가 정말로 실현되려면 무엇보다 남북한이 서로 화해 분위기를 조성해야 한다. 그런데 박근혜 본인의 주변에는 죄다 군인과 공안통 같은 극우 반공 인사만 가득했던 터라, 과연 북한과 평화 관계를 조성할 수 있겠느냐는 회의론도 많았다. 게다가 박근혜 정부는 북한과 어떤 방식으로 통일을 하겠다는 구체적인 방안을 제시하지 않았다. 그저 통일하면 무조건 좋다는 식의 막연한 주장만 되풀이할 뿐이었다. 통일을 바라는 사람들조차 박근혜가 외친 통일대박론이나 드레스덴 선언을 믿지 못했다.

한편 박근혜 정부는 드레스덴 선언이나 통일대박론을 외치면서도, 탈북자와 반공 단체가 북한 정권과 김정은을 비난하는 내용의 삐라를 북한에 뿌리는 일을 하도록 그대로 방치했다. 막으려고 한다면 얼마든지 막을 수 있었을 텐데 말이다. 이러니 북한으로서는 '박근혜 정부는 북한 체제를 흔들고 붕괴시키려는 흡수통일을 추진하는 것이 아닌가?' 하는 의구심을 품고, 박근혜가 외친 각종 선언이나 통일론에 동조하지 않았다.

그러던 와중인 2016년 2월 10일, 박근혜 정부는 갑자기 개성공단 폐쇄를 선언하고 모든 공장주와 직원에게 몸만 빠져나오라고 통보했다. 북한과의 관계를 총괄하는 부서인 통일부조차 당혹해할 만큼 너무나 일방적인 조치였다. "왜 남북 간 경제협력을 상징하는 개성공단을 폐쇄했는가?"라는 반발 여론이 커지자 박근혜 정부와 보수 언론은 부랴부랴 이런 해명을 내놓았다.

"개성공단은 그동안 북한 정권의 돈줄 역할을 해왔다. 개성공단이 가동 중이었기 때문에 북한 정권이 계속 살아 있었다. 또, 개성공단에서 북한 노동자가 받는 임금 중 상당 부분이 북한이 핵미사일을 만드는 데 들어갔다. 이런 사실로 보건대 개성공단을 없애야만 했다. 이제 개성공단을 폐쇄시켰으니 북한 정권은 안정적인 돈줄을 잃어 심각한 경제난에 처할 것이다. 그리고 일자리를 잃고 임금을 받지 못해 분노한 북한 노동자가 반란을 일으켜 김정은 정권을 타도하고 자연스레 대한민국과의 평화통일을 추진할 것이다."

그러나 박근혜 정부와 보수 언론이 멋대로 상상의 나래를 펴댄 소설은 완전히 빗나갔다. 우선 개성공단에서 북한 노동자가 받은 임금이 북한의 핵미사일 개발에 들어갔다는 주장 자체가 설득력이 없었다. 또한 개성공단이 없어졌다고 북한 정권이 갑자기 우는 소리를 하거나 망하는 일 따위도 없었다. 북한 노동자가 무슨 반란을 일으킨다거나 하는 일도 전혀 일어나지 않았다. 오히려 개성공단이 폐쇄되자 김정은 정권은 북한군 군부대를 개성공단이 있던 자리에 배치하고, 미사일 발사 실험을 하는 식의 초강경 대응으로 맞섰다. 아울러 개성공단 폐쇄로 인해 남한은 북한의 정세에 영향을 끼칠 수 있는 유용한 카드를 스스로 포기했다는 국내외의 비판만 잔뜩 듣고 말았다.

개성공단 폐쇄가 아무런 소용이 없었음에도 불구하고 박근혜 정부는 대북 강경책을 고집했다. 2016년 7월 8일 한국 국방부는 미국이 개발한 고고도미사일방어체계인 사드THAAD를 국내에 배치하겠다고 전격 발표했다. 같은 해 11월 1일에는 일본과 한일군사정보보호협정이라는 이름으로 군사동맹을 추진했다. 한국이 미국과 일본에 군사적으로 심하게 종속되고, 중요한 교역국인 중국과는 적대적 긴장을 불러일으켜 한국 경제에 큰 타격을 준다는 비판 여론을 깡그리 무시하고 벌어진 처사였다.

박근혜 정부는 사드 배치와 일본과의 군사동맹에 대해 "북한의 핵을 막기 위해서는 반드시 필요하다"라고 똑같은 주장만 반복했다. 만약 주한 미군과 일본 자위대까지 남한에 주둔한 상황에서 북한이 핵무기 실험을 한다면 한국 정부가 어떻게 할지 궁금하다. 혹시 영국이나 프랑스, 독일, 이탈리아, 터키, 이스라엘, 이집트, 남아프리카공화국, 사우디아라비아, 인도, 오스트레일리아, 뉴질랜드, 브라질, 아르헨티나 등 전 세계 모든 나라의 군대를 죄다 남한으로 데려와서 주둔시키려고 할까?

탈북자와 탈남자
남한과 북한은 모두 무너지고 있다

사드 배치나 일본과의 군사동맹 추진 등을 비롯해 2016년 들어 박근혜 정부는 북한에 대한 압박을 더욱 강하게 밀어붙였다. 그 하나가 바로 북한 주민의 이탈을 부추겨 북한 체제를 집요하게 흔들어 버리는 것이다. 박근혜 정부가 저지른 실책들로 국민 여론이 악화되려고 하면, 박근혜 정부는 으레 언론에 탈북자 소식을 흘리면서 "이제 곧 북한이 무너진다!"라고 호들갑을 떨어 국면 전환을 시도했다. 박근혜 본인도 2016년 10월 1일, 국군의날 기념사를 통해 "북한 주민은 언제든지 탈북해 한국으로 넘어오라. 한국 정부는 탈북 주민을 따뜻하게 맞이할 것이다. 탈북 주민의 수가 증가함에 따라 점차 북한 체제는 흔들리고 있다. 이제 어둠의 시대는 가고 희망의 시대가 온다"라는 내용의 연설을 해 북한 주민의 체제 이탈을 부추겼다. 그 말대로라면 금방이라도 북한 주민 모두가 너도나도 남한으로 도망쳐 와서 북한 체제가 무너져버릴 것만 같았다.

그러나 아이러니하게도 체제 이탈 주민은 북한에만 있는 게 아니었다. 한국 정부는 애써 외면하지만 남한에서도 1970년대부터 해마다 약 1만 명 내외의 국민이 유학이나 이민을 이유로 미국, 캐나다, 오스트레일리아, 일본, 유럽 등의 외국으로 빠져나가고 있다. 그리고 2000년대 초반부터 인터넷 커뮤니티 사이트마다 가장 많이 올라오는 질문 하나가 "미국이나 일본, 유럽 등지로 가서 이민

생활을 하려면 어떻게 해야 하느냐?"라는 내용이다. 그만큼 수많은 한국 국민이 자국에서의 삶을 버리고, 인간적인 삶이 보장되는 선진국으로의 탈출을 꿈꾸고 있다.

한국 정부와 보수 언론은 "1950년까지 소말리아처럼 가난했던 나라가 세계 경제 순위 15위권에 든 경우는 대한민국 빼고 없다! 이렇게 훌륭하고 살기 좋은 나라가 어디 있느냐?"라고 요란하게 자화자찬하지만, 청소년과 청년 등 젊은층의 무려 90퍼센트가 해외 이민을 꿈꾼다는 여론조사 결과가 보여주듯이(《['헬조선' 탈출 꿈꾸는 청년들 ①] 2030세대 90% "이민가고 싶다", 《헤럴드경제》 2016년 1월 18일자) 현재 한국인은 한국이 살기에 좋다고 생각하지 않는다.

한국 기득권층이 해외 이민을 꿈꾸는 서민을 상대로 "왜 너희는 나라를 버리고 외국으로 도망갈 생각만 하느냐? 너희는 애국심이 없는 괘씸한 것들이야!"라고 호통칠 자격이 있을까? 아무리 보아도 그럴 것 같지는 않다. 당장 국회의원들이나 그 가족 가운데 미국 영주권과 시민권이 없는 사람이 얼마나 되던가? 또 많은 돈을 번 사업가나 고위 공무원이 반드시 하는 일이 바로 선진국 이민 아니던가? 돈과 권력을 가진 기득권층부터 해외 이민에 열을 올리는데, 왜 서민이 하면 나쁜 짓이란 말인가?

남한이나 북한이나 모두 체제 이탈을 꿈꾸는 주민이 넘쳐나는 이유는 무엇일까? 근본 원인은 두 나라 모두 대다수의 자국민에게 안락하고 여유가 있는 인간적 삶을 보장하지 않고, 국민 개개인더러 체제 유지를 위한 부속품이 돼야 한다고 희생만을 강요하기 때문이다.

남한은 세계 선진국 클럽이라는 경제협력개발기구OECD에 가입한 나라 가운데 복지 예산이 가장 적기로 유명하다. 비정규직과 실업자, 노숙자, 저소득층 같은 궁핍한 사람이 즐비한데 남한 정부는 이들을 위해 사회안전망을 강화하려는 모습을 전혀 보이지 않고 있다. 남한의 복지가 얼마나 형편없으면 2014년 2월 서울 송파구에 살던 세 명의 모녀가 더 이상 가난 때문에 살 수가 없다며 연탄불을 피워놓고 자살하는 사건이 발생했을까? 또 폐지를 주워 푼돈을 벌다가 혼자 단칸방에서 쓸쓸히 굶어 죽는 노인의 모습이 이미 일반화됐을 만큼 남한 사회의 양극화는 심각한 수준이다. 반면 남한의 재벌 대기업은 '금고'에 무려 700조 원이나 되는 엄청난 돈을 쌓아두고도 투자하지 않고 있다. 재벌과 그 일가에 들어가지 못한 평범한 사람이라면 먹고사는 데 지장이 없을 수가 없고, 자연히 사회에 불만이 생겨 남한보다 삶의 질이 더 나은 선진국으로의 탈출을 꿈꾸기 마련이다.

북한의 경우도 남한과 크게 다를 바 없다. 김정은 일가 등 극소수 특권층을 제외하면 대부분의 북한 주민은 빈곤층이나 노숙자 신세다. 그나마 중국에 친척이 있다거나 장사 수완이 있으면 중국과 거래해서 어느 정도 먹고살 수는 있지만, 그럴 형편이 안 되는 대다수 주민은 배고픔과 질병에 시달리다 죽어도 북한 정부는 싸늘하게 외면한다. 그대로 가만히 앉아 있으면 굶어 죽기 딱 좋기에, 오늘도 북한 주민은 밤을 틈타 압록강이나 두만강을 건너 탈북을

하고 있다.

남한은 자본주의 체제라 해외 자본이 들어와서 북한보다 평균적인 삶의 질은 낫다고 할 수 있다. 그런데 북한보다 살기 낫다고 해서 그게 남한 국민에게 얼마나 위로가 되겠는가? 지금 당장 살기가 힘든데 나보다 살기 힘든 이웃이 있다고 내 처지가 나아지는 것은 아니지 않은가.

돌이켜본다면 1950년 6·25전쟁 이후 지금까지 남한과 북한은 끝없이 체제 경쟁을 벌였다. 서로를 절대악으로 규정하고 상대가 망하지 않으면 자신이 망할 것을 두려워했다. 남한과 북한의 거리가 잠시 좁혀진 적도 있었으나 이내 강경 세력이 득세하면 다시 원 상태로 돌아가는 일이 다반사였다. 그러는 사이, 체제 경쟁의 희생양이 되는 것에 지친 두 나라의 국민은 자국을 '탈출'하고 있다. 이런 상태에서 누가 이기든, 그게 그렇게 중요한 일인지는 모르겠다. 어차피 둘 다 서서히 망해가고 있으니 말이다.

다시 한반도의 평화
언제까지 지속할까?

2017년 5월 10일에 출범한 남한의 문재인 정부는 전임 박근혜 정부의 대북 강경 정책을 완전히 뒤집고, 과거 김대중과 노무현 정부가 추진했던 남북화해 정책을 이어나가겠다고 선언했다. 그리고

2018년 4월 27일 문재인 대통령이 북한 김정은 위원장과의 3차 남북정상회담을 성사시키면서 박근혜 정부 때의 한반도 긴장 분위기는 극적으로 해소됐다.

아울러 2018년 6월 12일에는 역사상 처음으로 미국 대통령(트럼프)과 북한 지도자(김정은)가 싱가포르에서 북미정상회담까지 열었다. 한반도 평화를 외치는 진보 세력의 입지가 남한에서 대폭 높아졌고, 남북 화해는 물론 통일에 대한 긍정적인 여론이 조성되기도 했다. 그렇다고 당장 남북이 말끔하게 화해했다거나 통일이 코앞에 왔다면서 안심하기에는 이르다. 이는 두 가지 이유에서다.

먼저 한국, 즉 남한의 안보 상황은 미국의 입김에 크게 휘둘린다. 2018년 들어 한반도가 평화로운 분위기를 맞은 것은 미국 대통령인 트럼프가 한반도 평화를 원하고 있기 때문이다. 달리 말하면, 트럼프가 물러난 후에 다른 사람이 미국 대통령이 되었을 경우, 그가 원치 않는다면 한반도의 평화는 곧바로 깨져버릴 것이다.

둘째, 앞서 설명한 대로 아직도 남한 내부에는 북한과의 어떠한 평화나 화해도 원치 않는 강경 보수 세력이 남아 있다. 비록 잔뜩 달아오른 한반도 평화 분위기에 잠시 고개를 숙이고 있지만, 문재인 정부에 대한 국민의 지지율이 낮아진다면 이들은 과거 김대중 정부나 노무현 정부 때처럼 똑같이 반격을 가해 이 분위기를 깨뜨릴 것이다. 한반도의 평화는 마치 세 마리 공룡이 언제 깨질지 모르는 살얼음판 위에서 서로 손을 맞잡고 춤을 추는 불안한 상황과 같다.

좌파 반미와 우파 친미 사이에서

미국 vs 남미연합

미국과 남미 대륙. 남미는 미국의 안마당과 같은 곳이어서, 미국은 국가의 기반을 다지자마자 바로 남미에 세력을 뻗쳐 자국의 위성국가로 만들려는 공작에 들어갔다.

위치 남미 대륙은 기후가 따뜻하고 농업 생산량이 많으며 자원이 풍부하고 노동력이 값싸다. 미국으로서는 반드시 손에 넣어야 할 보물 창고와도 같은 곳이다. 다른 대륙보다 가깝기 때문에 미국은 남미를 '안마당'으로 여기고 남미에 반미 세력이 집권하지 못하게 안간힘을 써왔다.

역사 본래 잉카제국 등 원주민 문명이 있던 남미는 16세기부터 유럽에서 침입해 온 에스파냐와 포르투갈의 지배를 받으며 착취와 수탈을 당했다. 그러다 19세기에 이르러 남미 현지의 백인이 에스파냐와 포르투갈 본국에 맞서 반란을 일으켜 오늘날과 같은 독립 국가를 세웠다. 영국에서 독립한 미국이 1세기 만에 강대국 반열에 오른 것과는 달리, 남미는 독립한 뒤에도 정치적 불안과 내란 탓에 후진국 신세를 면치 못했고, 새로운 강대국인 미국의 간섭을 받는 신세로 전락했다.

종교 남미는 16세기부터 3세기 동안, 가톨릭 국가인 에스파냐와 포르투갈의 지배를 받아 자연스레 가톨릭 신앙을 받아들였다. 다만 20세기 이후로는 미국의 영향을 받아 개신교를 믿는 사람도 점차 많아지는 추세다.

영국에서 북미 대륙으로 이주해 온 청교도가 중심이 돼 세워진 미국은 개신교가 국교나 다름없다. 지금도 세계 최대의 개신교 국가다. 20세기 이후로는 남미에서 이주해 온 사람이 많아져서 가톨릭의 교세도 점차 강해지고 있다.

언어 16세기부터 3세기 동안, 남미는 포르투갈의 식민지인 브라질을 제외한 모든 곳이 에스파냐의 식민지였다. 따라서 브라질은 포르투갈어를 쓰지만, 나머지 나라는 모두 에스파냐어를 공용어로 쓴다.

영국계 이주민이 주축이 돼 세워진 미국은 당연히 영어를 공용어로 쓴다. 다만 20세기 이후로 남미계 이주민이 많아지면서 에스파냐어 사용자도 점차 많아지고 있다. 특히 남미계 이민자가 많은 남부 지역에서는 영어를 모르고 에스파냐어만 알아도 일상생활에 지장이 없을 정도다.

민족 남미는 에스파냐와 포르투갈 등 남유럽에서 이주해 온 유럽인과 토착 원주민과의 혼혈이 인구 대부분을 차지한다. 다만 아르헨티나처럼 유럽 이주민이 토착민을 대거 학살하고 세워진 나라는 인구 대다수가 유럽계 백인이다.

미국은 아직까지 인구의 60퍼센트가 유럽에서 이주해 온 백인의 후손이지만, 다른 지역에서 온 비非백인 인구가 늘어나고 있다.

갈등 16세기부터 에스파냐와 포르투갈의 식민지였던 남미는 19세기에 이르러 민족주의의 영향으로 본국에 반기를 들고 독립을 이루었다. 그러나 남미 국가 대부분은 쿠데타와 내란 등 혼란한 정치 상황으로 인해 강대국으로 성장하지 못했다. 여기에 20세기부터 영국을 대신해 새로운 초강대국으로 떠오른 미국이 남미를 자국의 자원 공급처이자 상품 시장으로 여겨 강력하게 내정간섭을 해왔다. 결국 남미 국가 대부분은 미국의 입김에 휘둘리는 신세로 전락하고 말았다.

그러나 2000년대 들어 반미 좌파 세력이 힘을 얻자 미국에 맞서는 정권이 나타났다. 이는 곧 반미 국가들이 연합 전선을 형성하려는 노력으로 이어졌다. 그러자 미국은 2000년대 말부터 남미 국가 내부의 불만 세력을 부추겨 반미 정권을 타도하게 하는 이른바 '컬러혁명'을 구사하며, 남미의 반미 정권을 몰락시키려 하고 있다.

머나먼 독립
해방은 없고 지배자만 바뀌었다

약 1만 년 전, 아시아 대륙에서 베링해협을 건너 미주 대륙으로 이주해 온 아메리카 원주민은 중남미 등지에서 아스테카, 마야, 잉카 등 문명을 꽃피우며 살았다. 그러다가 16세기부터 에스파냐와 포르투갈이 중남미를 침입해 토착 문명을 정복하고 남미를 식민지로 삼았다.

3세기 동안 계속된 에스파냐와 포르투갈의 남미 지배는 18세기 말부터 서서히 흔들리기 시작했다. 우선 본국인 에스파냐와 포르투갈의 힘이 약해졌고, 1783년 영국과 전쟁을 치르고 독립한 신생 국가인 미국이 등장하면서 남미 주민들 사이에 "우리도 미국처럼 본국의 간섭과 지배에서 벗어나 자유를 얻고 싶다!"라는 여론이 퍼지면서 독립의 열망이 싹텄던 것이다.

여기에 결정타를 가한 것이 유럽 대륙 서남쪽 끝에 있는 이베리아반도에서 벌어진 '반도전쟁'이다. 당시 프랑스의 나폴레옹은 포르투갈과 에스파냐가 있는 이베리아반도를 통째로 정복하고 싶었다. 1807년 포르투갈로 프랑스군을 보내 점령했고, 곧이어 1808년에는 나폴레옹의 형인 조제프가 프랑스 군대의 힘을 등에 업고 에스파냐 국왕으로 즉위했다. 남미를 약 300년 동안 지배해왔던 포르투갈과 에스파냐 본국이 모두 프랑스에 정복당한 사건이었다.

이 소식이 남미에 알려지자, 그동안 에스파냐와 포르투갈의 지배를 받던 남미 주민은 지금이야말로 자유를 쟁취할 절호의 기회라고 여겨 독립 투쟁에 나서기 시작했다. 1810년 아르헨티나가 독립하자 곧이어 1811년에는 파라과이가 독립했다. 그 뒤 칠레(1818), 베네수엘라·콜롬비아·에콰도르(1819), 멕시코·니카라과·과테말라·엘살바도르·온두라스(1821), 브라질(1822), 코스타리카(1823), 페루(1824), 볼리비아(1825)가 차례로 독립했다. 이들 남미 국가들은 영국에서 독립한 미국처럼 번영을 누리는 나라가 될 수 있다고 여겨 매우 낙천적인 분위기에 젖었다.

그러나 이들의 꿈은 끝내 이루어지지 않았다. 아니, 못했다고 해야 옳을 것이다. 외부에서 이들의 단결과 화합을 악착같이 방해한 세력이 있었기 때문이다. 그 장본인은 아이러니하게도 이들이 롤모델로 삼은 나라인 미국이었다. 북미뿐 아니라 미주 대륙 전체의 지배자가 되고 싶었던 미국은 남미의 넓은 영토를 통합한 강력한 나라가 탄생하는 것을 위험하게 여겼다. 경쟁자가 등장하면 그만큼 미국이 미주 대륙에서 활개 치기 어렵기 때문이었다.

코스타리카가 에스파냐에서 독립하던 해인 1823년 12월 3일, 미국의 다섯 번째 대통령인 제임스 먼로(1758~1831)는 먼로독트린을 발표했다. 미국

제임스 먼로의 초상화.

시몬 볼리바르의 초상화. 그는 중남미 국가의 연합을 꿈꾸었으나, 미국과 영국의 분열 공작으로 인해 실패하고 말았다.

은 유럽에서 벌어지는 일에 간섭하지 않을 테니, 유럽도 미주 대륙에서 벌어지는 일에 간섭하거나 관여하지 말라는 내용이었다. 물론 그 말이 지켜지지는 않았다. 그로부터 41년 뒤인 1864년 프랑스의 나폴레옹 3세가 멕시코 문제에 간섭해 오스트리아인 막시밀리안 1세를 멕시코 황제로 옹립했기 때문이다. 하지만 먼로독트린은 이미 1823년부터 미국이 미주 대륙 전체를 자국의 세력권으로 간주하고 있었다는 증거다.

먼로독트린을 발표한 지 7년 뒤인 1830년, 에스파냐에 맞선 중남미 독립 전쟁의 영웅이자 대콜롬비아공화국의 창시자인 시몬 볼리바르(1783~1830)가 죽었다. 그러자 콜롬비아공화국은 혼란과 내분에 휩싸였는데, 이를 적극적으로 부추긴 장본인은 베네수엘라 라과이라에 주재한 미국 영사 윌리엄슨과 페루의 리마에 주재한 미국 영사 윌리엄 튜더였다. 이들은 모두 시몬 볼리바르의 대콜롬비아공화국에 대해 부정적인 인식을 지니고 있었다.

"대콜롬비아공화국은 없어지는 편이 미국에 좋다. 우선 이 나라는 미국 상품에 지나치게 높은 관세를 매겨 미국 기업의 수익을 방해하고 있다. 또한 이 나라를 세운 시몬 볼리바르는 노예 해방을 주장했는데, 미국에서 부리는 흑인 노예가 그 말을 듣고 소란을 일으킬 우려가 있다. 아울러 시몬 볼리바르가 외친 아메리카 계획은 모든 중남미 국가를 하나의 거대한 연합으로 만들자는 내용인데, 그렇게 된다면 중남미 국가들이 지나치게 강력해져서 장차 미국의 적이 되고 만다. 따라서 미국은 자국에 위협이 될 거대한 중남미 국가가 나타나는 일을 막아야 한다."

미국 말고도 대콜롬비아공화국의 혼란에 개입한 나라가 하나 더 있었다. 바로 영국이었다. 영국 역시 미국처럼 중남미를 하나로 통합하는 강대한 나라가 출현하는 것을 원하지 않았다. 만약 그렇게 되면 장차 영국이 중남미에 개입해 이권을 챙기기 어렵기 때문이다. 그래서 해군 제독인 플레밍은 대콜롬비아공화국을 구성하고 있는 콜롬비아와 베네수엘라 사이의 갈등과 분열을 조장하는 공작을 벌였다.

미국과 영국이 벌인 분열 공작은 성과를 거두어서, 1831년 대콜롬비아공화국은 콜롬비아, 에콰도르, 베네수엘라 세 나라로 분열되고 말았다. 결국 중남미 전체가 에스파냐의 식민지에서 독립해 평화와 번영을 누리는 통합된 강대국이 되기를 원했던 시몬 볼리바르의 꿈은 완전히 무너졌다.

중남미 연대를 부숴버린 미국은 이제 새로운 작업에 돌입했다.

중남미 국가 가운데 유일하게 자국과 육지로 직접 국경을 맞대고 있는 멕시코를 '요리'하려 나선 것이다. 일단 멕시코와 싸울 명분을 만들기 위해 미국은 자국 영토와 인접한 멕시코의 텍사스 지역에 미국인 이민자를 보냈다. 이 지역에 미국인 이민자가 멕시코인보다 많아지자 멕시코로부터 독립하라고 그들을 부추겼다. 미국인이민자들은 1836년 텍사스공화국을 선포했고, 놀란 멕시코 당국은 군대를 보내 미국인 이민자를 진압하려 했다. 이때 벌어진 전투가 바로 미국인이 성스럽게 여기는 알라모 전투다.

알라모 전투에서 미국인 민병대는 멕시코군에 전멸했다. 미국언론은 그들의 죽음을 숭고하게 포장해 대대적으로 선전했다. 이에 미국 본토에서 알라모의 복수를 외치는 수많은 미국인이 군대에 자원했다. 미국은 멕시코와 다시 전쟁을 벌여 1836년 4월 21일 샌저신토 전투에서 멕시코군을 격파하고 멕시코 대통령 산타 안나를 포로로 잡는 대승을 거둔다. 이 승리로 멕시코는 텍사스의 독립을 승인했고, 텍사스공화국은 9년 동안 존속하다가 결국 1845년 미국에 편입됐다.

1년 뒤인 1846년에 벌어진 미국-멕시코전쟁은 장차 20세기에 벌어질 미국의 중남미 개입의 시초가 됐다. 멕시코 영토로 쳐들어간 미군은 1847년 9월 15일 멕시코의 수도인 멕시코시티를 점령했다. 사실상 멕시코는 미국에 국가 전체를 장악당한 것이나 다름없었다. 1848년 전쟁이 끝나자 미국은 당시만 해도 멕시코의 영토였던 캘리포니아, 유타, 네바다, 애리조나, 뉴멕시코 주 등을 자국 영

1847년 멕시코의 수도인 멕시코시티에 입성하는 미군. 미국—멕시코전쟁에서 패배한 멕시코는 영토의 절반을 빼앗기며, 영원히 미국에 눌려 지내는 이류 국가로 전락하고 만다.

토로 편입했다. 반면 국토의 절반을 미국에 빼앗긴 멕시코는 엄청난 타격을 입었다. 미국에 기대어 기득권을 유지하려는 친미파 권력자에게 수탈당한 농민의 반란에, 야심가들의 쿠데타까지 겹치면서 완전히 후진국으로 전락하고 말았다.

멕시코가 미국한테 얻어맞고 있을 동안 브라질과 아르헨티나 등지의 상황도 좋지 않았다. 1825년부터 볼리비아, 아르헨티나, 브라질은 영국으로부터 빌린 막대한 빚에 짓눌려 있었다. 영국은 남미 국가에 빌려준 빚을 무기로 내정을 간섭했는데, 자유무역을 내세워서 영국제 제품을 구입하도록 강요했다. 이런 압력에 유일하게 맞선 남미 지도자는 아르헨티나의 독재자인 후안 마누엘 데 로사스(1793~1877)였다. 로사스는 아르헨티나의 자주권을 지키기 위

파라과이전쟁을 묘사한 기록화. 브라질, 아르헨티나, 우루과이는 영국에 진 빚을 갚기 위해 파라과이를 상대로 전쟁을 벌였다. 패배한 파라과이는 100만 명의 인명 피해를 입었다.

해 영국과 프랑스 등 서구 열강의 압력에 맞섰다. 그러나 1852년 정적인 우르키사에게 밀려나 권력을 잃었다. 그 뒤 아르헨티나는 브라질처럼 영국의 입김대로 휘둘리는 신세로 전락했다.

1865년의 파라과이전쟁은 브라질, 아르헨티나, 우루과이가 영국의 영향력에 놀아나면서 벌어진 사건이었다. 당시 파라과이는 영국에 진 빚도 없었고 영국 자본에 자국 시장을 개방하지도 않아 영국의 괘씸죄를 받은 나라였다. 영국은 세 나라를 움직여 자국 대신 파라과이를 정복해 무력으로 시장을 개방하려 했다. 세 나라는 영국에 진 엄청난 빚을 갚기 위해 영국이 시키는 대로 전쟁에 나설 수밖에 없었다. 파라과이에서는 이 전쟁으로 약 100만 명이나 되는 국민이 학살당했다.

미국-에스파냐전쟁의 한 장면. 미국이 에스파냐를 대신해 중남미의 새로운 주인으로 들어섰음을 알리는 역사적 사건이었다.

   이렇듯 남미 국가는 자기들끼리 자중지란에 휘말려 무의미하게 국력을 낭비하는 중이었다. 그러는 동안 영국은 남미 국가를 상대로 돈을 빌려주고 비싼 이자를 받아내며 돈놀이를 즐겼다. 미국은 장차 경쟁자가 될지도 모르는 남미 국가를 자신은 피 한 방울 안 흘리고 그들끼리의 싸움으로 만들어 북미 대륙에서의 입지를 확고히 다지고 있었다.

   한편 미국은 1898년 에스파냐를 상대로 미국-에스파냐전쟁을 일으켜서 허약해진 에스파냐를 손쉽게 격파해 에스파냐가 중남미에서 마지막으로 차지하고 있던 식민지 쿠바를 빼앗아 자국의 식민지로 삼았다. 미국-에스파냐전쟁은 16세기부터 이어진 에스파냐의 중남미 지배가 완전히 끝났으며, 그 자리에 대신 미국이 들어섰음을 의미하는 사건이었다.

1914년 제1차 세계대전이 터지면서 영국은 전쟁을 치르느라 엄청난 국력을 낭비해 피해가 컸던 반면, 미국은 전쟁의 피해를 전혀 입지 않았을뿐더러 영국을 포함한 연합국에 군수물자를 팔아 막대한 부를 챙겼다. 1918년 제1차 세계대전이 끝나자 영국은 사실상 세계 최강대국의 자리를 미국에게 넘겨준 것이나 다름없었다. 자연히 남미에서의 주도권도 더 이상 미국과 견줄 수 없었다. 미국이 마침내 중남미 전체의 판도를 마음껏 좌우할 위치에 올라서게 된 것이다.

쿠바 혁명
반미 혁명가 체 게바라의 도전

20세기에 들면서 중남미는 미국이 마음대로 움직이는 안마당으로 전락했다. 중남미 국가의 정부는 모두 미국에서 교육을 받거나 혹은 미국의 지원을 받으며 집권한 친미파 인사로 채워졌다. 간혹 국가 자주성을 외치며 미국의 지배에 저항하는 정부가 있으면, 곧바로 미군이 "자유와 민주주의를 위해"라는 구호를 내걸고 쳐들어가서 뒤엎어버렸다.

1932년, 니카라과도 그런 식으로 미군의 침공을 받았다. 지도자인 아우구스토 세사르 산디노(1895~1933)는 뛰어난 게릴라전을 펼쳐 미군에게 상당한 피해를 입혀 쫓아냈다. 그러나 산디노는 친미파 군인 아나스타시오 소모사 가르시아(1896~1956)의 세력에 죽임을 당하고 말았다. 정적을 제거한 소모사는 니카라과를 열렬한 친미 국가로 만들었다. 결과적으로 미국은 니카라과전 쟁에서는 패했지만 승리한 셈 이었다.

그런가 하면 1917년 러시아 에서 공산주의 혁명이 일어나 로마노프 왕조가 무너지고 세 계 최초의 공산주의 국가인 소 련이 등장했다. 이 사건도 중남 미의 역사에 큰 영향을 끼쳤다. 자본주의 제국인 미국의 지배

미군을 게릴라전으로 몰아낸 니카라과의 지도자 산디노. 그러나 그가 친미파 군인인 소모사에게 죽임을 당하고 나서, 니카라과는 소모사가 지배하 는 친미 국가가 됐다.

와 수탈에 시달리던 중남미인에게 반자본주의와 반제국주의를 외 치는 공산주의는 무척이나 매력적인 이념으로 다가왔다. 특히 미 국의 침략과 착취에 가장 큰 피해를 입은 멕시코에서는 공산주의 세력이 굉장히 강성하게 활동했다. 유럽에서 쫓겨난 많은 공산주 의자가 멕시코를 피난처로 삼아 망명해 온 것이다.

그러나 중남미의 공산주의 확산은 역설적으로 중남미에 대한 미국의 지배와 간섭을 더욱 강화시키는 요소가 됐다. 자본주의 제

국인 미국은 공산주의가 미국의 가난한 서민과 노동자를 선동해 러시아에서처럼 공산주의 혁명을 일으키거나 중남미에서 미국의 지배력을 약화할 위험성이 있다고 판단해, 반공을 명분으로 중남미에 군사 개입을 정당화할 평계를 얻었던 것이다. 국민을 착취하며 탐욕스럽게 부를 긁어모으던 중남미의 독재자들도 부를 평등하게 나눠야 한다고 주장하는 공산주의가 자신들의 기득권을 위협한다고 여겼다. 이들은 미국과 손잡고 공산주의를 탄압하는 반공 정책을 가속화했다.

그러던 와중에 미국이 두려워하던 공산주의 혁명이 실현되는 사건이 벌어졌다. 1958년 12월 30일, 쿠바를 지배하고 있던 친미 성향의 바티스타 정권이 공산주의 게릴라군에 무너진 것이다. 미국으로 망명한 바티스타를 대신해서 쿠바를 장악한 자들은 카스트로와 체 게바라를 비롯한 공산주의 혁명군이었다. 미국 본토와 가까운, 그래서 미국의 턱 밑이라고 할 수 있는 쿠바에 미국이 가장 싫어하는 공산주의 정권이 들어섰으니 미국으로서는 불쾌하지 않을 수 없었다. 여기에 카스트로

쿠바혁명의 주역인 체 게바라. 그는 남미 역사상 가장 성공한 게릴라전 지도자로 지금도 혁명의 상징으로 추앙받고 있다.

정권은 그동안 바티스타와 손을 잡고 쿠바에 들어온 미국 자본과 기업을 모조리 몰수해 국유화했다. 이 역시 미국 기업의 분노를 사는 처사였다. 쿠바에 본사를 두었던 미국의 럼주 회사인 바카디를 경영하던 보슈 회장은 1960년 카스트로 정권에 경영권을 몰수당하자 바하마 제도로 달아났다. 그 뒤 카스트로에게 복수하기 위해 마피아에게 10만 달러를 주고 카스트로를 암살하고 쿠바에 테러를 일으키려는 음모를 꾸미다가 실패했다.

일개 기업인도 쿠바를 상대로 테러를 저지르려고 했는데 과연 미국 정부가 가만히 있었을까? 1961년 4월 17일, 미국의 정보기관 CIA가 훈련시킨 1,500명의 친미파 쿠바인 게릴라 부대는 쿠바의 피그만으로 쳐들어가 카스트로 정권을 무너뜨리려고 했다. 세계사

피그만 침공 당시 쿠바군에게 생포당한 친미파 반군들.

에서 피그만 침공이라고 부르는 사건이다.

하지만 미국의 무력 개입을 예상했던 카스트로는 쿠바 해안 전역에 수비 병력을 보내 엄중한 방어 태세를 갖추고 있었다. CIA가 야심차게 추진한 반카스트로 게릴라 부대는 쿠바군의 강력한 저항에 부딪쳐 제대로 싸워보지도 못하고 큰 피해를 입었고 결국 사흘 만인 4월 20일, 쿠바군에 항복했다. 이때 반카스트로 게릴라 부대가 입은 피해는 사망자 110명에 포로 1,100명이었다.

피그만 침공 실패 이후 미국은 쿠바에 다시 무력 침공을 시도했다. 1962년 3월 9일, 라이먼 렘니처 미군 합참의장은 쿠바군이 미국에 상륙해 미국 시민을 상대로 폭파와 테러를 저지르고 관타나모에 주둔한 미군 기지를 공격했다고 거짓 자작극을 꾸몄다. 이는 아예 쿠바와 전면전을 치르겠다는 이른바 '노스우즈 작전Operation Notrhwoods'의 시나리오였다. 쉽게 말해서, 쿠바를 공격하기 위해 쿠바군으로 위장한 미군이 미국 시민을 상대로 자작 테러를 벌이려한 것이다. 다행히 케네디 대통령이 이 안을 거절해 실행되지는 않았으나, 만약 실행됐다면 쿠바는 꼼짝없이 미군에게 점령당하고 말았을 것이다.

미국의 위협이 계속되자 카스트로는 1962년 7월 7일, 미국의 적국인 소련을 끌어들여 쿠바에 소련 핵미사일 기지를 건설하겠다고 발표했다. 실제로 당시 쿠바에는 소련 핵미사일 190기가 배치됐다. 이 미사일의 사정거리에는 워싱턴, 뉴욕, 샌프란시스코 등 미국 대부분의 도시가 들어갔다. 만약 핵미사일이 발사된다면 미국은 그야말로 멸망할 위기였다.

케네디 대통령은 소련의 서기장 흐루쇼프와 협상을 벌였다. 앞으로 미국은 결코 쿠바를 군사적으로 공격하지 않겠으며, 소련이 쿠바에 배치한 핵미사일을 철거하면 미국이 터키에 배치한 미사일을 철거하겠다, 이 제안이 거절당한다면 미국은 소련과의 핵 전쟁도 불사하겠다고 입장을 전달했다. 고심 끝에 흐루쇼프는 미국의 제안을 받아들였다. 고작 쿠바 때문에 자칫 미국과 핵 전쟁까지 벌여 나라가 망하는 일은 피하고 싶었던 것이다.

미국이 두 번에 걸쳐 쿠바를 무력으로 공격한 일이 수포로 돌아갔다. 그렇다고 미국이 곧바로 쿠바와 화기애애하게 지낸 것은 아니었다. 미국 정부는 카스트로를 독재자로 규정해 쿠바와 외교 관계를 끊고, 경제봉쇄를 해 쿠바를 궁핍에 빠뜨려 굴복시키려고 했다. 실제로 미국의 경제봉쇄 탓에 쿠바는 물자 부족과 물가 상승에 시달려 국민의 삶이 매우 어려워졌다.

카스트로는 미국의 경제봉쇄에 자급자족으로 맞섰다. 우선 도시 곳곳에 텃밭을 설치하고 거기서 생산되는 농작물을 국민에게 싼값에 나눠주는 유기농법을 도입했다. 이 덕분에 쿠바는 최소한 북한처럼 수십만 명이 굶어 죽는 일 없이 식량난을 해소했다. 또한 쿠바의 부족한 국고를 채우기 위해 제3세계 국가에 쿠바 의사들을 보내 사람들을 치료해주고, 그 나라에서 경제원조를 받는 등 의료 외교를 벌였다.

미국의 남미 개입
도미니카와 칠레

냉전 기간, 미국이 압박했던 중남미 국가는 쿠바만이 아니었다. 카리브해에서부터 칠레에 이르기까지 거의 모든 중남미 국가가 반공을 명분으로 내세운 미국의 내정간섭에 시달렸다.

먼저 쿠바 동남부의 섬나라인 도미니카공화국의 이야기부터 해보도록 하자. 30년 넘게 도미니카를 지배해온 트루히요 독재 정권이 무너진 뒤 정권을 잡은 대학 교수인 후안 보슈(1909~2001)는 노동자의 임금을 올리고 소수의 대지주가 독점한 땅을 농민에게 나눠주었다. 또 더 이상 공군이 사용하는 비행기를 터무니없이 비싼 값에 미국 제품으로 사지 않겠다고 선언했다.

미국이 보기에 보슈의 처사는 미국에 손해를 끼치고 아울러 그가 추진한 정책은 공산주의 방식으로 비추어졌다. CIA는 보슈 정권을 무너뜨리려는 음모를 꾸미고 실행에 들어갔다. 우선 도미니카의 노동조합을 꼬드겨 보슈 정권에 반대한다는 구호를 내걸고 파업을 일으키게 했다. 노동조합이 정권에 반대하며 나라를 혼란에 빠뜨리자 보슈의 개혁 정책은 더 이상 추진될 수 없었다. 또한 CIA는 도미니카 내부의 친미파 군인으로 구성된 군부에 무기와 자금을 지원했다. 쿠데타를 하라고 지시한 것이다.

미국의 승인을 받은 도미니카의 친미파 군부는 마침내 1965년 쿠데타를 일으켰다. 보슈는 푸에르토리코로 망명한 뒤 미국에 의

손에 무기를 들고서 미군의 내정간섭에 맞서 싸운 도미니카 시민들. 세계 최강의 미군조차 그들을 이기지
못하고 물러가야 했다.

해 연금됐다. 이 사태에 분노한 도미니카 국민은 거리로 뛰쳐나와
쿠데타와 미국에 항의하는 대규모 시위를 벌였다. 이들은 쿠데타
군의 기관총과 탱크에 소총을 들고 맞서 싸우며 물러서지 않았다.
성난 시위대의 기세에 눌린 쿠데타군이 겁을 먹고 제대로 못 싸우
자, 도니미카 주재 미국 대사관은 본국에 도움을 요청했다. 마침내
4만 2,000여 명의 미군이 도미니카를 침공하고 말았다.

세계 최강의 미군에 맞서 도미니카 국민은 무려 132일 동안이
나 용감하게 투쟁했다. 결국 미국도 이들을 완전히 굴복시키지 못
한 채 시위대와 협정을 맺고는 호아킨 발라게르를 임시 대통령으
로 내세우고 사태를 일단락했다. 미국이 지원하던 군부 출신 인사
가 권력을 장악하는 데 실패했지만, 미국이 싫어하던 공산주의 정

책을 펴던 보슈를 실각시켰으니 결과적으로는 미국의 의도대로 됐다고 볼 수 있다.

도미니카처럼 중남미 각국의 친미파 군부를 지원해 반미 정권을 무너뜨리는 미국의 수법은 칠레에서도 반복됐다. 1970년 9월 4일, 칠레에서 살바도르 아옌데(1908~1973)가 대통령에 당선되자 미국은 촉각을 곤두세웠다. 아옌데는 부의 평등한 분배를 외치며 미국의 칠레 착취에 반대해온 사회주의자이기 때문이었다. 아옌데는 대통령에 당선되자 즉각 사회주의 개혁 정책을 시행했다. 우선 칠레의 천연자원인 구리를 헐값에 독점해온 미국의 대기업 ITT가 가진 자산을 몰수해 국유화하는 한편, 미국과 결탁하고 칠레 민중을 착취해온 대지주의 토지도 몰수해 농민에게 나눠줬다.

칠레의 구리를 독점해 막대한 이익을 챙기던 미국 자본가와, 기득권이 침해되는 것에 반발한 칠레 대지주는 아옌데의 정책에 심하게 반발했다. 이들은 서로 짜고 아옌데 정권을 무너뜨리려는 계획을 세웠다. 먼저 칠레의 대지주와 자본가는 칠레를 혼란에 빠뜨리기 위해 일부러 식량과 생필품 등 상품을 내다팔지 않고 창고에 넣어두었다. 식량과 생필품이 부족해지면 칠레 국민이 아옌데에 반발할 것이라고 여겼기 때문이었다. 이런 수법은 차베스가 죽은 뒤 베네수엘라에서도 반복된다.

아울러 미국은 아옌데를 공산주의자라고 비난했다. 공산주의자가 통치하는 칠레와는 어떤 협력도 할 수 없다면서 세계은행을 포함한 국제금융기구에 압력을 넣어 칠레에 대한 모든 자금 대출과 경제 지원을 중단시켰다. 그러는 와중에도 미국은 친미파 인사가 장악한 칠레 군부에는 군수물자와 자금을 계속 지원했다. 칠레 군부를 키워 쿠데타를 일으키게 하려는 수작이었다.

국내외적으로 위기가 닥친 상황에서도 칠레 국민은 아옌데에 대한 지지를 버리지 않았다. 1973년 벌어진 칠레의 국회의원 총선에서 아옌데를 지지

칠레 쿠데타의 주역인 피노체트. 그는 칠레를 잔인한 군사독재로 억압했고 민주주의를 외치던 수많은 국민을 학살했다.

하는 정파가 압도적인 승리를 거둠으로써 여전히 칠레 국민은 아옌데를 믿고 따른다는 사실이 증명됐다.

더 이상 아옌데 정권을 방치할 수 없다고 판단한 미국 CIA는 칠레의 육군참모총장 아우구스토 피노체트(1915~2006)에게 쿠데타를 일으키도록 사주했다. 친미파였던 피노체트는 CIA의 요구에 즉시 응답해, 1973년 9월 11일 쿠데타를 실행에 옮겼다. 대통령궁에서 쿠데타군에게 포위된 아옌데는 칠레 민중과 노동자를 사랑한다는 라디오 연설을 남긴 뒤 자살했다.

쿠데타가 성공하자 피노체트가 지휘하는 칠레 군부는 아옌데를 지지했던 수십만 명의 사람을 무자비하게 학살하거나 고문하는 만행을 저질렀다. 피노체트의 폭압에 환멸을 느끼고 아르헨티나, 볼

리비아, 우루과이, 브라질 등 다른 중남미 국가로 이민을 떠난 칠레 인이 자그마치 100만 명에 달했다.

중남미 민중의 저항
미국과 독재 정권에 반기를 들다

미국도 결코 전지전능한 신은 아니기에 중남미에서 성공만 거둔 것은 아니다. 미국과 친미파 독재 정권의 횡포에 더는 견딜 수 없어 화가 난 민중이 들고 일어날 때면 독재 정권도 무너지고 미국도 견뎌내지 못하고 물러났다.

　1978년 볼리비아에서는 놀라운 일이 벌어졌다. 카타비 주석 광산에서 힘든 중노동에 시달리던 여성 노동자들이 수도 라파스로 몰려가 군사독재 정권을 무너뜨리기 위한 단식투쟁을 시작했다. 처음에 참가한 사람은 고작 여성 노동자 다섯 명이었다. 군사독재 정권에서도 "미친 짓"이라고 비웃으며 신경 쓰지 않았다. 그러나 날이 갈수록 단식투쟁에 참가하는 사람이 많아졌다. 급기야 23일이 지나자 라파스의 모든 거리는 독재 정권을 몰아내려는 시위대로 가득 찼다. 당황한 볼리비아 정부는 군대와 경찰에 시민을 폭력 진압하라는 명령을 내렸다. 그런데 시위대가 너무 많아 도저히 손을 쓸 수가 없었다. 결국 볼리비아의 군사독재 정권은 단식투쟁으로 시작한 시민의 힘에 밀려 몰락하고 말았다.

니카라과 봉기의 주역인 산디니스타민족해방전선의 전투원들.

　같은 해, 니카라과에서도 비슷한 일이 있었다. 거의 40년 넘게 니카라과를 폭력으로 지배해온 소모사 독재 정권이 산디니스타민족해방전선을 중심으로 뭉친 니카라과 민중의 봉기에 직면한 것이다. 소모사는 군대를 동원해 시민에게 총탄과 폭탄을 퍼부었다. 그러나 시민들은 전혀 물러서지 않았고 도시 시설을 이용해 자체적으로 대포와 총, 폭탄을 만들어 정부군에 맞서 싸웠다. 시민군의 힘에 밀린 소모사는 자신이 섬기는 미국에 "미군을 보내서 나의 권력을 지켜달라"라고 요청했다. 그러나 니카라과의 민심이 소모사에게서 확고히 떠났음을 인지한 미국은 그의 애원을 거절했다. 다급해진 소모사는 비행기를 타고 황급히 미국으로 달아났으며 소모사 독재 정권은 막을 내렸다.

1980년 우루과이에서는 친미파 군사독재 정권이 권력을 민간 정부에 이양할 것의 여부를 묻는 국민투표가 벌어졌다. 1973년부터 7년 동안 군부의 독재가 계속돼왔기 때문에, 우루과이 군부는 자신들이 승리할 것이라고 자신만만했다. 그러나 투표 결과는 정반대였다. 국민투표에서 패배한 군부는 더 이상 독재를 계속할 명분을 잃었다. 그 결과 우루과이는 단계적으로 민주화를 거쳐 1985년 3월, 군부독재가 완전히 끝나고 민간 정부가 들어섰다.

그런가 하면, 외국과의 전쟁 때문에 친미파 군사독재가 끝나는 경우도 있었다. 1982년 4월 2일에서 6월 14일까지 포클랜드 제도의 영유권을 놓고 벌어진 포클랜드전쟁에서 아르헨티나는 영국에 참패를 당했다. 이 패배로 말미암아 아르헨티나를 잔인한 폭력으로 지배하던 군사독재 정권의 우두머리 갈티에리 대통령이 물러났다. 아르헨티나의 군사 정권은 완전히 붕괴됐고 민간 정부로 권력이 넘어갔다.

포클랜드전쟁의 패배는 아르헨티나에 군부독재 붕괴만이 아닌 다른 영향도 끼쳤다. 당시까지 아르헨티나는 반공을 외치며 사회주의 세력을 강하게 탄압하던 친미파 독재 정권이 장악하고 있었기에 미국과의 관계가 비교적 좋은 편이었다. 아르헨티나의 군사독재 정권은 미국이 자기들 편을 들거나 아니면 최소한 중립이라도 지켜줄 줄 알았다. 그런데 막상 전쟁이 터지자 미국은 영국을 지지하며 아르헨티나를 외면했다. 이로 인해 영국은 우세한 국제 여론을 등에 업고 아르헨티나를 일방적으로 패배시켰다. 미국이

원하는 대로 반공을 외치는 독
재 정권을 따랐음에도 자신들
을 외면해버린 비정한 미국에
대해, 아르헨티나 국민의 감정
은 매우 악화됐다. 결국 이 전쟁
은 아르헨티나와 그 주변국에
반미 감정이 확산되는 계기가
됐다.

군인들이 쏜 총에 맞아 쓰러진 오스카 로메로 대
주교. 미국이 지원하는 친미 독재 정권이 저지른
만행이었다.

한편, 미국이 지원하는 군사
독재 정권의 지나친 만행이 오
히려 반미 감정을 증폭시킨 사
건도 있었다. 중미의 작은 나라 엘살바도르의 가톨릭 대주교인 오
스카르 로메로(1917~1980)는 군사독재 정권이 농민은 물론 농민을
보호하려는 가톨릭 사제까지 마구잡이로 학살하자, 깊은 분노를
느껴 공개적으로 군사독재 정권에 반대하는 운동을 벌였다. 그는
미국의 레이건 대통령에게 "더 이상 엘살바도르에 미국 무기를 보
내지 마십시오. 그것은 잔인한 군사독재자들이 사악한 짓을 저지
르게 돕는 일입니다"라는 편지를 보냈다. 한편, 군인들에게 "당신
들의 형제인 농민들을 죽이지 마십시오. 잘못된 명령에 따르지 말
고, 양심에 따라 행동하십시오!"라고 호소했다.

그러나 엘살바도르의 군사독재 정권은 너무나 포악했다.
1980년, 로메로는 농민을 모아놓고 미사를 벌이던 와중에 들이닥친 군인에게 사살당하고 말았다. 이 사건은 전 세계 기독교계에 큰 충격을 주었고, 무자비한 군사독재 정권을 옹호하는 미국에 대한 반발심을 중남미 전역으로 퍼뜨리는 계기가 됐다.

구소련의 붕괴
반미 좌파가 남미를 휩쓸다

1991년 세계 공산주의의 종주국을 자처하던 소련이 경제난과 소수민족들의 반발로 인해 붕괴됐다. 숙적이 사라진 미국은 좋아할 법도 했지만, 미국의 국무성과 첩보부, 국방성 등 정부 기관들은 매우 당혹스러워했다. 소련이 등장한 뒤 미국은 중남미의 사회주의나 반미 세력을 '소련과 내통해서 공산주의를 퍼뜨려 미국을 위협하는 적'이라는 굴레를 씌워 탄압할 수 있었다. 그런데 소련이 없어져버렸으니 미국이 더 이상 중남미에 마음대로 군대를 보내 반미 세력을 탄압하기가 어려워졌기 때문이다. 중남미의 친미 정부들 역시 당황했다. 이제까지 자국 내의 반정부 사회주의 세력에 "너희들은 소련과 내통해서 나라를 뒤엎으려는 매국노다!"라는 죄목을 덮어씌워 마음껏 탄압했는데, 소련이 무너졌으니 더 이상 이들에게 댈 명분이 없어진 것이다.

반면 중남미의 사회주의 세력은 소련과 내통한다는 의심에서 저절로 벗어났으니 활동하기가 편해졌다. 냉전이 끝나자 중남미 각국에서는 군사독재의 지배가 끝난 것을 계기로 선거를 통해 평화적 합법적으로 정권을 잡으려는 계획을 세웠다. 가장 대표적인 경우가 1998년에서 2013년까지 15년 동안 베네수엘라에서 집권했던 우고 차베스(1954~2013)였다. 베네수엘라는 세계 유수의 산유국임에도 미국 대기업과 결탁한 소수의 부유층이 석유 판매 수익을 몽

베네수엘라의 차베스 대통령. 그는 거침없는 반미 정책으로 구설수에 올랐으나. 아직도 베네수엘라의 많은 사람은 빈민을 대상으로 한 복지 정책을 펼친 그를 그리워한다.

땅 독점한 탓에 국민 대다수가 극빈층이었다. 차베스는 마치 혜성처럼 나타난 신인 정치인으로, 부의 평등한 분배와 극빈층의 생활 개선을 외쳤다. 그는 대통령선거에 당선되자마자 강력한 반미 사회주의 개혁 정책을 폈다. 우선 가난한 농민과 극빈층을 위해 부유층의 토지 일부를 몰수해 무상으로 나눠주었다. 또 석유 판매 수익의 상당수를 국고로 돌렸다. 아울러 너무 가난해서 제대로 된 교육과 의료 서비스조차 받을 수 없었던 빈민 계층에게 무상 교육과 의료를 시행했다.

이 덕분에 차베스는 가난한 서민의 절대 지지를 얻으며 15년 동안이나 집권할 수 있었다. 차베스의 개혁으로 손해를 입은 베네수엘라의 친미 성향의 부유층과 미국 대기업은 그를 '악마'라고 매도

했다. 그러나 차베스는 "미국의 대통령인 부시야말로 이라크를 침략해 수많은 사람을 학살한 악마다!"라고 맞받아쳤다.

차베스의 집권 기간인 2002년 4월 12일, 친미 우파 성향의 군부 세력이 쿠데타를 일으켜 차베스를 라오르칠라 섬에 가두는 사건이 있었다. 쿠데타군은 차베스를 총살하려 했다. 그러나 서민에게 워낙 인기가 높았기에 병사들은 차베스를 죽이라는 명령을 거부하며 버텼다. 그사이 베네수엘라 전국 각지에서 수십만의 국민이 거리로 쏟아져 나와 차베스를 지지하는 시위를 벌였다. 차베스를 지지하는 여론이 워낙 높은 데다 군부의 병사들마저 차베스를 보호하자, 친미 쿠데타 세력은 차베스를 죽이지 못하고 4월 14일 그를 풀어주었다.

차베스는 쿠데타의 배후에 미국이 있다고 강력히 주장했다. 미국 정부는 터무니없는 소리라며 반박했다. 그러나 오랫동안 미국의 지원을 받은 친미 우파 성향의 군부가 벌인 쿠데타에 과연 미국이 전혀 관계가 없었을까?

브라질의 대통령인 룰라(1945~) 역시 차베스처럼 사회주의 개혁 정책에 열중했다. 그는 브라질의 가난한 빈민이 제대로 된 교육을 받지 못하는 열악한 환경에 처한 것을 안타깝게 여겨서, '보우사 파밀리아Bolsa Familia'라는 복지 정책을 펼쳐 빈민 생활비 지원과 무료 교육 정책을 실시했다. 또 가난한 탓에 어린이들이 공장에서 중노동에 시달리며 노동 착취를 당하는 일을 크게 줄였다. 학교 급식 제도도 개선해서 아이들에게 영양가 있는 급식을 주도록 시행했다. 그의 임기는 2003년 1월 1일부터 2010년 12월 31일까지 계속됐는데, 7년 동안 브라질은 높은 경제성장과 함께 빈곤율을 획기적으로 줄여 경제 대국으로 발돋움했다.

그 밖에도 볼리비아, 니카라과, 에콰도르, 아르헨티나 역시 2000년대 들어서 사회주의 정권이 집권하면서 중남미 국가 대부분이 반미로 돌아섰다.

컬러혁명
미국, 중남미 반미 정권를 노리다

중남미 각국에서 반미 좌파 세력이 집권을 하는 동안, 미국은 그냥 팔짱을 끼고 지켜보기만 했을까? 결코 아니었다. 미국은 겉으로는 방관하는 척하면서 은밀한 공작을 꾸미고 있었다. 과거처럼 노골적으로 미군을 보내거나 친미 군부 쿠데타를 일으켜 반미 정부를 무너뜨리기가 어려워졌기 때문이다. 미국이 중남미의 친미 세력을 지원하면, 이들이 반정부 시위를 통해 미국 대신 반미 정권을 무너뜨리는 방식으로 전략을 바꿨다. 이것이 바로 오늘날 국제정치에서 흔히 회자되는 '컬러혁명'이다.

컬러혁명은 냉전이 끝나면서 미국이 매우 효과적으로 써먹고 있는 전술이다. 겉으로 보기에는 독재에 맞서 자유를 요구하는 시위를 통한 방식이니, 미국이 개입해 그 나라의 주권을 침해한다는 비판을 당하지 않는다. 또한 집권에 성공한 세력은 자신들을 도운 미국에 대한 고마움으로 열렬한 친미 정권이 되니, 미국으로서는 합법적으로 이권을 요구할 수 있다.

2013년 3월 5일, 미국의 부시 대통령을 악마라고 거침없이 불렀던 반미 진영의 선두주자인 차베스가 죽었다. 그의 갑작스러운 사망 원인을 두고 의견이 분분했는데, 반미 진영 측에서는 "미국이 차베스의 요리사를 매수해서 그를 죽였다. 차베스가 죽고 나서 요리사와 그 가족들이 모두 미국으로 이민을 간 것이 그 증거다"라는 주장을 펴기도 했다.

차베스가 죽자 베네수엘라는 극심한 혼란에 휩싸였다. 우선 베네수엘라의 대기업들이 시장에 식량과 제품을 내놓지 않았다. 베네수엘라 국민은 부족한 식량과 물건을 구하러 다른 나라의 국경까지 먼 길을 가야 했다. 이뿐만 아니라 2014년 들어 국제 유가가 큰 폭으로 떨어졌다. 국가 수익의 대부분을 원유 판매에서 얻는 베네수엘라는 경제적으로 막대한 타격을 받았다. 국고가 줄자 서민을 위한 복지 정책도 유지할 수 없었고, 서민들은 차베스가 집권하기 전처럼 다시 가난에 시달려야 했다.

한편 중남미 최대 국가인 브라질에서도 2010년부터 위기가 계속되고 있다. 룰라의 개혁에 반발했던 브라질 기득권층이 미국과 손을 잡고 브라질 정국을 혼란에 빠뜨리기 위해 연일 반정부 시위를 벌였다. 또 브라질의 지방선거에서 친미 우파 세력이 승리했다.

브라질과 더불어 남미의 대국인 아르헨티나조차 상황이 좋지 않았다. 2014년 7월 30일, 아르헨티나는 채무불이행을 선언할 만큼 경제가 어려워졌다. 그러자 반미 좌파를 내세운 아르헨티나의 집권 세력은 무너지고 말았다. 대신 친미를 내세운 예전의 보수파가 선거에서 승리해 다시 집권했다.

그런가 하면 43년 동안 미국의 턱 밑에 있으면서 반미 사회주의 국가로 버텨온 쿠바에서 2015년 7월 20일 들어 뜻밖의 소식이 들려왔다. 오바마 대통령이 쿠바와 다시 수교 관계를 맺은 것이다. 이에 따라 미국이 쿠바를 적대하는 정책을 공식적으로 완전히 폐기했다. 일각에서는 오바마의 쿠바 수교를 두고 "미국 정부가 경제봉쇄로 쿠바의 반미 정권을 무너뜨리는 일이 실패하자, 전략을 바꿔 쿠바와 일단 화해하는 척하면서 쿠바 내의 반정부 친미 세력을 끌어모아 이들이 카스트로 정권을 무너뜨리게 하려는 술책을 꾸미고 있다"고 추측한다.

이렇듯 2017년 현재, 중남미의 반미 좌파 세력은 상당 부분 타격을 받아 침체됐다. 대부분의 중남미 국가에 친미 우파 세력이 다시 집권한 상태다. 겉으로만 보면 미국이 승리하고 중남미 국가가 패배한 듯하다. 하지만 그들은 미국과 친미 세력에 맞서 싸워 승리한 경험이 있다. 비록 지금 당장 현실이 어려워서 친미 노선을 따른다고 해도, 그들이 카스트로와 체 게바라의 꿈을 기억하고 있는 한, 그리고 친미 세력이 외면하는 가난한 절대 다수의 대중이 다시 한마음으로 뭉친다면, 결코 미국이 원하는 대로 중남미의 정국이 흘러가지는 않을 것이다.

공산주의와 반공주의, 친서방과 반서방 사이에서

러시아 vs 터키

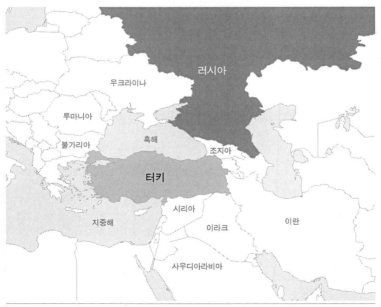

러시아가 흑해와 지중해로 세력을 뻗으려면 반드시 그 길목에 있는 터키를 같은 편으로 끌어들여야 한다.

244

위치 러시아는 영토가 유라시아 대륙의 북쪽에 치우쳐 있다. 그런 만큼 북쪽으로는 더 이상 나아갈 곳이 없다. 러시아가 세력을 진출할 곳은 반드시 남쪽이 될 수밖에 없는데, 그 길목에 놓인 곳이 바로 터키다.

터키는 영토가 유럽과 아시아 모두에 걸쳐 있다. 두 대륙을 잇는 통로인 서아시아의 한복판을 차지하고 있다. 힘이 강해지면 유럽과 아시아 두 대륙으로 진출할 수 있으나, 뒤집어 생각해보면 유럽과 아시아 양쪽에서 공격을 받을 수도 있다.

역사 러시아는 통합된 국가를 이룬 16세기 중엽부터 줄곧 겨울에도 얼지 않은 따뜻한 바다와 맞닿은 항구인 부동항을 찾는 것이 핵심 목표였다. 서쪽은 강력한 서유럽 국가들로 막혀 있고, 동쪽은 러시아의 중심지로부터 거리가 너무 멀다. 그러다 보니 가까우면서도 따뜻한 바다가 있는 남쪽이 알맞았다. 그래서 러시아의 국가적 과제는 남쪽의 영토와 바다를 확보하는 남하 정책이었다.

16세기 중엽, 터키는 오스만제국이라 불리며 유럽, 아시아, 아프리카 세 대륙에 걸쳐 영토를 소유했다. 유럽 국가들이 두려워했던 초강대국이었다. 그러나 17세기 말이 되자 잦은 궁중 반란과 군사력의 약화로 국력이 약해지면서 유럽 열강, 특히 러시아의 손쉬운 먹잇감으로 전락하고 만다.

종교 러시아는 서구 문명의 일원으로 역사를 시작한 관계로 기독교 국가이기는 하지만, 종파가 달라서 동로마로부터 전해진 정교회를 믿는다. 정교회는 러시아와 1,000년이 넘는 세월을 함께해오면서 러시아인의 민족 종교로 자리 잡았다.

터키는 1924년 아타튀르크(케말 파샤)의 세속화 정책 이후 이슬람교를 국교의 지위에서 내렸지만, 여전히 국민 대다수가 이슬람교 신자다.

언어 러시아는 서기 9세기부터 공동체를 형성해온 대러시아인의 언어인 러시아어를 사용하고 있다. 러시아어는 러시아제국과 소련 시절, 러시아의 지배를 받던 다른 민족에게도 전파돼 카자흐스탄이나 우크라이나, 벨로루시 등에서는 중요한 언어로 남아 있다.

터키는 서기전 4세기부터 지금의 몽골 초원에 살던 투르크족들의 말인 투르크어에 아랍어와 페르시아어에서 빌려온 단어들이 섞여 들어가 만들어진 오늘날의 터키어를 사용하고 있다.

민족 러시아는 동유럽의 백인계 종족인 슬라브족 가운데 대러시아인이라 불리는 집단이 주축을 이룬 나라다. 이들 대러시아인은 러시아제국이나 소련, 그리고 현재 러시아연방에 이르기까지 늘 러시아를 지배하던 권력의 핵심에 있다.

터키는 국민 대다수가 혈통적으로는 옛 소아시아반도의 원주민인 히타이트와 그리스 등 백인 계통에 속한다. 여기에 현재 몽골 초원과 중앙아시아로부터 이주해온 동양계 종족인 투르크인의 피가 섞여서 오늘날의 터키 민족을 형성했다.

갈등 18세기 초, 러시아를 크게 발전시킨 황제인 표트르 1세는 러시아가 다른 유럽 국가보다 후진국으로 남게 된 원인이 바다로부터 멀리 떨어져 물자 수송과 문화 교류에 차질이 있기 때문이라고 여겼다. 그래서 겨울에도 얼지 않는 따뜻한 항구가 있는 남쪽의 바다로 진출하는 남하 정책을 국가적 과제로 삼았다. 러시아의 부동항 진출의 1차 목표가 된 나라가 바로 터키였으니, 터키는 러시아에서 가장 가까우면서 따뜻한 바다와 인접하고 있기 때문이다.

러시아가 강성해질 무렵 터키는 국력이 약해지는 와중이었다. 러시아에 맞서기 위해 터키는 영국과 프랑스 등 서방 국가와 동맹을 맺었고, 이슬람 국가로는 보기 드물게 친서방 성향을 띤 나라가 됐다. 이로부터 3세기가 지난 현재 21세기에도 터키의 이 같은 외교 노선은 계속 이어지고 있다.

크림전쟁
러시아와 터키의 본격적인 대결

러시아와 터키가 국가 운명을 걸고 총력전에 나선 때는 1853년에 발발해 1856년까지 계속된 크림전쟁에서였다. 전쟁 초반에는 러시아군의 맹렬한 공격에 오스만제국이 고전하는 모습을 보이며 전황이 전개됐다. 1853년 11월 30일 지금의 터키 북부에서 벌어진 시노프 해전에서 오스만제국 해군은 2,960명이 전사했고 11척의 함선이 파괴당했는데 반해, 러시아 해군은 고작 37명이 전사하는 가벼운 피해를 입으며 오스만제국군을 일방적으로 격파했다. 16세기에 유럽의 공포라 불리던 오스만제국군이라고는 믿어지지 않을 만큼의 졸전이었다.

오스만제국군이 러시아군에 밀리자, 이를 지켜보던 영국과 프랑스는 1854년 3월 28일 러시아에 정식으로 선전포고를 하고 오스만제국을 도와 크림전쟁에 참전했다. 이 두 나라가 굳이 오스만제국을 편든 데에는 그럴 만한 이유가 있었다. 만약 러시아가 승리해 오스만제국을 통째로 집어삼킨다면, 오스만제국의 영토인 서아시아 일대가 몽땅 러시아의 수중에 들어가게 되고, 더 나아가 이집트와 아프리카에까지 러시아가 진출할 수도 있었다. 그렇게 된다면 영국과 프랑스가 이미 지배하고 있는 유럽과 아프리카, 인도를 잇는 해상 무역로가 러시아의 위협을 받을 가능성도 배제할 수 없다. 특히 19세기에 전 세계의 바다를 지배하며 해상무역에 국가 경

크림전쟁을 묘사한 기록화. 영국과 프랑스의 개입으로 러시아는 다 이긴 전쟁에서 도로 패배하고 말았다.

제의 대부분을 의존하던 영국으로서는 러시아의 남하 정책이 자국의 패권을 위협하는 일이라고 판단할 수밖에 없었다. 그래서 영국은 러시아의 해양 진출 봉쇄에 사력을 기울였다.

당시 세계 최강대국인 영국과 이에 버금가는 강대국 프랑스가 참전하자 전세는 금세 역전됐다. 1854년 9월, 크림반도에 영국과 프랑스, 오스만제국 등 삼국 동맹군이 상륙해 러시아군과 치열한 격전을 벌인 끝에 알마 강 전투에서 러시아군을 격파했다. 크림반도의 러시아군 주둔지인 세바스토폴 요새는 10월 17일 삼국 동맹군에게 포위당했다. 러시아군은 더 이상 오스만제국을 위협하지 못할 만큼 기선을 제압당한 꼴이 됐다. 해가 바뀌어 1855년 1월이 되자, 이탈리아 서부의 사르데냐 왕국마저 영국과 프랑스를 도와 러시아에 맞서 싸웠다. 그리고 1년 11개월간의 긴 공방전을 벌인 끝에 러시아군의 세바스토폴 요새는 1855년 9월 11일 마침내 함락당하고 말았다.

세바스토폴 요새의 함락으로 러시아는 전쟁을 계속할 의지를 잃고 휴전을 제안했다. 러시아는 힘들게 점령한 영토에서 모두 물러나야 했고, 오스만제국은 기사회생할 수 있었다.

비록 패했지만 러시아군 병사들은 영국군과 프랑스군의 공격에 맞서 완강하고 용감하게 버텼으며, 심지어 사령관이 전사하자 자기들끼리 임시 사령관을 추대해 계속 항전할 만큼 투지가 굳건했다. 러시아가 패배한 결정적인 원인은 외교적 고립이었다. 당시 국제 정세를 주도하던 강대국인 영국과 프랑스는 물론, 내심 기대를 걸었던 프로이센과 오스트리아마저도 러시아를 돕지 않았다. 국제적 '왕따'가 된 나머지 러시아는 크림전쟁에서 동맹국을 도저히 이겨낼 재간이 없었던 것이다.

한편 승리한 오스만제국도 그리 좋아할 입장은 못 됐다. 영국과 프랑스가 도와주지 않았다면 꼼짝없이 러시아한테 연전연패하다가 그대로 망해버릴 상황이었다. 오스만제국의 술탄(이슬람교 국가의 군주)인 압둘메지드 1세는 국력을 키우기 위해 영국과 프랑스 등 서유럽의 제도를 받아들이는 서구화 개혁 정책을 추진했으나, 서구를 배척하고 이슬람 문화만을 지키려 했던 보수파의 반발에 밀려 실패했다. 그러자 오스만제국은 퇴보를 면치 못하는 상황에 처했다. 이는 또 다른 위기를 불렀다. 크림전쟁에서 일격을 맞고 잠시

1877년 러시아-터키전쟁을 묘사한 기록화. 러시아는 오스만제국의 지배에 반기를 든 동유럽 국가들과 힘을 합쳐 오스만제국을 공격해 멸망의 위기로 몰아넣었다. 그러나 이번에도 영국의 개입으로 러시아는 다 이긴 전쟁에서 물러나야 했다.

숨을 고르던 러시아가 힘을 기르며 기다리다가 21년 뒤인 1877년 오스만제국을 공격했다. 러시아-터키전쟁이 다시 일어난 것이다.

러시아-터키전쟁의 전개 과정은 크림전쟁 때보다 더 오스만제국에 불리했다. 러시아군은 18만 5,000명의 군대를, 오스만제국군은 28만 1,000명의 군대를 동원했지만 결과는 러시아군 사상자 7만 9,000명에 오스만제국군 사상자 12만 명으로 오스만제국군이 완패하고 말았다.

수적으로 우세한 오스만제국군이 패배한 데에는 그만한 이유가 있었다. 오스만의 지배를 받던 동유럽의 불가리아, 루마니아, 세르비아, 몬테네그로가 독립을 얻기 위해 러시아-터키전쟁에 군대를 보내 러시아를 도왔던 것이다. 불가리아군은 1만 2,000명, 루마니아군은 6만 6,000명, 세르비아군은 8만 1,000명에 몬테네그로군은 2만 5,000명을 파병했다. 동유럽연합군은 러시아군을 지원하면서 오스만제국군에게 타격을 입혀 러시아군의 승리에 크게 공헌했다.

승기를 잡은 러시아군은 1878년 오스만제국의 수도인 이스탄불 외곽의 도시인 산스테파노까지 바싹 진격하며 오스만제국을 위협했다. 이제 까딱하면 이스탄불마저 러시아군에 함락당할지 모르는, 오스만제국의 국운이 바람 앞의 촛불처럼 흔들리는 순간이었다. 그런데 이번에는 영국과 프랑스에 독일과 오스트리아까지 나서서 러시아를 압박했다. 이들은 러시아가 자국의 기득권을 위협할 정도로 지나치게 강대해지는 것을 원치 않았다.

1878년 6월 13일 독일의 중재로 베를린에서 회의가 열렸다. 이 회의에서 불가리아는 형식적으로 오스만제국에 속하지만 자치령으로 승격됐다. 루마니아, 세르비아, 몬테네그로는 독립국이 됐다. 그러나 전쟁의 주역인 러시아는 힘들게 정복한 오스만제국의 영토를 전부 돌려줘야 했다. 애써 잡은 먹이를 도로 토해내야 하는 가마우지 신세가 된 러시아가 강하게 반발하자, 영국과 프랑스는 "만약 거부한다면, 우리는 크림전쟁 때처럼 또다시 군대를 보내 러시아와 싸우겠다!"라고 위협해 강제로 수용하게 만들었다.

물론 영국과 프랑스가 오스만제국을 불쌍하게 여겨서 러시아에 압력을 가한 것이 아니다. 영국은 러시아가 정복한 동유럽 영토를 오스만제국에 돌려주는 대신, 그때까지 오스만제국이 차지하고 있던 키프로스 섬을 자국의 영토로 날름 삼켜버렸으니까. 영국은 결코 정의의 사도가 아니었다. 그저 나약해진 오스만제국을 상대로 자국의 이익을 챙겨내려 한 교활한 제국주의 열강에 불과했다. 영국 입장에서도 변명의 여지는 있겠다.

"우리가 키프로스 섬을 가져간 것이 기분 나쁘다고? 하지만 그 대신 우리는 러시아가 정복했던 오스만제국의 동유럽 영토 대부분을 되찾아주지 않았느냐? 그게 싫다면 이스탄불 바깥의 영토가 전부 러시아 땅이 되어야 만족할 텐가?"

아무튼 오스만제국 입장에서는 매우 불쾌한 일이었다. 처음부터 대놓고 공격하는 강도보다 편들어주는 척하면서 재산을 털어가는 사기꾼이 더 밉지 않겠는가. 러시아-터키전쟁을 계기로 오스만제국은 서구 중심으로 지나치게 기울어진 방향에서 벗어나 자국의 이익을 최대한 살리는 방향으로 외교정책을 수정한다. 믿기 어려운 영국, 프랑스 대신 이들과 적대 관계이자 새로운 열강으로 부상하던 독일과 동맹을 맺는다.

반면 러시아는 크림전쟁에 이어 러시아-터키전쟁에서까지 두 번이나 영국의 봉쇄 정책에 발목을 잡히면서 남하 정책에 큰 지장을 받는다. 터키가 있는 서아시아 쪽으로 내려오는 길이 막히자, 그 대안으로 찾은 길이 바로 만주와 한반도였다. 그런데 이마저도 일본을 대리인으로 내세워 러시아를 막으려는 영국의 교묘한 술책으로 벌어진 러일전쟁(1904~1905)에 패배하면서 완전히 실패하고 만다. 세 번에 걸친 영국의 방해로 남하 정책이 좌절당하자, 러시아는 영국과의 패권 경쟁에서 밀렸음을 인정할 수밖에 없었다. 이후 러시아는 영국과 동맹을 맺고는 일시적으로나마 친서방 진영에 가담한다.

제1차 세계대전
서로 뒤바뀐 친서방과 반서방

제1차 세계대전은 제국주의 열강의 기득권 주자인 영국·프랑스와 후발 주자인 독일·오스트리아 사이의 대결이었다. 이 전쟁에서 러시아는 영국 편에 오스만제국은 독일 편에 가담했다. 두 나라는 크림전쟁이나 1877년 전쟁 때와는 동맹 상대가 달랐지만, 서로 전쟁을 치른다는 점은 같았다. 동맹국은 상황에 따라 달라질 뿐이었으나, 러시아의 남하 정책과 오스만제국의 국토 방어라는 근본적인 구도로 인해 전쟁을 할 수밖에 없는 상황이 지속됐기 때문이다.

그런데 제1차 세계대전에서는 러시아와 오스만제국 모두 패배하고 말았다. 두 나라는 동맹국에 배신당하거나, 동맹을 잘못 맺은 대가를 치러야 했다. 러시아에서는 낡고 부패한 전제 왕정에 반발한 국민이 공산주의 혁명을 일으켜 로마노프 왕조를 무너뜨렸다. 혁명군인 적군과 구세력인 백군 사이에 적백내전이 벌어진 것이다. 이 난리통에 어제의 동맹국이던 영국과 프랑스는 백군을 도와 공산주의 혁명을 진압한다는 평계를 내세우고 군대를 보내 러시아 영토를 침공했다. 불과 얼마 전까지 함께 어깨를 나란히 하고 싸웠던 동맹국이 하루아침에 침략군으로 변해버렸다. 국제사회가 얼마나 살벌하고 냉혹한지를 잘 보여주는 사례다.

오스만제국은 독일과 동맹을 맺고 영국·프랑스와 맞서 싸웠다. 그런데 독일이 항복하는 바람에 그만 오스만제국도 패전국으로 전락했다. 승전국인 영국과 프랑스에 의해 이라크와 시리아 등지의 영토가 분리 독립하면서 제국 자체가 무너지고 말았다(1922). 1299년에 건국된 오스만제국은 그렇게 해서 623년 만에 망했고, 술탄이 집권하는 전제 왕조 대신 터키공화국이 등장했다.

터키는 오스만제국보다 영토와 국력에서 훨씬 뒤떨어졌다. 그러나 뛰어난 지도자인 케말 파샤가 단행한 세속주의 서구화 개혁이 성공해, 그나마 서아시아의 이슬람 국가 가운데 거의 유일하게 서구 열강의 식민지가 되지 않고 독립 국가로서의 주권을 지켰다.

터키공화국의 초대 대통령인 케말 파샤.

공화정이 들어서고 나서도 터키의 가장 큰 적은 러시아를 계승한 소련이었다. 특히 공산주의 혁명을 세계에 전파하려고 했던 소련에 맞서다 보니, 자연히 터키는 강력한 반공주의 정책을 추진하게 됐다. 이 과정에서 크림전쟁 때처럼 영국과 프랑스 등의 서구와 다시 손을 잡는 친서방 외교를 펼쳤다.

1939년 제2차 세계대전이 발발했지만 이번에는 제1차 세계대전 때와는 달리 소련과 터키가 전쟁을 벌이지는 않았다. 소련은 나치 독일과 총력전을 벌이느라 터키까지 신경을 쓸 겨를이 없었다. 터키는 지난 제1차 세계대전 때 독일 편을 들었다가 나라가 멸망할 뻔한 위기를 겪은 탓에 히틀러의 동맹 제안을 끝까지 거부한 채 중립을 지켰다. 1945년 8월 15일 제2차 세계대전이 끝났지만, 터키는 전쟁의 소용돌이에 휩쓸리지 않고 자국을 안전하게 지킬 수 있었다. 제2차 세계대전이 다 끝날 때까지 소련도 터키를 건드리지 않았다. 애초에 터키가 목표도 아닌 데다가 독일과 일본이라는 강적과 싸우느라 터키와 전쟁할 여력도 없었기 때문이다. 결국 전통적 앙숙이었던 소련과 터키는 제2차 세계대전에서만큼은 서로에게 총을 겨누지 않았다.

냉전 시절의 소련과 터키
공산주의 종주국과 미국의 동맹국

제2차 세계대전이 끝나고 국제사회에는 중요한 변화가 있었다. '해가 지지 않는 제국'이라 불리며 국제정치를 좌우했던 영국이 패권국의 지위를 미국에 넘겨주었다. 터키는 재빨리 미국에 접근해

동맹국이 됐고, 미국이 주도하는 군사 기구인 나토에 가입해 소련의 침공을 방어하기 위해 미국은 물론 서유럽 국가와도 군사동맹을 맺었다. 크림전쟁 당시의 국제 질서가 또다시 재현된 셈이다.

미국과 소련이 전 세계적인 힘의 대결을 벌이던 냉전 시절, 터키는 지정학적으로 소련의 턱 밑에 겨누어진 단도와도 같았다. 이 때문에 소련을 겨냥한 미국의 핵미사일이 터키에 배치됐다. 1962년 7월 7일 쿠바의 카스트로가 자국에 소련 핵미사일 기지를 건설하겠다고 발표하자, 미국의 케네디 대통령은 쿠바에 소련 핵미사일이 배치된다면 미국은 소련과의 핵 전쟁도 불사하겠다며 크게 반발했다. 소련의 흐루쇼프 공산당 서기장은 미국이 터키에 배치한 핵미사일을 철거하면 소련도 쿠바에 핵미사일 기지를 건설하지 않겠다고 타협해 간신히 핵 전쟁 위기를 막은 일도 있었다.

하지만 여전히 터키는 소련의 남하를 막는 미국의 중요한 동맹국이었다. 2억 8,000만 명의 인구에 500만 명의 상비군을 가진 소련을 막기 위해 터키는 징병제를 실시했다. 1980년대까지 터키에는 군사독재 정권이 들어섰지만 미국은 이를 못 본 척하며 아무 문제도 삼지 않았다. 소련을 막는 중요한 동맹국인 터키의 내정에 간섭하지 않겠다는 이유에서였다. 미국이 입버릇처럼 내세웠던 민주주의와 인권보다 공산주의 소련과 상대하는 냉전 체제의 군사동맹이 더 중요했던 것이다.

소련 역시 미국과 터키의 군사동맹을 그저 두 손 놓고 가만히 쳐다보고만 있지는 않았다. 소련은 이라크, 시리아와 군사동맹을 유지하면서 터키를 견제했다. 특히 시리아가 중요했다. 소련은 시리아의 항구 타르투스에 소련 해군기지를 건설했고, 시리아의 아사드 독재 정권에 막대한 지원을 하면서 혹시 있을지 모를 미국의 침공으로부터 지켜주었다. 아사드는 비록 친소 성향에 독재자이기는 했지만, 철저히 세속주의에 입각한 세력이었다. 이 때문에 오늘날 알카에다나 이슬람국가 같은 이슬람원리주의 집단과 대립했고, 역설적으로 시리아 국민을 종교적으로 억죄지는 않았다.

그런데 1991년, 중요한 사건이 발생했다. 소련이 경제 파탄과 낡은 체제의 후유증에 시달리다 붕괴된 것이다. 그러자 터키를 둘러싼 국제 관계도 변했다. 소련이 사라진 마당에 터키의 군사적 중요성은 크게 떨어졌다. 사냥감이 없어지면 사냥개도 쓸모없어지는 것처럼 말이다. 미국은 더 이상 터키를 중요한 군사동맹국으로 여기지 않았다. 사우디아라비아에 배치한 미군 기지를 통해 마음대로 서아시아에서 군사작전을 전개하면서 터키를 홀대했다. 터키역시 언젠가 전쟁 한판 붙을 줄 알았던 소련이 무너지자, 더 이상군부독재 정권의 '필요성'이 사라지게 됐다. 터키는 정권이 군부에서 민간으로 넘어갔고 그렇게 형식적으로나마 민주주의 국가의 길을 걷게 됐다.

소련의 후계자인 러시아는 2000년대 들어 고유가 덕분에 다시경제 부흥에 성공하면서 강대국으로 떠올랐다. 곧 러시아와 터키사이에 다시 긴장감이 감돌았다. 러시아에서 분리 독립을 외치는체첸인들이 터키로 숨어들어 반러시아 활동을 벌이자, 러시아 첩보부 공작원들 역시 터키로 숨어들어 체첸인들을 암살했다. 이런 사건이 빈번해지자 터키 정부가 내정간섭이라며 러시아 정부에 항의하는 일도 있었다. 다만 크림전쟁이나 1877년 전쟁 때처럼 러시아와 터키가 직접 군사 대결을 벌이는 수준으로까지는 번지지 않았다. 소련 붕괴 이후 터키는 러시아와 경제 교류를 활발하게 계속해왔다. 두 나라의 1년 무역액은 1,000억 달러에 이를 정도로 서로 높은 의존도를 지니고 있다.

시리아 내전
그리고 러시아와 터키의 갈등

그러던 2011년 4월, 시리아 내전이 터지면서 러시아와 터키는 군사 대립으로까지 치달았다. 2011년부터 시리아의 아사드 정부는 "오직 알라만이 우리의 지배자다! 아사드는 물러가라!"라는 구호를 내세우는 이슬람원리주의 성향의 시리아 반군 및 이슬람국가와 치열한 전투를 벌이고 있었다. 이들의 배후가 다름 아닌 터키라는 의혹이 제기됐던 것이다. 2003년부터 집권하고 있는 터키의 에르도안(1954~) 대통령이 반군과 이슬람국가를 지원한다는 음모론까지 나돌았다. 에르도안은 옛 오스만제국의 영화를 되살리려는 국수주의자이자 케말 파샤가 정한 세속주의를 버리고 이슬람원리주의에 기댄 인물이다. 이런 에르도안이 자신과 종교적 성향이 통하

터키의 에르도안 대통령. 그는 옛 오스만제국의
영광을 되찾으려는 야심에 불타 있다.

는 반군과 이슬람국가를 지원해 시리아의 아사드 정부를 무너뜨린 다음, 시리아를 집어삼키려 한다는 소문이 퍼져나간 것이다. 게다가 강력한 군사력을 갖춘 터키가 왜 시리아 난민 때문에 비명을 지르면서도 정작 시리아 반군과 이슬람국가 제거에 적극적이지 않은가라는 비판 여론도 있었다.

이런 의혹이 돌자 에르도안은 "터무니없는 소리다. 터키는 시리아 반군, 이슬람국가와 아무런 관계도 없다. 우리가 그들을 지원한다는 말은 유언비어에 불과하다. 그리고 왜 우리 터키 병사들이 나서서 이슬람국가를 토벌해야 하는가? 우리 병사들의 죽음은 누가 책임질 텐가?"라며 강하게 부인했다.

그러나 러시아 정부는 "에르도안의 아들이 운영하는 회사가 시리아 반군과 이슬람국가가 파는 석유를 사들여 그들에게 자금 지원을 하고 있다!"라고 주장했다. 실제로 그런 장면이 찍힌 유튜브 화면을 증거 자료로 제시하며 터키를 압박했다.

여기에 2015년 10월 러시아의 푸틴 대통령이 시리아를 도와 서아시아를 안정시키겠다며 러시아군을 시리아로 파견했다. 시리아

에 도착한 러시아 공군은 반군
과 이슬람국가를 목표로 무려
5,000번이나 집중 폭격을 퍼부
어 그들에게 심각한 타격을 입
혔다. 한때 몰락 위기에까지 몰
렸던 시리아는 러시아의 도움
으로 다시 살아났고, 전세는 시
리아와 러시아에 유리하게 바
꿔었다.

러시아의 블라디미르 푸틴 대통령. 위대한 러시아
의 부활을 외치며, 2014년부터 우크라이나 사태로
인해 미국과 신냉전을 벌이고 있다.

그런데 2015년 11월 25일, 터
키 공군의 전투기가 시리아 반
군과 이슬람국가를 폭격하기 위해 비행하던 중 러시아 공군의 전
투기를 격추시켰다. 러시아군 조종사 두 명이 탈출했으나, 이들은
시리아에서 활동하던 투르크계 종족인 투르크멘 반군에게 사살당
하고 만다. 에르도안은 "러시아 전투기가 터키 영공을 침범해 격추
할 수밖에 없었다. 투르크멘 반군이 러시아군 조종사를 죽인 일도
정당하다!"라고 해명했다.

이에 분노한 푸틴은 터키에 경제 보복을 하겠다며 터키와의 교
류를 전면 중단할 것을 명령했다. 아울러 터키 또한 결코 무사하지
못하리라고 무서운 엄포를 놓았다. 에르도안은 "그래 봐야 하나도
안 무섭다!"라고 조롱했다. 푸틴은 터키를 러시아의 적대국으로
선언하며 터키와의 무역을 사실상 중단하는 초강경 대응으로 맞섰

다. 결국 러시아와 터키 두 나라의 관계는 1877년 러시아-터키전쟁 이후 최악의 상황으로 얼어붙었다. 당장에라도 두 나라가 대규모 전면전을 벌일 듯 살벌한 긴장감이 감돌았다.

2016년 6월 27일, 뜻밖의 일이 발생했다. 러시아군 조종사를 죽인 사건이 정당하다며 푸틴의 항의를 비웃던 에르도안이 갑자기 태도를 바꾼 것이다. 그는 푸틴에게 사과의 뜻을 전하며 살인자를 처벌하겠다고 자세를 낮췄다. 전혀 예기치 못한 일이었다. 위기 상황으로 치달았던 러시아와 터키 두 나라의 관계는 다시 방향을 틀게 됐다. 에르도안의 태도 변화를 놓고 "이제 그가 친미 일변도의 외교에서 벗어나려는 증거다"라는 의견이 있었다. 반면, 애초에 터키는 정치와 군사 면에서 미국에 철저하게 종속됐기 때문에 푸틴과 에르도안 사이의 화해 분위기는 오래가지 못할 것이라 여기는 의견도 있었다.

어느 의견이 맞을지는 아직 알 수 없다. 그러나 비록 지금 당장은 에르도안이 푸틴에게 웃음을 보인다고 해도, 러시아와 터키 두 나라의 관계가 계속 좋을 것이라고는 보기 힘들다. 푸틴은 시리아 정부를 지켜주기 위해 군대를 보냈고, 에르도안도 오스만제국 부활을 외치며 시리아에 계속 영향력을 행사하려고 한다. 그러자면 자연히 서로의 이해관계가 충돌하기 마련이기 때문이다.

아울러 터키는 나토에 가입한 상황이라 미국의 군사적 압박이나 요구에 따를 수밖에 없다. 만약 미국 정부가 터키더러 러시아와 전쟁을 벌이라고 강하게 압력을 가한다면, 에르도안이 거부할 수 있을지 의문이다.

　과연 터키가 앞으로 미국 등 친서방 일변도의 외교정책에서 벗어나 러시아와 손을 잡고 새로운 시대로 갈지, 아니면 다시 크림전쟁 때처럼 서구의 힘을 빌려 러시아와 충돌할지는 두고 봐야 할 일이다.

4_ 대륙과 해양 세력의 대결

한 세기에 걸친 초강대국들의 대결

미국 vs 러시아

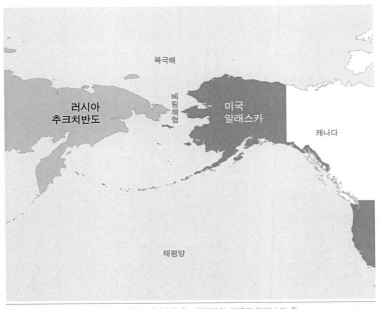

베링해협을 사이에 두고 마주보고 있는 러시아의 추크치반도와 미국의 알래스카 주.

위치 미국은 본래 섬나라인 영국의 식민지에서 탄생했기 때문에 국가 정책을 대륙이 아니라 섬의 위치에서 설계하고 있다. 미국은 줄곧 해양 국가의 입장을 지켜왔으며 세계경제가 해양 중심으로 돌아가기를 바란다. 따라서 미국은 러시아나 중국 같은 거대한 대륙 세력이 부상하는 것을 경계해 온갖 견제와 압박을 벌여왔다.

러시아는 유라시아 대륙 북쪽에 있다. 서쪽으로는 유럽, 남쪽으로는 중앙아시아, 동쪽으로는 동북아시아와 국경이 맞닿아 있다. 이러한 지정학적인 위치는 러시아의 힘이 강력하면 유럽과 아시아 두 지역으로 진출할 수 있는 장점이었던 반면, 힘이 약해지면 유럽과 아시아 양쪽에서 침략당할 수 있는 약점이기도 했다. 그래서 러시아인들은 언제나 외세의 침략에 경계심을 곤두세워왔다.

역사 러시아는 본래 우랄산맥 서쪽의 여러 작은 도시 국가의 집합체였다. 그러다 16세기 들어 모스크바대공국이 주도해 통일을 이뤘다. 곧장 동쪽 시베리아로 영토 확장에 나서, 몽골과 투르크 계통 원주민을 무력으로 정복했다. 19세기 초에는 베링해협을 넘어 알래스카와 캘리포니아 등 북미 대륙에까지 식민지를 두었다. 1860년대부터는 겨울에도 얼지 않는 항구를 찾아 나서는 남하 정책을 펴면서, 중국 청나라를 상대로 연해주와 신강新疆 이리伊犁 지역을 차지하는 등 동아시아로 진출하기 시작했다.

러시아의 지나친 팽창을 두려워한 영국과 미국 등 서구 열강은 러시아를 봉쇄하고 견제하려는 정책을 펴기 시작한다. 러일전쟁에서 영국과 미국은 일본을 도왔고, 러시아에서 적백내전이 일어나자 직접 군대를 보내 러시아를 침략했으며, 소련을 견제하기 위해 나치 독일을 지원했다. 나치가 패망하자 소련을 군사 및 경제적으로 압박하는 냉전 체제를 46년 동안 끌어간 끝에 결국 소련을 붕괴시키고 말았다.

소련 붕괴 이후에도 살아남은 러시아는 21세기 들어 국제 원유 가격이 상승하자 다시 경제 회복에 성공했다. 열강의 자리로 복귀한 것이다. 여세를 몰아, 2008년에는 조지아(그루지야)를 제압했고, 2014년에는 미국과 독일의 지원을 받은 우크라이나의 네오 나치 정권에 맞서 크림반도를 합병했다. 또 우크라이나 동부의 친러시아 분리주의 세력을 지원하면서, 친러시아 성향의 시리아 정부를 도와 미국이 지원하는 시리아 반군을 공습하는 등 미국과 새로운 냉전을 벌이고 있다.

종교 미국은 로마 교황을 수장으로 섬기는 가톨릭에 반대하는 개신교 일파인 청교도(퓨리탄)가 영국에서 건너와 세운 나라다. 당연히 개신교를 거의 국교처럼 신봉한다. 지금도 미국 대통령은 취임식에서 성경에 손을 올리고 맹세한다. 미국인은 무신론자가 대통령이 되는 것에 강하게 반대할 만큼 개신교 신앙이 강하다.

러시아도 미국처럼 서구 문명의 일원으로 역사를 시작했기 때문에 기독교 국가다. 다만 종파는 달라서 동로마로부터 전해져온 정교회를 믿는다. 정교회는 러시아와 1,000년이 넘는 세월을 함께

해오면서 러시아인의 민족 종교로 자리 잡았다.

언어 미국을 세운 핵심 집단은 영국에서 이주한 앵글로색슨 계열의 백인이다. 그러다 보니 자연스레 영어가 국어로 쓰이게 됐다. 물론 영국 이외의 다른 유럽 국가에서도 미국으로 이주한 사람이 많았으나, 이들은 미국 주류 사회에 서둘러 동화되기 위해 모국어를 버리고 영어를 받아들였다. 20세기 중반부터는 미국으로 이주하는 중남미 계열의 히스패닉이 많아지자 에스파냐어 사용자가 많아지고 있다.

러시아는 서기 9세기부터 공동체를 형성해온 대러시아인의 언어인 러시아어를 사용하고 있다. 러시아어는 러시아제국과 소련 시절, 러시아의 지배를 받던 다른 민족에게도 전파돼 카자흐스탄이나 우크라이나와 벨라루스 등에서는 러시아어가 중요한 언어로 남아 있다.

민족 미국이 다민족 국가라고는 하지만 지배 계층은 '백인이면서 앵글로색슨 계통의 개신교 신자'인 와스프WASP가 차지하고 있다. 오늘날에도 미국은 와스프와 여기에 동화된 백인 및 기타 혼혈 집단이 사회를 이끌어가는 나라다.

러시아는 동유럽의 백인계 종족인 슬라브족 중에서도 대러시아인이 주축을 이룬 나라다. 이들 대러시아인은 러시아제국이나 소련 그리고 현재 러시아연방에 이르기까지 늘 러시아를 지배하던 권력의 핵심에 있었다.

갈등 미국의 진정한 적수라고 하면 단연 소련을 꼽는다. 로마노프 전제 왕정을 무너뜨리고 등장한 세계 최초의 공산주의 국가였던 소련은 미국에는 크나큰 공포의 대상이었다. 미국을 지배하던 자본가들은 자국의 가난한 서민과 노동자가 소련의 공산주의에 매료돼 미국에서도 공산주의 혁명을 일으킬까 봐 두려워했다. 소련 공산주의 정권이 성립하자 미국은 소련을 타도하기 위해 1917년부터 1991년까지 거의 74년 동안 전 세계에서 소련을 상대로 한 봉쇄와 압박 정책을 벌였다. 심지어 1991년 소련이 무너진 뒤에도 혹시 소련이 다시 부활할까 싶어 소련을 계승한 러시아를 철저하게 약화시키려는 온갖 수단과 방법을 강구했다.

한편 소련 내부에서는 미국과 유럽 등 서방과 손을 잡자는 친서구파와 러시아가 발전하기 위해서는 중국과 인도 등 아시아 국가와 손을 잡아야 한다는 유라시아파 간의 심각한 갈등이 있었다. 그러다 1985년에 집권한 고르바초프는 서방과 화해하고 이들의 도움을 받아 저유가와 아프가니스탄 전쟁의 여파로 피폐해진 소련 경제를 회복하려고 했다. 그러나 고르바초프가 내민 손을 미국은 철저히 외면했다. 결국 서방의 도움을 받는 데 실패한 소련은 경제 파탄으로 붕괴해버렸다.

소련이 붕괴한 뒤 미국은 구소련의 공업 시설과 천연자원을 헐값에 사재기하고 반정부 조직에 자금을 지원해 러시아를 혼란에 빠뜨렸다. 그래서 이 시절(1990년대)을 기억하는 러시아인은 미국에 깊은 불신과 적개심을 품고 있다.

러일전쟁
미국과 러시아의 최초 대립

아시아와 북미 대륙에 터를 잡고 영토를 넓혀가던 러시아와 미국이 처음 대립 관계에 들어선 때는 1900년부터였다. 당시 중국 청나라가 의화단의 난에 휩쓸려 혼란에 빠지자, 러시아는 이 틈을 노려 오랜 숙원인 겨울에도 얼지 않는 따뜻한 항구가 있는 남쪽으로 영토를 넓힐 기회라고 여겨 남하 정책을 펼쳤다. 러시아는 청나라의 영토인 만주에 10만 군대를 보내 사실상 세력권에 넣었다.

미국은 러시아의 이런 행동을 불안하게 여겼다. 러시아가 만주를 손에 넣으면 다음은 만주와 맞닿은 조선이 러시아의 세력에 들어갈 수 있었다. 그러면 곧바로 일본이 불안해진다. 만약 일본마저 러시아에게 지배당한다면 그다음은 미국의 앞마당이라고 할 수 있는 태평양을 러시아가 거침없이 확보하게 될 판이었다. 그러다 보면 미국마저 위험해질 수 있었다.

미국은 영국과 함께 일본을 지원해 러시아를 견제하려는 정책을 폈다. 그 무렵 영국도 아시아에서 러시아가 인도양과 태평양으로 진출하지 못하게 막는 '그레이트 게임'을 벌이던 중이라, 영국 역시 미국과 손을 잡을 필요가 있었다. 그래서 일어난 사건이 바로 러시아와 일본이 싸운 러일전쟁(1904~1905)이다.

일본은 미국과 영국 세력을 등에 업고 싸웠기 때문에 유리할 수밖에 없었다. 반면 제대로 된 외부 지원을 받지 못하고 외교적으로

고립된 상태의 러시아는 당연
히 불리할 수밖에 없었다. 러시
아보다 경제력에서 뒤진 일본
이 러시아를 상대로 전쟁을 감
행할 수 있었던 것도 미국과 영
국이 일본 정부가 발행한 국채
를 매입해 경제적으로 일본을
지원해주었기 때문이다. 아울
러 영국은 자국이 생산한 막강
한 최신형 전함 네 척을 일본에
넘겨주었다. 이로 인해 일본의

미국의 25번째 대통령인 시어도어 루즈벨트. 그는
열렬한 제국주의자로 러시아의 팽창을 견제하기
위해 러일전쟁 때 일본을 전폭적으로 지원했다.

해군력은 러시아를 압도할 수 있었다.

　한편 미국과 영국은 전 세계를 상대로 일본을 찬양하고 러시아
를 깎아내리는 언론전을 폈다. 러시아 황제마저 여론전에 그만 속
는 바람에 러시아는 일본보다 훨씬 많은 군대와 막강한 국력을 갖
추고도 서둘러 종전 협상을 맺고, 끝내 패배하는 꼴이 되고 말았다.
이건 여담이지만, 러일전쟁에서 미국과 영국의 언론 기관이 보여
준 정보 조작은 그 뒤 양차 세계대전과 베트남전쟁, 걸프전쟁, 이라
크전쟁 등에서도 그대로 이어졌다. 심지어 2014년부터 시작된 미
국의 러시아 경제 제재에도 계속됐다.

　러일전쟁은 일본의 승리로 끝났다. 미국이 일본을 이용해 러시
아를 봉쇄하는 데 성공한 것이다. 일본을 미국의 동북아 정책의 대

리인으로 내세워 중국과 러시아 등 아시아 내륙을 지배하는 강대국이 태평양으로 진출하는 것을 막으려는 미국의 이러한 정책은 21세기인 지금까지도 변함이 없다.

러일전쟁으로 러시아의 기세를 꺾어놓기는 했지만 러시아는 여전히 북아시아 대륙을 지배하는 강대국으로 남아 있었다. 이 점이 미국의 마음에 여전히 걸렸다. 러시아가 혼란스러운 내정을 극복하고 국력을 튼실하게 갖추게 되면 다시 태평양으로 진출하려 들지 모르기 때문이었다. 그래서 미국은 일본과 1905년 7월 가쓰라-태프트밀약을 맺어 일본이 조선의 외교권을 차지하는 것을 인정했다. 1908년 11월에는 루트-다카히라밀약을 맺어 3년 전에 맺은 가쓰라-태프트밀약을 다시 확인해주었다. 결국 이 두 협정은 일본이 조선을 식민지로 삼는 짓을 미국이 사실상 승인해준 것이나 다름없었다. 미국으로서는 일본이 조선을 집어삼키고 더 힘을 길러 자국 대신 러시아가 태평양으로 나오지 못하도록 봉쇄하기를 원했기 때문이다.

이처럼 일본을 이용해 러시아를 견제하고 압박하는 미국의 동북아 외교 전술은 20세기에만 국한된 것이 아니다. 오늘날에도 미국은 여전히 일본의 '군사대국화'를 지지하며 일본이 자국을 대신해주기를 바라고 있다.

적백내전

공산주의와 봉건주의의 대립

1917년 러시아는 공산주의 세력인 적군과 봉건주의 세력인 백군, 두 진영으로 갈라져 내전을 벌였다. 이 틈을 노린 미국은 영국, 프랑스, 일본 등 다른 자본주의 국가와 함께 공산주의 세력을 물리치기 위해 백군을 돕는다는 명분을 내걸고 시베리아에 1만 5,000명의 미군을 보냈다. 그러나 백군은 오합지졸이었다. 반면 적군은 농민과 노동자를 중심으로 이루어진 무려 500만 대군이었다. 제아무리 첨단 무기로 무장한 미군이라도 이렇게 많은 적을 상대로 싸워이길 수는 없었다. 결국 미군은 시베리아에 주둔한 지 3년 만에 본국으로 철수했다. 러시아는 공산주의 정당인 볼셰비키가 장악해 소련으로 탈바꿈했다.

적백내전의 경험 탓에 러시아는 미국을 포함한 외세에 대한 경계심이 한층 강화됐다. 약한 모습을 보였다가는 다른 나라가 쳐들어와 자국을 멸망시킬 수 있다는 두려움을 품은 것이다. 이런 우려는 적백내전 이후에 제2차 세계대전이 터지면서 현실로 나타났다.

한편 적백내전이 끝나고 나서 1929년, 미국에서는 경제대공황이 발생해 전 세계에 영향을 미쳤다. 수많은 기업이 파산하고 증시가 폭락했다. 돈을 잃은 수많은 사람이 자살하고 물건이 팔리지 않아 불태워버리는 일이 비일비재했다. 당시 자본주의 체제는 심각하게 타격을 받았다.

놀랍게도 소련은 경제대공황의 피해를 거의 입지 않았다. 이는 소련이 자본주의가 아니라 공산주의 체제 국가였기 때문이다. 1930년대에 들어서 스탈린이 추진한 공업화 정책이 큰 결실을 맺어, 농업국에서 공업국으로 전환하는 데에도 성공했다. 1930년대 소련의 연평균 경제성장률은 약 25퍼센트를 맴돌았는데, 이는 경제대공황으로 경기 침체에 빠진 미국보다 훨씬 높은 수치였다. 한때 경제대공황의 여파에 시달리던 미국인에게 소련과 공산주의는 희망의 빛으로까지 여겨지기도 했다. 지금은 상상도 할 수 없는 일이지만 1920년대에서 1930년대까지 미국 지식인들은 너도나도 소련을 찬양하는 일에 열성적이었다.

1929년 미국의 시사 잡지인《더네이션》의 편집장은 소련을 "현재까지의 인류 역사상 가장 훌륭한 실험이 벌어지고 있는 곳이다"라고 칭송했다. 2년 뒤인 1931년《더네이션》의 모스크바 특파원은 "세계를 휩쓴 경제 위기도 소련에는 도저히 영향을 끼칠 수 없다. 소련은 마치 혼란과 악으로부터 보호를 받고 있는 성역과 같다. 외부 세계에서는 은행들이 문을 닫고 실업자가 쏟아져 나오고 있지만, 소련에서는 눈부신 발전이 줄을 잇고 있다"라며 극찬했다. 아울러 미국의 대표 신문《뉴욕타임스》에 소련에서 외국인 노동자를 모집한다는 기사가 실리자, 미국인 실업자들이 일자리를 찾으러 미국 주재 소련 공관으로 몰려드는 일도 있었다. 당시 경제대공황을 맞아 미국의 실업률은 공식 집계로만 무려 25퍼센트에 달했다. 다른 시사 주간지《뉴리퍼블릭》의 문예 담당 편집장은 소련을 방문했을 때의 소감을 이렇게 말했다.

"전 세계를 통틀어 영원히 빛나는 도덕의 최고봉에 오른 듯한 감동을 받았다. 모든 국민은 병원에서 무상으로 약과 치료를 받고, 과학기술은 나날이 발전하며, 경제는 매일같이 높은 성장을 기록하고 있다."

이건 여담이지만 해방 직후 한국에서도 절대 다수인 77퍼센트의 국민이 한국이 가져야 할 정치체제로 사회주의와 공산주의를 꼽았다(《동아일보》 1946년 8월 13일자). 일제의 폭압과 착취에 시달리며 가난에 찌든 한국인에게 농민과 노동자를 위해 토지를 무상으로 나눠준다는 사회주의 체제는 무척이나 매력적이었기 때문이다. 그만큼 초창기 한국에서 사회주의 이미지는 매우 긍정적이었다.

아무튼, 미국의 지배층에게 자국민이 가상 적국인 소련과 공산주의를 찬양하는 현실은 굉장히 위험하게 비추어졌다. 자칫 미국의 극심한 빈부 격차에 불만을 느낀 국민이 러시아에서처럼 부자와 권력자를 타도하자는 공산주의 혁명을 일으킬까 봐 두려웠던 것이다. 이런 위험을 미리 막는 방법은 두 가지였다. 하나는 공산주의자를 철저히 탄압하는 일이고, 또 하나는 세계 공산주의의 총본산인 소련을 압박해 공산주의 자체를 무너뜨리는 일이었다.

미국 정부와 대기업, 언론은 1930년대 중반부터 공산주의에 반대하는 반공을 선전하게 된다. 또 노동자들의 모임인 노동조합들을 탄압해갔다. 반공 운동은 1950년대 미국의 공산주의자 고발 열풍인 '매카시즘'으로 절정을 맞았다.

아울러 미국 자본가들은 자국 대신 소련과 싸워줄 상대로 독일
을 골랐다. 특히 강경한 반공 노선을 걷던 나치 히틀러가 그 대상
이 됐다. 흔히 알려진 바와는 달리, 히틀러와 나치당의 고위 인사들
은 미국이나 영국 등 서방을 결코 증오하거나 파괴하려 들지 않았
다. 히틀러가 정말로 증오하고 파괴하려 했던 상대는 바로 소련의
공산주의 정권이었다. 이 점에서 히틀러와 미국 자본가들은 이해
관계가 일치했던 셈이다.

미국의 자본가들이 나치를 전폭적으로 지원한 사례는 매우 많
다. 한 예로 미국의 대기업인 포드 자동차 회사의 헨리 포드 회장은
1920년대부터 히틀러가 치르는 선거에 총 7만 5,000달러를 지원
했다. 이 덕분에 히틀러는 자금 걱정을 상당 부분 덜고 집권에 성
공할 수 있었다. 또한 1937년부터 포드 자동차 회사의 독일 지사는
독일군에 납품하는 트럭을 만
들었다.

포드와 같은 미국의 자동차
회사인 제너럴모터스GM는 독일
의 자동차 회사인 아담 오펠을
1931년에 사들였는데, 이 회사
는 독일 공군이 사용하는 전투
기와 폭격기 생산에 적극 참여
하고 있었다. 달리 말해서, GM
이 인수한 회사가 독일군의 무

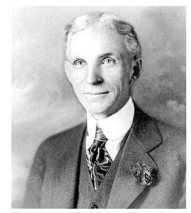

포드 자동차 회사의 창업자인 헨리 포드

기를 대주는 데 관여했던 것이다. GM 회장인 앨프레드 슬론은 "독일이 벌이는 전쟁은 우리에게 크게 이득이 된다"라고 말했다.

나치 독일과 거래한 미국 기업은 제2차 세계대전 무렵에 250여 개에 달했다. 이들은 독일에 4억 5,000만 달러의 자산을 보유했다. 이 가운데 58.5퍼센트는 스탠더드오일과 IT&T, 코카콜라, 웨스팅하우스, 유나이티드 프루트 컴퍼니 등 미국의 상위 열 개 대기업이었다. 이들 기업의 충실한 대행인이 바로 설리번앤크롬웰과 국제결제은행BIS이었다. 이들은 나치가 유럽 각지에서 빼앗은 금괴를 보관해주는 대가로 나치 독일에게 금융 서비스를 제공하고 현금을 마련할 수 있도록 도와주었다.

여기까지 보면 알겠지만, 사실상 나치는 미국이 키워낸 괴물이었던 셈이다. 만약 미국 자본가들이 전폭적인 지원을 해주지 않았다면 히틀러는 결코 집권할 수도 없었을 것이고, 집권했다고 하더라도 제2차 세계대전을 일으킬 여력이 없었으리라.

그런데 한 가지 의문이 든다. 제2차 세계대전 와중인 1942년부터 미국은 나치와 싸우는 소련에 '랜드리스Lend-Lease'라는 이름으로 막대한 보급 지원을 해주었다. 미국의 지배층이 싫어하고 두려워한 공산주의 국가인 소련에 말이다. 도대체 이 일을 어떻게 해석해야 할까?

해답은 독일과 소련을 바라보는 미국의 시각에 있다. 소련이야 당연히 자본주의 국가인 미국이 싫어할 수밖에 없었지만, 독일 역시 미국이 소련을 견제하기 위해 움직이는 '장기말'에 불과했다.

소련이 독일과 싸워 피를 흘리고 상처를 입어 약화되면 미국에 좋지만, 독일이 소련을 완전히 이기면 곤란하다. 만약 나치 독일이 소련을 완전히 정복한다면 소련의 거대한 영토와 풍부한 자원은 모두 독일이 차지하게 될 것이다. 그러면 나치의 힘이 커져 더 이상 미국이 원하는 대로 따르지 않을 것이다. 이런 이유로 미국은 나치가 소련에 치명적인 타격을 입히는 정도까지만 바랐다. 건국 이래 미국이 가장 꺼린 상황은 동맹국이든 적국이든 다른 나라가 자국과 동등한 수준의 힘을 갖는 것이었다.

미국의 전략은 실제로 대성공이었다. 독일은 소련과의 전쟁에서 끝내 패하고 국토가 동서로 분단됐다. 한때 유럽을 제패했던 강대국의 자리에서 추락해 사실상 미국의 지배를 받는 신세로 전락한 것이다. 독일과의 전쟁에서 승리했지만 소련 역시 2,500만 명이 죽었고 전체 공업 시설의 3분의 1이 파괴되는 엄청난 피해를 입었다. 이 영향으로 제2차 세계대전 이후 소련은 미국을 위협할 지위를 갖지 못하고, 오히려 미국의 압박을 두려워해야 하는 처지가 되고 말았다.

냉전
미국과 소련의 무한 경쟁

1945년 8월 15일, 제2차 세계대전은 끝났지만 기미 독립선언서에서 말한 "도의의 시대" 같은 건 오지 않았다. 미국과 소련이 주도하는 자본주의와 공산주의 진영의 대결인 냉전이 시작됐을 뿐이다.

그러나 미국과 소련은 제2차 세계대전 때처럼 직접 나서서 대규모의 전면전을 벌이지는 않았다. 전쟁 직전까지 간 상황은 여러 번 있었지만(1962년의 쿠바 핵 위기와 우발적 핵 전쟁 등), 결국 두 나라는 타협하며 전쟁 위기를 넘겼다. 서로를 극도로 혐오하고 증오한 두 나라가 막대한 군비를 들여 엄청난 무장을 했음에도 왜 끝내 전쟁에 돌입하지 않았을까? 그 이유는 양쪽 모두 핵무기를 갖고 있었기 때문이다. 전쟁을 벌였다가는 핵 전쟁으로 확산돼 결국 공멸한다는 공포심이 있었다.

그렇다고 두 나라가 평화롭게 공존하려고 한 것은 결코 아니었다. 비록 직접 전쟁은 벌이지 않았어도, 미국과 소련은 상대보다 더 많고 강력한 군대를 갖추어야 상대를 압박해 굴복시킬 수 있다고 믿었기에, 냉전이 끝날 때까지 군비 확장을 멈추지 않았다. 1960년, 미국은 전체 국가 예산인 810억 달러 가운데 무려 59퍼센트를 국방비에 썼을 정도였다. 명색이 민주주의 국가라면서 국가 예산의 절반 이상을 군비에 들였으니, 미국이 냉전 기간 동안 얼마나 군사력 증강에 몰두했는지 알 수 있다. 소련 역시 군비 증강에 매진했는데, 미국에 비해 경제 규모가 3분의 1 수준이었으면서도 미국이 가진 2만 9,000여 개의 핵무기보다 더 많은 3만 7,000여 개의 핵무기를 만들었다.

한편, 미국과 소련은 전 세계에서 서로의 진영이 세력을 확장하지 못하도록 압박과 봉쇄를 하면서 대리전을 치렀다. 대표적으로 6·25전쟁(1950~1953)과 베트남전쟁(1965~1975), 소련-아프가니스탄전쟁(1979~1989)을 들 수 있다. 공교롭게도 이 세 전쟁에 직접 참전할 때마다 미국과 소련은 막대한 피해를 입었다.

소련이 미국을 함정에 빠뜨리기 위해 조정한 전쟁이 6·25전쟁과 베트남전쟁이다. 이 두 전쟁에 직접 개입한 미국은 나쁜 결과를 내어 세계 최강대국으로서의 위신에 큰 상처를 입었다. 6·25전쟁에서는 중국군에 밀려 승리하지 못했고, 베트남전쟁에서는 10년 동안 제2차 세계대전 때보다 더 많은 폭격을 했음에도 불구하고 끝내 패배해 물러나고 말았다. 만약 미국이 국제 기축통화인 달러의 무제한 발권력이 없었다면, 아마 국가가 파산 위기에 처했을지 모른다.

베트남에서 물러난 미국은 소련이 한 공작을 그대로 소련에 되돌려준다. 바로 아프가니스탄전쟁이었다. 훗날 이 전쟁은 미국이 소련을 몰락시키기 위해 설치한 '아프가니스탄 트랩'이라고도 불린다. 실제로 아프가니스탄전쟁으로 인해 소련은 막대한 군사비를 지출하고 끝내 파산 상황에 몰리게 된다.

아프가니스탄에서 쿠데타로 집권한 친소 공산주의 정권은 독실한 무슬림인 국민들의 저항에 부딪치자 소련에 도움을 요청했다. 아프가니스탄은 중앙아시아 중심에 있는 요충지인 데다, 아프가니스탄을 완전히 제압하면 파키스탄과 이란 등 인도양으로 가는 길목도 확보할 수 있었다. 그래서 소련은 아프가니스탄에 세워진 공산주의 정권을 보호하고자 소련-아프가니스탄전쟁에 참전했다. 하지만 이 결정은 소련을 무덤으로 내몰았다.

아프가니스탄은 국토의 대부분이 해발 7,000미터에 달하는 높고 험준한 고산지대라 평평한 지형에서 싸우는 데 알맞은 소련군 탱크들이 위력을 제대로 발휘할 수 없었다. 또한 아프가니스탄 국민의 절대 다수는 무신론 국가인 소련을 적이라고 판단해 소련에 철저하게 비협조적이거나 적대적이었다. 아울러 아프가니스탄의 반소 저항군인 무자헤딘을 돕기 위해 전 세계에서 수많은 무슬림이 아프가니스탄으로 몰려왔다. 이들이 소련군에 맞서 싸우자 소련군은 수적으로도 열세에 놓였다.

미국 또한 소련의 헬리콥터와 군용기에 치명적인 무기인 스팅어 지대공 미사일을 아프가니스탄 저항군에게 대규모로 지원해주었다. 스팅어 미사일로 무장한 아프가니스탄 저항군은 아프가니스탄의 험준한 산악 지형에 숨어 있다가, 지나가는 소련의 헬기와 비행기를 향해 스팅어 미사일을 발사해서 격추시켰다. 설령 격추에 실패한다고 해도 재빨리 산이나 골짜기를 타고 도망가버리면, 지형을 잘 모르는 소련군이 이들을 쫓아갈 수도 붙잡을 수도 없었다. 게다가 미국이 공짜로 주는 스팅어 미사일을 버려도 아까울 게 없었다.

스팅어 미사일은 소련-아프가니스탄전쟁의 판도를 완전히 뒤바꿔놓았다. 소련 군사령부는 아프가니스탄의 험준한 지형 탓에 헬기나 비행기를 통해 공중으로 물자를 보급하고 있었다. 그런데

스팅어 지대공 미사일을 발사하고 있는 미군 병사. 미군이 아프가니스탄 저항군들에게 지원한 스팅어 지대공 미사일은 소련 공군에게 막대한 피해를 입혔다.

스팅어 미사일 때문에 번번이 헬기와 비행기가 격추당하자 공중
보급이 어려워졌다. 소련군 병사들은 식량과 물자를 제대로 공급
받지 못해서 매우 곤궁해졌다. 소련 공군의 조종사들 역시 비행할
때마다 격추당할까 봐 불안함과 초조함에 시달려야 했다. 계속해
서 사상자와 전쟁 비용이 늘어나자 소련 정부는 재정에 막대한 피
해를 입었다.

아프가니스탄 트랩과 더불어 1980년대에 들어서 미국이 소련
을 궁지로 몰기 위해 벌인 전략이 하나 더 있었다. 바로 저유가 공
세였다. 미국은 사우디아라비아와 카타르 등 서아시아 석유 수출
국 기구인 오펙OPEC에 석유 가격을 낮추라고 지시했다. 모든 석유
결제를 미국 화폐인 달러로 결제하는 서아시아 산유국들은 이 요

구에 따를 수밖에 없었다. 그러자 국제 원유 가격이 모두 떨어졌다. 국가 경제의 수익 대부분을 석유 수출로 벌고 있던 소련은 유가가 하락하자 막대한 경제적 손해를 입었다. 아프가니스탄 트랩과 저유가 전략으로 인해 소련은 사실상 미국과의 체제 경쟁인 냉전에서 몰리게 됐다.

소련의 승부수
친미파 인사, 고르바초프의 후회

미국의 계략에 걸려 나날이 피폐해지던 소련은 1985년, 과감한 승부수를 띄웠다. 고령의 소련 지도부 인사들보다 비교적 젊었던 54세의 고르바초프(1931~)를 새로운 지도자로 내세웠던 것이다. 고르바초프는 이전 지도자들과는 정반대로 더 이상 미국과 군사적 대립을 하지 말고 평화적으로 공존해야 한다는 생각을 지닌 친미파 인사였다. 만약 스탈린이 살아 있던 1950년대에 고르바초프와 같은

소련의 6대 공산당 서기장인 고르바초프. 그는 개혁개방을 추진했으나 미국의 지원을 받아내지 못해 실패하고 말았다.

주장을 한 사람이 있었다면, 그는 반동분자로 몰려 처형되거나 강제 수용소로 보내졌을 것이다. 그러나 1985년의 소련은 경제가 거의 파탄 직전이었다. 고르바초프 같은 친미파 인사를 국가원수로 내세워야 했을 만큼 상황이 다급했다.

고르바초프를 한마디로 요약하자면, 모범생 콤플렉스의 말기 환자였다. 그는 집권하자 이런 발언을 남겼다.

"지금까지 우리 소련은 국제사회를 대상으로 너무나 일방적인 횡포를 일삼았습니다. 외국인들은 소련을 두려운 적으로 여겨왔고, 우리는 세계에 아무런 친구가 없었습니다. 이제 더 이상 그런 식으로는 안 됩니다. 우리가 예의 바르고 법과 도덕을 지키며 산다면, 전 세계 외국인도 우리를 좋게 볼 것이고 우리를 우호적으로 대접해줄 것입니다."

고르바초프는 그 유명한 페레스트로이카(개혁)와 글라스노스트 (개방)라는 이름 아래 소련에 자본주의 제도를 도입하는 실험을 급진적으로 시작했다. 이 과감한 시도를 두고 미국과 유럽 등 서방 각국은 고르바초프를 평화의 사자라며 찬양했다. 마침 한국에서도 페레스트로이카 정책이 중요하게 보도돼 한국인도 고르바초프를 긍정적으로 여겼다.

명색이 공산주의의 종주국인 초강대국 소련의 지도자가 자존심도 접어두고 적국인 미국의 자본주의 제도를 받아들이려는 등 유화적인 태도를 보인 데에는 그 나름대로 이유가 있었다. 그는 미국의 호감을 사서 미국의 경제 지원을 받아 파탄 직전에 놓인 소련 경제를 회복시키고 싶었다. 심지어 고르바초프는 미국이 소련이 가진 3만 7,000여 개의 핵무기를 두려워한다는 사실을 알고는 "세계 평화를 위해 미국과 소련 두 나라가 모든 핵무기를 완전히 없애 버립시다"라는 과감한 제안을 하기도 했다.

그러나 '내가 착하게 살면, 남들이 나를 좋아하고 도와주겠지'라는 고르바초프의 소망은 완전히 빗나갔다. 미국은 고르바초프를 평화의 사자라며 칭송했지만 제2차 세계대전 이후 서유럽에 막대한 돈을 쏟아부어 유럽 경제를 부흥시킨 마셜플랜(유럽 부흥 계획) 같은 대규모의 경제 지원에는 전혀 나서지 않았다. 고르바초프가 "핵무기를 모두 없앨 테니 제발 소련에 경제 지원을 해주십시오. 지금 소련 국민은 경제난과 궁핍함으로 너무 힘듭니다"라고 간절히 호소해도 미국 정부는 아무런 도움을 주지 않고 침묵으로 일관했다. 미국은 그저 소련이 급진적 개혁 정책의 부작용으로 혼란에 빠져 더욱 약해지기만을 바랐을 뿐이다. 좋게 말하면 고르바초프는 너무나 순진했고, 냉정하게 말하면 서로 잡아먹고 먹히는 국제 사회가 얼마나 살벌한 가를 전혀 몰랐던 바보였다.

미국 정부 오, 불쌍한 소련이여. 40년 넘게 냉전을 벌였던 우리한테까지 돈을 달라고 손을 벌리는군. 참으로 가련할 뿐이야. 하지만 그렇게는 할 수 없어. 우리가 바보인 줄 아나? 누구 좋으라고 소련에 경제 지원을 해준다는 거야? 그래서 소련이 다시 살아나면, 우리로서는 건강해진 소련을 상대하기가 어려워진단 말이야. 그러다가 강해진 적에게 내 목

이 달아나면, 그게 얼마나 멍청
한 망신거리겠는가? 우리가 미
치지 않는 이상 그런 일은 절대
없어. 고르바초프와 소련이여,
당신들은 이제 그만 사라져줘야
겠어. 하하하!

미국으로부터 돈을 얻어내지
못한 고르바초프는 서유럽, 일
본, 중국 등 다른 나라를 상대로
손을 벌렸다. 그러나 돌아온 것
은 빈손뿐이었다. 서유럽과 일

1987년 12월 7일 미국 대통령 레이건과 만나는 고
르바초프. 레이건은 고르바초프가 애타게 바란 대
규모의 경제 지원에는 침묵했다.

본은 미국을 맹주로 하는 반공 진영에 속한 관계로 미국의 눈치를
보느라 소련에 경제 지원을 하기 꺼려했다. 중국은 소련과 1960년
대에 벌인 국경분쟁 탓에 소련이 경제 지원을 받아 살아나면, 행여
소련과 다시 마찰을 빚게 될까 봐 소련을 돕지 않았다.

외부의 도움을 받지 못하자, 고르바초프는 소련 자체만으로 자
본을 마련하기 위해 자본주의적 개혁 정책을 서둘러 시행하려 했
다. 그러나 이 역시 난관에 부딪쳤다. 1917년 공산주의 혁명 이후
약 70년 동안 국가가 통제하는 계획경제 체제에서 살아온 소련인
은 갑자기 자유방임적 자본주의 경제 체제에서 살아가라는 고르바
초프의 말을 도저히 이해할 수도 따를 수도 없었다.

고르바초프가 소련인의 반감을 사게 된 계기가 하나 더 있다. 금욕적 성격을 지닌 고르바초프는 평소부터 소련인이 보드카를 포함한 술을 많이 마시는 것을 나쁘게 보았다. 그는 집권하고 나자 곧바로 전국에 금주령을 내렸다.

"우리 소련 국민은 술을 너무 많이 마십니다. 그래서 건강을 해치고 범죄를 저지르게 됩니다. 이건 매우 부끄러운 일입니다. 자고로 술은 사람을 병들게 하고 나라를 망치는 요물입니다. 앞으로는 국민이 술에 취해 살지 못하게 국가가 나서서 막겠습니다."

술을 싫어했던 고르바초프는 소련인이 즐겨 마시는 보드카뿐만 아니라 그보다 도수가 약한 포도주 같은 술도 모두 금주령 대상에 포함했다. 소련 전국 각지의 매장에서는 보드카를 비롯한 도수가 높은 술이 모조리 상품 진열대에서 치워져 폐기 처분됐다. 농촌에서는 포도밭을 트랙터로 갈아엎었고 결혼식장에서도 보드카 대신 케피르(러시아의 전통 요거트)를 마시라고 지시했다. TV 방송사에서는 고르바초프의 금주 정책을 찬양하며 아나운서들도 시청자들을 상대로 술을 끊고 케피르를 마시라고 권장했다.

하지만 고르바초프가 내린 금주령은 역효과만 냈다. 여태까지 술을 즐겨 마시던 사람이 갑자기 술을 못 구하게 됐다고 술을 끊을리가 없었다. 무슨 일이 있어도 술을 마시려는 사람들은 밀가루나 빵, 화장수 등으로 밀주를 만들어서 마시고 팔았다. 금주령 기간 동안 소련의 암시장에서는 온갖 재료로 만들어진 밀주가 불티나게 팔렸다. 그러나 개인이 만든 밀주는 사람들의 건강을 크게 해치고

모스크바의 보드카 진열대. 고르바초프는 보드카를 못마땅하게 여겨 금주령을 내렸다.

심지어 사망에 이르게까지 했다. 참으로 아이러니하게도 고르바초프가 소련 국민의 건강을 생각해서 시행한 금주령이 오히려 소련 국민의 건강을 더 해치는 꼴이 돼버린 셈이다. 분노한 소련 국민은 원망을 토해냈다.

"고르바초프는 우리에게 자유를 준다면서, 막상 우리한테서 술을 마시는 자유마저 빼앗아가고 있다! 이게 무슨 자유란 말인가. 고르바초프야말로 거짓말쟁이에 사기꾼이고 살인마다!"

수많은 소련 국민의 원성을 산 금주령 이외에도 고르바초프가 저지른 결정적인 실책은 아프가니스탄전쟁을 4년이나 더 끌었다는 점이었다. 아프가니스탄의 공산주의 정권을 보호하기 위해 1979년부터 소련이 개입하며 시작한 소련-아프가니스탄전쟁은 처음부터 패배가 예고된 것이나 다름없었다. 전쟁이 길어지자 소련 정부가 들이는 전쟁 비용은 눈덩이처럼 불어났다.

고르바초프도 아프가니스탄전쟁이 소련 경제에 큰 부담으로 작용한다는 사실은 알고 있었다. 그가 취할 수 있는 가장 좋은 방법은 하루라도 빨리 아프가니스탄에서 소련군을 철수시키는 일이었다. 하지만 그는 그렇게 하지 못했다. 전쟁이 길어지면서 발언권이 강해진 소련 군부를 고르바초프가 제대로 통제하지 못했기 때문이다. 자칫 군부를 강하게 억죄다가 쿠데타가 일어날까 봐 두려워하고 있었다.

고르바초프는 소련 군부의 눈치를 보면서 아무 의미도 없는 아프가니스탄 전쟁을 4년이나 더 끌었고, 소련 경제는 더더욱 비틀거릴 수밖에 없었다. 더 이상의 군비 지출을 감당할 수 없었던 소련 정부가 1989년, 아프가니스탄에서 소련군을 철수시켰을 때는 이미 소련 경제가 회생 불가능할 정도로 망가져 있었다.

외부의 지원도 독자적인 재활도 못 하고 악화일로를 걷던 경제 문제로 인해 결국 소련은 아프가니스탄전쟁이 끝난 지 불과 2년 뒤인 1991년, 마침내 연방 해체를 선언하고 무너져버렸다. 그러자 1985년 고르바초프가 취임했을 때 그를 가리켜 "자유의 화신"이라고 극찬한 국민들은 1991년에는 "고르바초프는 미국의 지시를 받아서 일부러 소련을 망하게 한 매국노다!"라고 저주했다.

소련 국민들의 분노에는 타당성이 있었다. 소련이 건재하던 시절에는 주택, 의료, 교육, 대중교통 등 모든 것을 정부에서 무료로 제공했다. 직장도 정부에서 알선해 평범한 노동자라면 공장에서

30년을 근무하고 공장장이 돼 은퇴하는 식으로 안정적인 삶을 살 수 있었다. 그런데 1991년 소련이 망하고 나자 이러한 혜택이 한순간에 사라져버렸다.

소련인들은 국가의 도움을 전혀 받지 못하고, 글자 그대로 알몸 상태로 잔혹한 자본주의 체제의 생존경쟁에 내던져졌다. 의료보험이 중단돼 약값과 수술비가 수십 배로 뛰어올라 병든 사람은 병원이나 약국에 가지도 못하고 죽어갔다. 수많은 공장이 문을 닫아 하루아침에 실업자가 된 사람은 아무런 희망도 없이 길거리에 나앉아 노숙자로 굶어 죽었다. 상점에는 물건이 모두 동나서 돈을 줘도 물건을 구할 수 없었다. 정부의 보조지원금이 끊기자 여학생들은 학비를 벌기 위해 외국인을 상대로 매춘에 나서야만 했다.

이런 지옥 같은 현실을 불러온 책임은 상당 부분 급진적이고 무모한 자본주의 체제의 도입을 추진한 고르바초프에게 있었다. 비록 그가 냉전 종식에 큰 역할을 했다고 해서 노벨 평화상을 받았지만, 그 상이 소련 붕괴로 엄청난 고통과 혼란을 겪은 소련 국민에게 무슨 도움이 됐겠는가? 고르바초프가 선량한 인물이라고 해도, 자신 탓에 국민이 고통을 받아야 했기에 어리석고 무능한 인물로 간주돼 비판을 받을 수밖에.

신냉전
부활하는 러시아, 그리고 미국

고르바초프는 나날이 높아가던 소련 국민의 원성을 이기지 못하고 1991년 권좌에서 물러났다. 하지만 고르바초프의 후임자인 옐친은 오만하고 무능력한 알콜 중독자였다. 옐친이 집권하던 1991년부터 1999년까지 러시아는 최악의 위기를 겪었다. 옐친이 미국식 자본주의 체제를 러시아에 성급히 도입하려 했다가 그 부작용으로 수많은 실업자와 경제 파탄을 초래했던 것이다.

1990년대에 러시아가 겪은 고난이 하나 더 있다. 제정러시아 시절부터 러시아의 지배를 받아왔던 소수민족인 체첸이 독립을 선언했다. 이를 진압하려 나선 러시아군이 졸전의 연속 끝에 패배하면서 초강대국의 위신마저 큰 타격을 입었던 것이다.

실정이 계속되자 국민의 원성이 높아갔다. 이 무렵 옐친은 돌연 자신의 후계자를 지정하고 그에게 권력을 넘겨준다. 그가 바로 현재까지 러시아의 대통령인 푸틴이다. 이 일은 옐친이 한 일 가운데 유일하게 업적으로 불릴 만하다.

KGB 정보 요원 출신인 푸틴은 고르바초프나 옐친과는 달리, 민주주의에 냉소적인 인물이었다. 그는 전임자들이 친미파 인사를 등용한 것과는 정반대로, 군부와 정보부 인사를 측근으로 삼아서 권위주의 정치를 해나갔다.

그러나 고르바초프와 옐친에 비하면 푸틴은 성군이라 불릴 만하다. 푸틴이 아무리 권위적으로 정치를 했어도, 최소한 그의 집권 기간 동안에는 러시아가 고르바초프나 옐친 시절만큼 극심한 혼란과 절망에 빠지지는 않았다. 비록 푸틴이 서방에서 독재자라고 욕을 먹긴 했지만, 그는 체첸 분리주의자와 마피아의 준동을 제압하면서 러시아에 다시 안정과 질서를 되찾아왔다.

푸틴을 긍정적으로 평가해야 할 점이 하나 더 있다. 그는 고르바초프와 옐친이 다 말아먹었던 러시아의 위상을 다시 예전의 초강대국 수준으로 끌어올리기 위해 혼신의 힘을 다했다.

푸틴이 처음부터 미국과 대립하지는 않았다. 푸틴이 막 집권한 1999년의 러시아는 미국과 다시 맞서기에는 너무나 약화된 상태였기 때문이다. 그래서 푸틴은 일단 미국과 최대한 협조하면서 서방의 경계심을 누그러뜨렸다. 한 예로 2001년 9·11테러가 일어나자 푸틴은 미국의 부시 대통령에게 전화를 걸어 위로의 뜻을 밝히고, 아울러 미국이 테러를 저지른 이슬람 테러리스트와 싸우는 데 러시아가 적극 협조하겠다고 제안했다. 미국은 이를 받아들였고, 체첸 분리주의자들을 테러리스트라고 부름으로써 이슬람 테러 진압에 러시아와 함께할 것을 선언했다. 냉전으로 수십 년 동안 적대 관계였던 미국과 러시아가 공동의 적인 이슬람 테러 세력과 싸우기 위해 서로 한편이 된 것이다.

2003년 미국이 이라크를 공격하자, 이는 러시아에 매우 좋은 기회가 됐다. 서아시아의 산유국인 이라크가 전쟁으로 불안해지자 자연히 국제 유가가 큰 폭으로 올랐다. 러시아의 원유도 가격이 올라가면서 러시아 경제가 다시 살아났다. 2008년까지 러시아는 총 5,800억 달러가 넘는 외환 보유고를 기록하면서, 한때 세계 경제 규모 6위에까지 오르는 등 경제 부흥의 성과를 톡톡히 누렸다.

러시아가 살아나자, 이를 불안하게 보던 미국은 소련에서 독립했던 나라인 조지아를 꼬드겨 러시아를 공격하게 했다. 러시아-조지아전쟁이 발발한 것이다. 이 전쟁은 러시아와 조지아가 국력에서 너무나 큰 차이가 났던 관계로 러시아의 압승으로 끝났다. 이제 러시아가 더 이상 소련 붕괴 직후의 쇠락한 나라가 아니라는 사실을 전 세계에 보여준 사건이었다. 이 여파로 구소련에서 독립한 나라들은 무모한 친미 정책을 벌이다 러시아와 마찰을 빚으면 자기들도 러시아군에 짓밟힐 수 있다는 사실을 깨닫고, 서서히 친러시아 쪽으로 정책을 바꾸기 시작했다.

2013년 들어 우크라이나의 경제가 어려워지자, 야누코비치 우크라이나 대통령은 유럽연합과 러시아 가운데 누구에게 차관을 받을지를 놓고 고민하다가, 푸틴이 요구한 대로 러시아와의 관세동맹을 선택했다. 유럽연합은 우크라이나에 차관을 주는 대가로 우크라이나 경제의 구조 조정을 요구했다. 그렇게 되면 수많은 실업자가 발생해서 우크라이나 경제가 더 어려워질 수 있었다. 반면 러시아는 러시아가 주도하는 관세동맹, 즉 유라시아경제연합에 가입하라는 것 말고는 어떠한 요구 조건도 없었다.

우크라이나 정부가 러시아와의 관세동맹을 선택하자, 우크라이나에서는 이에 반대하는 내전에 가까운 폭력 시위가 연일 거세게 일어났다. 이 와중에 시위대가 누군가의 총에 맞는 사건이 발생했다. 조사 결과 총을 쏜 사람이 경찰이 아니라 시위대의 일원이었던 것으로 드러났다.

연일 과격해지는 우크라이나의 반정부 시위에 위협을 느낀 야누코비치는 러시아로 피신했고, 우크라이나에는 친서구 반러 정권이 들어섰다. 이 일을 두고 국제 언론은 '유로마이단'이라고 부른다. 음모론에 따르면 유로마이단의 배후에 미국이 있다고 한다. 만약 우크라이나가 EEU에 가입하면 러시아는 옛 소련 시절처럼 우크라이나를 자국 세력권하에 두게 돼 위세가 더욱 강성해질 것이니, 이는 미국에 매우 좋지 않은 일이다. 따라서 미국은 러시아의 세력 약화를 노리고 유로마이단을 지원했다는 설이다.

여기서 물러날 푸틴이 아니었다. 유로마이단으로 우크라이나의 EEU 가입이 수포로 돌아가자 푸틴은 재빨리 대응에 나섰다. 우크라이나 남쪽의 크림반도를 러시아 영토로 전격 합병해버린 것이다. 크림반도에 주둔하던 러시아 해군 기지가 우크라이나에 넘어가는 것을 막기 위해서였다. 아울러 크림반도를 차지함으로써 러시아는 흑해와 지중해로 가는 길목을 지킬 수 있었다.

러시아가 크림반도를 합병하자 미국은 유럽연합과 함께 러시아에 경제제재를 가했다. 아울러 미국 내에서 셰일가스와 석유 생산량을 크게 늘려 국제 유가를 낮췄다. 러시아 경제에 타격을 입히려는 전략이었다. 이에 푸틴은 중국과 인도를 상대로 한 경제협력을 강화해 미국의 경제제재 정책에 맞섰다.

한편 2011년 4월부터 계속되고 있는 시리아 내전도 미국과 러시아가 벌이는 신냉전의 각축장으로 변했다. 전통적으로 러시아의 동맹인 시리아의 아사드 정부가 반군 및 이슬람국가와의 전투에서 밀리자, 2015년 10월 러시아는 시리아를 도와 서아시아를 안정시키겠다며 러시아군을 시리아로 파견했다. 만약 시리아가 반군과 이슬람국가의 수중에 떨어진다면, 시리아 타르투스에 주둔한 러시아 해군기지도 위협받을 테고 아울러 러시아가 지중해로 뻗어나갈 수 있는 길이 막혀버리기 때문이었다.

러시아군이 시리아 내전에 개입하자 전황은 완전히 바뀌었다. 1년 넘도록 미군이 폭격할 때는 멀쩡하던 반군과 이슬람국가가 러시아 공군의 폭격이 시작되자 달아나기에 급급했다. 러시아 정부의 발표에 따르면, 러시아 공군은 시리아 내전에 개입한 이후로 시리아 반군과 이슬람국가를 향해 무려 5,000번이나 집중적으로 폭격을 퍼부었다고 한다. 방공망 능력이 전혀 없는 시리아 반군과 이슬람국가로서는 러시아 공군의 폭격을 도저히 막아내지 못하고 그저 도망갈 수밖에 없었던 것이다.

시리아 내전에서 러시아군이 보여준 모습은 1994년 체첸 사태나 2008년 러시아-조지아전쟁에서 보여준 모습과는 전혀 달랐다. 카스피해에 띄운 러시아 함대의 미사일은 반군과 이슬람국가를 맹렬히 타격했고, 러시아가 새로 개발한 최신 전폭기 수호이 35S기는 최첨단 군용기로서의 위상을 확실히 증명했다. 소련 붕괴 이후 나타났던 '막장스러운' 러시아군을 비웃던 미국은 긴장감에 침을 삼켜야 했다.

　이밖에도 2016년 6월 24일, 미국의 최우선 동맹국인 영국이 유럽연합을 탈퇴하겠다고 선언한 일 역시 미국과 러시아의 신냉전에 적지 않은 영향을 끼치고 있다. 그동안 미국은 유럽연합을 통해 유럽 각국을 효과적으로 통제해왔는데, 영국의 유럽연합 탈퇴로 인해 그 여파가 다른 나라들한테까지 번질 수 있기 때문이다. 만약 유럽연합 국가들이 연쇄적으로 유럽연합을 탈퇴한다면 미국은 유럽을 효과적으로 통제할 수 있는 수단이 사라지게 된다. 유럽이 미국의 영향권에서 떨어져 나가게 되면, 자연히 미국의 패권에도 심각한 타격이 될 것이다. 러시아로서는 즐거운 일임이 분명하다.

　그러나 당연하게도 미국은 순순히 패배자가 될 생각이 없었다. 영국이 브렉시트를 선언한 지 얼마 지나지 않아, 미국은 고고도 미사일 방어 체계인 사드THAAD를 한국에 배치한다고 전격 발표했다. 이에 러시아는 중국과 더불어 크게 반발했다. 사드는 단순한 미사일 방어망이 아니라 경우에 따라 선제공격도 가능한 무기 구조이기 때문이다. 즉, 한국에 배치한 사드가 중국과 러시아를 선제 타격할 수 있는 핵미사일 기지로도 변할 수 있기 때문에 두 나라가 반발하고 있는 것이다.

　정리하자면, 유로마이단에 맞서 러시아는 크림반도 합병으로 대응했고, 이에 미국은 경제제재와 저유가 카드를 내밀었다. 그러자 러시아는 중국과의 경제협력으로 버티면서 시리아 내전에 개입해 서아시아에서 자국의 세력 교두보를 지켜내려 한다. 한편 유럽에서 브렉시트 사태가 일어나 미국의 유럽 지배력이 흔들리자, 미국은 이를 한반도의 사드 배치로 상쇄시키려 하고 있다.

2014년부터 시작된 두 나라의 신냉전은 불과 2년 만에 국제 정세를 뒤흔드는 사건이 됐다. 창과 방패를 번갈아 내밀며 서로의 취약점을 찾아 공격하는 미국과 러시아의 신냉전이 장차 어디까지 가게 될지, 또 최후의 승자는 누가 될지 아직 아무도 알 수 없다. 그러나 유라시아 대륙을 지배하는 단일 제국이 등장하는 사태를 막기 위해 미국이 해양 세력으로서의 국가정책을 고수하는 한 신냉전은 영원히 끝나지 않을 것이다.

동아시아의 맹주 자리를 놓고 다투는 대륙과 해양 세력
중국 vs 일본

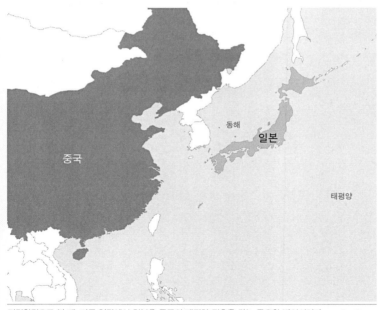

지정학적으로 볼 때. 미국 입장에서 일본은 중국의 태평양 진출을 막는 중요한 방어선이다.

위치   중국은 동아시아 대륙의 중심에 있는 대륙 국가다. 서쪽의 험준한 산악 지형인 티베트고원을 빼고는, 북쪽은 평원이고 남쪽과 동쪽은 바다와 접했다. 외부 소통이 원활하기에 힘이 강할 때는 주변 이민족을 정복했지만, 힘이 약할 때는 이민족의 침략을 받았다.

일본은 동아시아의 동쪽 끝에 있는 사방이 바다로 둘러싸인 섬나라다. 이 덕분에 외세의 침입이 쉽지 않았으나, 배를 타고 바다를 건너 주변 지역으로 쳐들어가기는 쉬웠다.

역사   서기전 3세기 진시황이 중국을 통일한 뒤, 중국은 풍부한 농업 생산력, 방대한 영토와 인구, 뛰어난 문물 등을 갖추며 2,000년 동안 동아시아의 중심 국가로 군림해왔다.

중국에 비해 일본은 가난한 어부와 해적이 사는 별 볼일 없는 섬나라에 불과했다. 그래서 오랫동안 일본인은 중국의 찬란한 문화를 부러워해 중국으로부터 한자, 황제 제도, 불교, 유교 같은 문화를 들여왔다. 그러다가 19세기 중엽부터 일본은 서구 문물을 재빨리 받아들여 국력을 키우고 제국주의 열강 대열에 합류했다. 중국과 일본 두 나라의 우열 관계가 역전되기 시작한 것이다.

종교   중국은 약 2,000년 동안 토속 신앙인 도교와 인도에서 들어온 불교를 숭상해왔다. 그러다가 1949년 공산당이 정권을 잡고 나서는 모든 종교를 탄압하는 무신론 정책을 펴왔다. 하지만 중국인의 정신적 공허감이 문제가 되자 21세기 들어 뒤늦게 중국 공산당은 정치

철학인 유교를 자국민에게 권장하고 있다.

일본은 신도神道라 불리는 정령신앙과 조상숭배 신앙을 2,000년 넘게 믿어왔다. 일본에서는 이 신도 신앙이 워낙 강력해 외부에서 들어온 불교나 유교조차 이를 넘어서지 못했다. 19세기 중엽부터 서구 근대화가 됐다고는 하나 일본인의 정신세계는 여전히 신도 신앙의 지배를 받았고, 태평양전쟁 때 신도 신앙은 일본의 국교로까지 승격했다. 일본이 패망한 이후에도 신도 신앙은 계속 일본인의 정신에 뿌리 깊게 남아 있다.

언어 중국은 크게 북쪽 베이징을 중심으로 한 보통화(북경어)와 남쪽 광둥 지역에서 쓰이는 광둥어로 나뉘어 있다. 두 언어는 발음이나 문법에서 서로 차이가 있다. 현재 중국 정부는 중국인의 단결과 일체감 조성을 위해서 보통화를 표준어로 내세우고 있다.

일본은 7세기 이후로 외부로부터의 대규모 이민이 없다 보니 언어가 일본어 하나로 굳어졌다.

민족 역사상 중국 문명의 중심은 한족漢族이다. 오늘날에도 중국 인구의 86퍼센트는 한족이 차지하고 있다. 비록 한족을 제외한 나머지 55개의 소수민족이 중국에 살고 있으나, 이들은 한족보다 수가 적고 정치와 사회의 주도권도 쥐지 못하고 있다. 따라서 중국은 사실상 한족이 주도하는 나라다.

일본은 야마토족大和族이라 불리는 집단, 즉 '일본인'이 7세기 이후로 형성되면서 같은 문화와 역사 인식을 공유해 지금에 이른다.

갈등 본래 중국과 일본은 그리 친하지 않은 이웃이다. 우선 일본 자체가 중국으로부터 꽤 멀리 떨어진 곳인 데다, 근대 이전까지 일본은 동아시아에서 큰 비중을 차지하는 나라도 아니었다. 역사적으로 볼 때, 중국은 일본에 별로 큰 관심을 두지도 좋아하지도 않았다. 오히려 중국 해안에 쳐들어와 수시로 노략질을 일삼는 일본 해적인 왜구倭寇 탓에 중국인은 일본인을 '키가 작은 난쟁이 노비'라는 뜻인 왜노倭奴라는 말로 비하했다.

19세기 중엽 이후 일본은 새로운 서구 문물을 받아들였다. 힘을 키운 일본은 노쇠한 청나라와 싸운 청일전쟁에서 승리를 거두었다. 이 전쟁을 계기로 동아시아 역사에서 2,000년 넘게 유지된 중국의 위상이 떨어지고 말았다. 그리고 1931년 일본이 만주를 침략한 만주사변과 1937년 중국 본토까지 쳐들어간 중일전쟁에서 중국은 하마터면 나라가 망할 뻔한 역사상 최대의 위기를 겪었다.

1945년 일본이 패망하고 나서 한동안 중국은 공산주의 정책의 혼란과 경제 문제에 바빠 일본과 선뜻 대립각을 세우지 못했다. 하지만 21세기 들어 중국 경제가 빠르게 부흥하고, 어느덧 미국과 어깨를 나란히 하는 G2의 위치에 올라서자 중국은 이제 일본을 제압하고 170년 동안 잃어버린 동아시아의 맹주 자리를 다시 되찾겠다고 이를 갈고 있다. 이런 상황을 지켜보는 일본은 현재의 기득권을 빼앗길까 봐 불안해하며 미국과 손잡고 중국을 견제하고 있다.

백촌강 전투
중국과 일본의 첫 번째 대결

역사적으로 중국과 일본이 처음 대결 국면에 접어든 때는 서기 663년으로, 한반도의 백촌강(백마강)에서 벌어진 전투에서였다. 당시 일본은 동맹국인 백제가 중국 당나라에 멸망당하자, 한반도 전체가 당나라의 지배를 받고 더 나아가 일본까지 당나라의 위협을 받을 것이 두려웠다. 일본은 나라의 국력을 총동원해 2만 7,000명의 군대를 파병해 백제 부흥을 도우면서 당나라가 일본으로 쳐들어오는 일을 막도록 했다.

하지만 백촌강 전투에서 일본군은 당나라와 신라의 연합군에 전멸에 가까운 대패를 당했다. 당시 정황을 묘사한 기록에 따르면 백촌강이 온통 죽은 일본군 병사들의 피로 붉게 물들고, 일본 군함들이 불타는 연기가 하늘을 가득 메웠다고 한다. 보기만 해도 실로 참담한 패전이었음을 알 수 있다. 이렇게 중국과 일본의 1차전인 백촌강 전투는 중국의 완승이자 일본의 패배로 끝났다.

백촌강 전투의 패배 소식을 들은 일본 조정은 너무나 큰 충격을 받아, 대륙과 가까운 지역인 규슈에 산성을 쌓아 혹시 있을지 모를 당나라의 침략에 대비했다. 당나라의 공격을 받고 있던 고구려가 일본에 도움을 요청해도 모두 거절했는데, 행여 고구려를 돕기 위해 군대를 보냈다가 당나라의 침략을 받는 빌미가 될까 봐 두려워서였다.

여하튼 백촌강 전투에서 당
나라의 강력한 힘을 실감한 일
본은 그 후로도 당나라를 매우
두려워했다. 755년 당나라의 장
군인 안록산이 반란을 일으키
자, 당시 일본의 실권자인 후지
와라노 나카마로는 "혹시 안녹
산이 일본에까지 쳐들어올지도
모른다"라며 일본 전역에 비상
경계 태세를 내렸다. 또한 일본
에는, 당나라 현종 황제가 일본
에 쳐들어오려고 하자, 일본의
신들이 회의를 한 끝에 양귀비
를 중국에 보내 현종 황제가 일
본을 공격하지 못하도록 했다

당현종의 총애를 받았던 양귀비를 그린 그림.

는 전설도 있다. 그만큼 일본인
이 당나라에 대해 품은 공포심이 얼마나 컸는지를 잘 알게 하는 사
례다.

정작 당나라는 망할 때까지 일본을 공격하러 나서지 않았다. 그
무렵 당나라는 명실상부한 세계의 중심이었고, 가만히 있어도 세
계 각지로부터 막대한 부가 계속 들어오는데 굳이 멀리 떨어진 가
난한 섬나라인 일본에 군대를 보내는 수고를 할 필요가 없었다. 그

러니 당나라가 일본을 멸망시킬지도 모른다며 벌벌 떨었던 일본인들을 지금의 눈으로 본다면, 괜히 혼자서 호들갑을 떤 꼴이라고 해야 할까?

원나라의 일본 침공
중국과 일본의 두 번째 대결

백촌강 전투 이후 한동안 잠잠했던 중국과 일본은 그로부터 611년 만에 다시 대결에 들어갔다. 중국을 지배했던 원나라가 고려군과 함께 여몽연합군을 이루어 1274년과 1281년 두 번에 걸쳐 일본을 침공했던 것이다.

원나라는 13세기에 세계를 제패한 몽골제국의 중심이었다. 군사력이나 국력에서는 일본보다 월등히 앞선 초강대국이었다. 그런

여몽 연합군의 일본 침공 당시를 묘사한 몽고습래회사의 한 장면. 당시 일본은 때마침 태풍이 불어와서 거우 재앙을 면할 수 있었다.

만큼 원나라의 일본 침공은 일본이라는 국가 체제를 무너뜨릴 수 있는 심각한 위협이었다.

그러나 원나라의 일본 원정은 두 번 모두 실패하고 말았다. 가장 중요한 원인은 여름철에 부는 태풍에 전혀 대비하지 못했기 때문이었다. 원나라의 원정군은 강한 태풍에 휩쓸려 타고 온 배와 함께 침몰하거나 본국으로 돌아갔고, 낙오병들은 섬과 바다를 헤매다가 일본군에게 붙잡혀 죽으면서 일본 원정은 끝났다. 아무래도 대륙에 세력 기반을 둔 원나라로서는 바다를 건너는 원정에 익숙하지 않았던 모양이다. 일본뿐 아니라 베트남 원정에서도 원나라 해군은 패배했으니까.

비록 자연의 힘을 빌리기는 했지만 일본은 원나라의 침공을 막아내는 데 성공했다. 중국과 일본의 두 번째 대결에서 승리자는 일본이었고 패배자는 중국이었다. 원나라의 일본 원정이 끝나자 일본에서는 "신이 일본을 지켜주기 때문에 다른 나라는 결코 일본을 이기거나 빼앗지 못한다!"라는 국수주의적인 신국神國 사상이 싹텄다. 아울러 당나라 시절에 만연했던 일본인의 중국에 대한 공포감이 원나라의 침공이 끝나고 나서는 상당히 약해졌다. 원나라 군대의 침입으로부터 자기 나라를 지켰다는 점에서 일본인은 어느새 중국에 대해 우월감을 갖게 된 것이다.

임진왜란
중국과 일본의 세 번째 대결

원나라의 침공이 무산된 지 311년 뒤인 1592년, 일본은 조선을 침략해 임진왜란을 일으켰다. 임진왜란의 목적은 단순히 조선만 차지하는 것에서 그치지 않았다. 이 전쟁을 기획한 일본의 실권자인 도요토미 히데요시는 조선뿐 아니라 중국까지도 일본의 영토로 만들겠다고 호언장담했다.

수백 년 동안 내전에 단련된 일본군은 삽시간에 조선을 파죽지세로 휩쓸었다. 전쟁이 시작된 지 불과 20일 만에 조선의 수도 한양이 함락돼 국왕인 선조는 나라의 북쪽 끝인 의주로 도망쳐 중국 명나라에 도움을 요청했다.

일본군의 조선 침략 소식과 선조의 구원 요청을 들은 명나라 조정에서는 조선에 군대를 보낼지 말지를 놓고 의견이 분분하다가, 결국은 보내기로 결정했다. 일본이 조선 국경을 넘어 명나라까지 쳐들어오면 그 피해가 더욱 커질 테니, 명나라가 아닌 조선 땅에서 일본군과 싸워야 피해를 줄일 수 있으리라는 주장이 설득력을 얻었다. 이렇게 해서 1593년부터 명나라 군대는 조선을 도와 일본군을 몰아낸다는 명분을 외치며 압록강을 건넜다.

명나라 구원병이 도착하자 선조 임금을 비롯한 조선 지배층은 중국 군대를 가리켜 하늘의 병사天兵라며 열렬히 숭배했다. 그러나 임진왜란 동안 명나라 군대가 일본군과 제대로 싸워서 이긴 전투

는 개전 초기의 평양성 탈환전
을 제외하면 별로 없었다. 행주
대첩과 명량대첩 등 일본군이
대패한 전투 상당수는 명나라
군의 도움 없이 조선군의 독자
적인 힘으로 이룬 성과였다. 임
진왜란 말기인 울산성, 동래성,
왜교성 공방전에서도 명나라군
은 끝내 이기지 못하고 물러났

임진왜란을 일으킨 도요토미 히데요시. 훗날 중일
전쟁을 일으킨 일본 군부의 선구자가 된 셈이다.

다. 전쟁의 막바지를 장식한 노
량해전에서도 명나라군은 일본군에 포위당하는 위기를 겪었다.

물론 명군이 쓸모없는 존재는 아니었다. 세계 최강대국인 명나
라가 조선을 도와 참전했다는 사실 자체가 일본군에게는 큰 부담
이었다. 또한 명나라는 조선에 많은 식량과 물자를 지원해주었다.
이순신과 권율 등 조선 장수들도 명나라의 도움을 인정했다.

임진왜란은 조선군과 명나라군의 공세를 뚫지 못한 일본군이
1598년 12월 16일 조선에서 철수하면서 끝났다.

전쟁 결과 자체는 애당초 일본이 노렸던 조선이나 명나라 정복
이 전혀 실현되지 못했으니, 일본이 패했고 중국이 승리했다고 볼
수 있다. 다만 이는 어디까지나 결과론적인 해석이다. 전투 자체로
만 본다면 일본이 중국에 크게 불리했던 것은 아니었다. 평양성 탈
환전을 제외한다면 전투력이나 전과에서 일본군은 중국군과 싸워

그다지 밀리지 않았다. 당시 일본은 하나로 통일된 나라도 아닌 봉건 영주의 결속체인 데다 군대도 봉건제 방식이어서 지휘 계통이 문란했다는 약점이 있었다. 그럼에도 불구하고 일본군은 중국군과 조선군에 두려움을 줄 만큼 잘 싸웠다.

임진왜란은 실패로 끝났으나 히데요시가 주장한 대륙 침략의 야욕은 그 뒤로도 일본인의 마음속에 계속 남아 있다가 300년 뒤인 19세기 말에 다시 고개를 들게 된다. 임진왜란은 청일전쟁과 중일전쟁의 예고편이었던 셈이다.

청일전쟁
중국과 일본의 네 번째 대결

19세기부터 동아시아에 불어닥친 서세동점西勢東漸(서양의 동양 지배)의 물결은 중국 중심적 질서를 완전히 뒤바꿔놓았다. 이 새로운 현상의 최대 피해자는 중국이었고, 최대 수혜자는 일본이었다. 구시대 문물에 집착하던 중국은 외세의 반식민지로 전락한 반면 시대 흐름에 재빠르게 편승한 일본은 제국주의 열강으로 변신해 중국을 대신할 동아시아의 맹주로 떠올랐다.

일본이 중국과 동아시아의 패권 쟁탈을 놓고 다툰 대결은 바로 청일전쟁(1894년 7월~1895년 4월)이었다. 청일전쟁에서 일본은 중국을 상대로 육전과 해전 모두에서 완벽한 승리를 거두었다. 당시 일

청일전쟁을 묘사한 일본의 삽화.

본은 중앙집권적 근대 국가로 발돋움한 한편, 중국은 근대 국가를 이룩하지 못하고 각 군벌끼리 싸운 탓에 일본에 끝내 패배했던 것이다.

청일전쟁에서 패배한 청나라는 2억 3,000만 냥이라는 엄청난 배상금을 지급했는데, 이 돈은 당시 청나라 조정의 2년 치 예산이자 일본의 4년 치 예산에 달했다. 일본으로서는 엄청난 횡재인 동시에 청나라한테는 막대한 손해였다.

또한 중국은 오랫동안 자국의 세력권에 있었던 조선에 대한 지배권도 일본에 넘겨야 했다. 과거 임진왜란에서 일본이 그토록 원했던 조선 지배권이 청일전쟁을 통해 비로소 일본에게 들어온 것이다. 결국 청일전쟁이 끝난 지 불과 15년 뒤 조선은 일본에 주권을 완전히 빼앗긴 식민지로 전락하고 말았다.

조선이 일본의 세력권에 들어간 것은 중국 입장에서 보아도 매우 우려하는 사태였다. 중국과 직접 육지로 국경을 맞닿은 조선이 일본의 영토가 된다면, 이제 일본은 해양 세력이자 섬나라로서의 한계를 뛰어넘어 곧바로 대륙으로 침략할 수 있는 통로와 보급기지를 확보한 셈이었다. 실제로도 일본은 1930년대부터 중국을 침략할 때 조선을 발판으로 삼았다.

청일전쟁 당시 중국 권력자들이 조금만 더 현명했다면 무슨 수를 써서라도 일본군을 막으려 했을 것이다. 그리고 설령 전쟁에서 불리했다고 해도, 결코 조선의 관할권을 일본에 넘기지 말았어야 했다. 그러나 앞을 내다볼 줄 모르는 중국의 권력자들은 중국으로 쳐들어오도록 문을 열어준 꼴이 되고 말았다.

한편 청일전쟁 무렵, 일본의 지식인 후쿠자와 유키치는 일본군이 조선을 휩쓸고 청나라의 요동반도에까지 쳐들어가자 흥분해 입에 침을 튀기며 전쟁을 더 하라고 악다구니를 썼다.

"흑룡강과 길림, 성경까지 모두 일본 영토로 만들어라. 만일 중국이 굴복하지 않는다면 중국 본토에까지 곧장 쳐들어가야 한다. 청나라의 수도 북경의 골동품과 보물도 모두 약탈해 챙겨 와라. 일본인 모두가 죽는다 해도 전쟁을 포기하지 말고 이겨야 한다!"

비록 청일전쟁에서 일본군은 요동반도 너머로는 진격하지 못했지만, 이후 만주사변과 중일전쟁 때는 중국 본토에까지 쳐들어가서 "모두 죽이고 약탈하고 불지른다"는 삼광 작전을 벌였다. 후쿠자와 유키치가 한 선동이 그대로 이루어진 셈이다. 즉, 중일전쟁은 일본이 추구했던 국가 전략의 일환이었다. 결코 소수 극우파의 일

탈로 진행된 사건이 아니었다는 뜻이다.

중일전쟁
중국 역사상 최대의 위기가 닥쳐오다

청일전쟁에서 중국에 이겨 막대한 배상금을 받아 그 돈으로 군사력을 더욱 늘린 일본은 1910년 조선을 집어삼켰다. 그러고는 조선을 전초기지로 삼아 아예 중국 대륙 전체를 먹어치우려는 야욕을 실행에 옮겼다. 그렇게 해서 벌어진 사건이 바로 1931년의 만주사변과 1937년의 중일전쟁이었다.

일본이 중국 침략을 실행했던 데에는 그들 나름대로 이유가 있었다. 우선 중국을 지배하던 청나라는 1911년 신해혁명으로 망했고, 그 뒤에 중국은 각 지역마다 군벌이 난립해 정치가 극도로 혼란한 상태였다. 즉 외세의 침입에 효과적으로 대응하기가 어려운 상황이었다. 심지어 일부 군벌 가운데 자신들의 권력을 지키기 위해 외세와 협력하려는 자들도 있었다. 일본은 중국의 이런 혼잡한 상황을 정확히 꿰뚫어보았다. 중국 내의 협력자들을 이용하면서 일본군을 보내 중국의 각 지역을 야금야금 점령해간다면, 결국 중국은 항복할 수밖에 없으리라는 판단을 내린 것이다. 아울러 1920년대 말, 전 세계를 강타한 경제대공황의 여파는 일본에까지 미쳤는데 일본도 은행들이 잇따라 파산하고 실업자가 증가하는 등 경제적으로 매우 어려운 상황이었다. 일본의 권력자들은 이런 일본 경제의 침체를 전쟁으로 극복하고자 했다. 그 목표가 바로 중국이었다. 중국을 무력으로 점령해 중국 시장을 강제로 개방해 일본 제품을 사도록 한다면, 일본의 경제 위기를 얼마든지 해결할 수 있다는 것이 그들의 생각이었다.

반면 일본 침략군을 맞아 싸워야 하는 중국은 모든 면에서 불리했다. 우선 일본과의 전쟁을 앞두고 중국은 사실상 외교적으로 고립돼 있었다. 미국과 유럽은 중국에 무관심하면서 일본으로 기울었고, 소련은 자국 사정이 급해 중국을 제대로 돕지 않았다. 이 때문에 중국은 일본이 침략해오는 상황에서도 외부 지원을 받지 못하고 홀로 싸워야 하는 판국이었다.

내부적으로도 문제가 많았다. 중국은 군벌이 난립하고 군대의 지휘 계통이 통일되지 않았다. 또한 병사들의 무장, 사기, 훈련, 보급 등 모든 면에서 일본군보다 떨어졌다. 만주사변과 중일전쟁에서 중국군과 일본군의 사상자 수를 비교하면 각각 1,060만 명과 105만 명으로 거의 열 배 차이가 났다. 일본군 1명을 죽이기 위해 중국군 10명이 죽어야 했다는 뜻이다. 중일전쟁 기간 동안에 벌어진 전투의 결과로만 본다면 일본군의 승리였다.

그러나 외부로부터의 도움을 제대로 받지 못하고 강력한 일본군의 공세에 밀리면서도 중국은 끝끝내 항복하지 않았다. 일본은 육군 병력 대부분을 중국 전선에 계속 투입해야 했다. 이 점이 바로 제2차 세계대전에서 일본의 패망을 불러왔다. 만약 중국이 일본에 굴복했다면, 일본은 바로 육군을 동남아시아나 태평양 전선으로 돌렸을 것이다. 그러면 미국과 영국 같은 서구 열강이 일본군의 침략에 얼마나 버텨낼 수 있었을까? 아니, 일본군이 함대에 대규모의 육군 병력을 태워 미국 본토에 상륙시킨다면 과연 미국이 중국처럼 버티며 항전할 수 있었을까?

아울러 중일전쟁이라는 자국 역사상 최대의 위기를 맞으면서도 항전의 투지를 잃지 않고, 난립한 군벌로 이루어진 국민당군을 끝까지 이끌고 일본에 맞서 싸운 장제스 총통의 공도 과소평가할 수 없다. 기존에는 장제스가 무능하다고 비난하는 인식이 많았지만, 21세기 들어 새로이 공개되는 각종 자료에서 밝혀진 내용을 보면 그는 결코 무능하지 않았다. 오히려 혼란함의 극치였던 중국의 최고 지도자로서 미증유의 국난인 중일전쟁을 맞아 잘 극복했다고 봐야 옳다. 만약 그가 정말로 무능했다면 중국은 진즉에 일본한테 무릎을 꿇고 정복당했을 것이다.

거대한 중국 대륙에서 허우적거리며 중일전쟁을 치르던 일본은 아무리 중국군과 싸워도 도저히 전쟁을 승리로 끝내지는 못했다. 역설적이지만 일본군이 중국 깊숙이 들어갈수록 일본은 중국이라는 늪에 더 깊이 빠져들어 국력을 계속 낭비하는 꼴이었다.

중국과 일본이 국운을 걸고 벌인 네 번째 전쟁이자 총력전인 중일전쟁에서 결국 최후의 승자는 중국이 됐다. 흔한 표현을 빌린다면 일본은 전투에서 이겼지만, 전쟁에서 지고 말았다.

일본군의 침략을 이겨낸 중국은 하마터면 식민지로 전락할 위기에서 극적으로 벗어나, 새로운 현대 국가로 재도약할 기회를 얻었다. 하지만 그 뒤의 중국은 공산당과 국민당 사이의 내전이 이어졌고, 국민당을 내쫓고 권력을 잡은 공산당이 펼친 공산주의 정책의 병폐로 인해 혼란이 가중되면서 동아시아의 맹주 자리를 계속 일본에게 넘겨주고 말았다.

중일전쟁에서 패배한 일본은 제국으로서의 야망이 완전히 무너지고 대신 미국의 속국이라는 불쾌한 지위를 얻게 됐다. 다만, 미국의 태평양 방어선을 지키는 보급기지로서의 역할 덕분에 일본은 미국의 지원을 받아 패전 후유증을 딛고 빠르게 경제가 성장했다. 경제와 문화 등 소프트파워에서 50년 넘게 동아시아를 이끌어가는 중심 국가로 부상한 것이다.

21세기의 중일 대립
부활하는 제국과 쇠퇴하는 제국

1945년 중일전쟁이 끝나고 나서, 한동안 중국과 일본 두 나라는 대결 국면에 접어들지 않았다. 침략자 일본이 물러가자 중국은 국민당과 공산당의 내전에 휘말렸다. 1949년, 국민당을 타이완으로 몰아내고 집권한 공산당이 벌이는 공산주의 정책은 후유증이 컸다. 이로 인해 국내 상황이 너무 혼란스러워 일본과 대립각을 세울 형편이 못 됐다.

일본 역시 패전으로 인해 당분간 대외 침략에 나설 입장이 아니었다. 경제 부흥에 전념하느라 중국과의 대립은 꿈도 꾸지 못했다. 1970년대와 1980년대, 일본에서 나온 각종 소설이나 만화, 영화 등 대중 예술 작품을 보면 중국을 굉장히 긍정적으로 그린 내용이 많다(지금처럼 중일 관계가 악화된 시점에서 본다면 매우 놀라운 일이다).

2000년대 들어서자, 중국이 눈부시게 경제성장을 했다. 특히 2014년부터 중국은 미국과 어깨를 나란히 하는 초강대국인 G2의 반열에 올랐다. 그러자 중국을 바라보는 일본인들의 시선은 호의에서 경계와 두려움으로 바뀌었다. 이는 서구나 일본 언론이 선전하는 것처럼 중국인의 민족주의 때문이 아니었다. 2000년대 이전에도 중국의 민족주의는 지금과 다를 게 없었다. 근본 이유는 2016년 현재 중국의 국내총생산GDP이 일본의 두 배를 월등히 뛰어넘었다는 데 있다. 중국이 일본보다 더 강력한 힘(경제력)을 가졌다는 사실 자체가 일본인에게는 대중 공포심을 자아내는 요인인 것이다.

중국은 과거 중일전쟁 당시 일본군이 저지른 온갖 잔인한 만행을 결코 잊지 않고 있다. 일본에 대한 감정이 안 좋은 중국이 일본보다 더 강력한 힘을 갖게 됐으니, 자연히 일본인의 입장에서는 도둑이 제 발 저리듯 두려워하지 않을 수 없다.

여기에 일본 경제는 1990년대부터 지금까지 20년이 넘도록 낮은 성장과 장기 불황에 시달리고 있다. 그러다 보니 일본의 극우 세력은 1930년대처럼 중국과 전쟁을 벌여 정복한 다음, 무력으로

청일전쟁 이후 일본에 넘어간 조어도(센가쿠열도)가 중국 영토이니, 일본은 나가라고 반일 시위를 벌이는 중국인들.

중국 시장을 개방하면 일본 경제를 다시 살려낼 수 있다는 유혹을 느끼고 있다. 일본의 총리인 아베 신조는 일본이 만주사변을 일으켜 세운 괴뢰국인 만주국의 총리이자 전범인 기시 노부스케의 외손자이며, 그 자신도 강경 극우파이다 보니 "아베는 지금 중국과의 전쟁을 염두에 두고 있다"라는 의혹을 사기도 한다.

다만, 2019년 들어 아베 신조는 중국의 지도자인 시진핑에게 우호적인 태도를 보이고 있다. 하지만 이는 미국의 트럼프 대통령이 중국과 일본을 상대로 무역 압박을 가하자, 두 나라가 위기에서 벗어나기 위해 잠시 우호적인 제스처를 보이는 것에 불과하다. 여전히 일본은 남중국해에 해상 자위대를 보내 미국 해군과 함께 대중 봉쇄망에 동참하고 있다. 만약 일본이 미국과의 무역 마찰 문제를 원만히 해결한다면, 중국과 날카로운 대립각을 세우는 시절로 다시 돌아갈 것이다.

아베 집권 이후 일본은 외국에 대한 선제공격과 침략 전쟁을 부정하는 평화헌법 9조의 틀에서 벗어나려고 한다. 동맹국의 요청이 있거나 혹은 요청이 없어도 일본의 안보가 위험하다고 판단하면 국회 동의 없이도 마음대로 자위대를 파견할 수 있도록 하는 방안이다.

미국과의 군사동맹 말고도 일본이 심혈을 기울여 추진하는 작업이 또 하나 있다. 바로 한국과의 군사동맹이다. 일본이 한국과의 군사동맹을 추진하는 이유는 그들이 결코 한국을 좋아하거나 지켜주고 싶어서가 아니다. 만약 일본이 중국과의 대결에 나서게 된다면, 혼자서는 아무래도 불리할 테니 한국도 함께 끌어들이기 위해서다. 물론 그럴 경우에 한국은 일본을 대신해 현역 육군에 예비군까지 몽땅 동원해서 중국과 싸워야 한다. 그리고 일본으로 쏠릴 14억 중국인의 증오와 분노를 일본 대신 받아주는 일도 한국이 맡아야 하리라.

여기서 한 가지 의문이 든다. 한국 국민 절대 다수는 반일 감정이 강하고 일본과의 군사동맹을 완강히 거부하는데, 이런 사정을 뻔히 아는 한국 정부(박근혜 정부)는 왜 지지율의 추락과 국민 반발을 무릅쓰면서까지 일본과의 군사동맹을 강행했을까?

가장 근본적인 이유는 한국 기득권층이 겁을 먹고 있어서다. 그들의 입장에서 보면 이제 더 이상 미국을 믿기가 어렵다. 철천지원수 빨갱이 북한과 중국을 속 시원하게 때려줘야 할 미국이 아무리

기다려도 좀처럼 주먹을 쓰지 않기 때문이다. 클린턴에서 시작해서 부시, 오바마까지 북한을 상대로 단 한 번도 군사 공격을 가하지 않고 그냥 내버려두기만 했다. 그러다 보니 다 굶어서 망한 줄 알았던 북한이 어느새 살아나서 잠수함에 핵미사일까지 쏘아대질 않나, '짱깨'라고 멸시하던 중국은 엄청난 경제성장을 거듭하며 일본을 능가하더니 이제는 미국을 따라잡는 위치에까지 올라왔다. 이러다가 어느 날 북한이 서울에 미사일을 쏘아대거나 혹은 자기들이 중국한테 통째로 흡수될까 봐 한국의 기득권층은 불안해 어쩔 줄을 모른다. 그래서 한국의 보수 인사 사이에서는 한국도 독자적으로 핵무장을 해야 하고 일본과 군사동맹을 추진해야 한다는 목소리가 나오는 것이다. 쉽게 말해서 미국만 믿고 있다가는 불안하니, 미국 대신 큰형님 노릇을 할 나라로 일본을 끌어들이자는 속셈이다.

아무튼 한국과 일본의 권력자들의 이해관계가 맞아 떨어졌으니 두 나라 정부는 일사천리로 군사동맹을 맺었다. 어차피 국민들이 반발한다고 해도, 공권력을 동원해 탄압해버리면 그만이다.

그런데 이미 중국의 GDP는 한국과 일본의 GDP를 합친 액수의 두 배가 넘었다. 과연 두 나라가 동맹을 맺고 함께 싸운다고 해서 중국의 상대가 될까? 세계 최강대국인 미국조차 중국의 부상을 막지 못했는데, 그보다 훨씬 약한 나라인 일본이 중국의 패권을 저지할 수 있을까? 더구나 지금의 중국은 중일전쟁 때처럼 허약한 나라가 아니라 강력한 통합을 이룬 초강대국이다. 중일전쟁 때의 중국조차 이기지 못한 일본이 그때보다 훨씬 강해진 21세기의 중국과 싸워 이길 수 있을까? 어쩌면 미국과 한국을 상대로 한 일본의 군사동맹 강화는 그저 쇠퇴하는 제국의 마지막 발악이 아닐까?

돌이켜본다면 일본이 동아시아의 맹주로 군림한 기간은 1895년 청일전쟁 이후부터 21세기인 지금까지 고작 100년이 조금 넘었을 뿐이다. 그 이전까지 무려 2,000년 동안 동아시아의 맹주는 중국이었다. 그러니 중국의 부상과 일본의 쇠퇴는 역사적으로 보아도 이변이 아니라 지극히 자연스러운 현상이다. 지난 1세기 동안 누렸던 지위를 잃지 않기 위해 일본이 제아무리 발버둥 친다고 해도 결코 시대의 흐름을 거스를 수 없을 것이다.

서양의 종말인가, 동양의 부흥인가?

미국 vs 중국

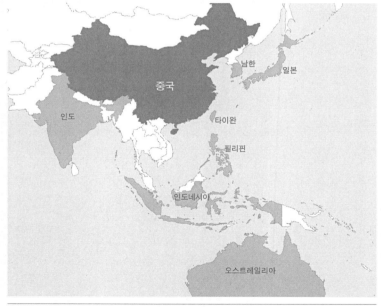

중국을 둘러싼 지형도. 미국은 아시아의 동맹국들을 하나로 잇는 대중 봉쇄망을 펴고 있으나, 중국과의 경제 관계를 염려한 인도와 필리핀 등은 미국의 정책에 반발하고 있다.

위치 미국은 서쪽으로 태평양, 동쪽으로 대서양에 둘러싸인 북미 대륙의 중심에 있다. 광대한 태평양을 넘어 미국으로 진출하는 세력은 오랫동안 존재하지 않았고, 동쪽의 유럽은 미국을 안식처로 여기고 호의적으로 대했으며, 북쪽과 남쪽의 이웃인 캐나다와 멕시코는 허약한 나라들이라 미국에 위협이 되지 못했다. 따라서 미국은 주변의 침략으로부터 거의 완벽하게 안전한, 사실상의 섬나라이며 미국 역시 국가의 지정학적인 정책을 섬나라 입장에서 펴고 있다.

중국은 동아시아 대륙의 중심에 있는 명실상부한 대륙 국가이다. 이런 이유로 중국은 자국의 부를 노리고 침입해오는 주변 이민족을 막는 자연 방어물이 없었다. 토착 세력이 약해지면 곧바로 사방의 외부 세력들이 쳐들어와 중국을 정복했다. 그래서 중국은 지정학적인 정책을 해양이 아니라 대륙 중심으로 짜왔다.

역사 미국은 유럽에서 북미 대륙으로 이주해온 이민자들이 1783년 본국인 영국으로부터 독립해 세운 신흥 국가이다. 역사가 짧음에도 불구하고 미국은 넓고 비옥한 국토 덕분에 유럽인 이민자들의 대규모 이주를 통해 풍부한 인력 자원을 확보하고, 나라를 세운 지 불과 170여 년 만에 세계 최강대국으로 떠오를 수 있었다.

중국은 미국보다 훨씬 긴 4,000년이라는 오랜 역사를 지녔다. 그리고 서기전 221년 진시황이 중국을 통일한 이래, 중국은 2,100년 동안 통합된 제국으로서의 문명과 정체성을 유지해오면서 세계 최강대국이자 최고 문명국으로 군림해왔다. 그러다 청나라 때인

1840년, 영국과의 아편전쟁에서 패배하며 중국은 서양 문명에 무릎을 꿇었고 105년 동안 서구 열강과 일본의 침략에 시달리는 반식민지 신세로 전락하는 설움을 겪었다. 이후 중국은 1949년 공산주의 정권이 들어서고 나서 잃어버린 중화 제국의 영광을 되찾기 위해 혼신의 힘을 기울이고 있다.

종교 미국은 영국에서 이주해온 청교도들, 즉 개신교도가 중심이 돼 세워진 나라이기 때문에 개신교를 포함한 기독교가 사실상의 국교 역할을 해왔다. 비록 21세기 들어서 기독교 인구가 점차 줄어들고 무신론자가 많아지고 있지만, 아직까지 미국은 세계 최대의 기독교 국가로 남아 있다.

중국의 전통 종교는 자연과 신화 및 역사적인 인물을 신으로 섬기는 도교이며, 철학자인 공자와 맹자의 가르침을 따르는 유교와 인도에서 들어온 불교도 있다. 그러나 1949년 무신론을 내세우는 공산주의 정권 수립 이후, 중국은 오랫동안 무신론 국가로 남아 있었다. 하지만 21세기 들어서 중국 정부는 공산주의 대신 유교를 되살려서 중국인들의 정신적 지주로 삼으려 하고 있다.

언어 미국은 영국계 이민자들이 중심이 돼 세운 나라이기 때문에 자연히 영어가 국어의 위치를 차지했다. 20세기 말부터 에스파냐어를 사용하는 중남미 이민자 수가 늘고 있지만, 아직까지 미국은 세계 최대의 영어권 국가로 남아 있다.

중국어는 크게 북쪽 베이징을 중심으로 한 보통화와 남쪽 광동 지역에서 쓰이는 광둥어로 나뉘어져 있으며, 두 언어는 발음이나 문법에서 서로 차이가 있다. 현재 중국 정부는 중국의 단결과 일체감 조성을 위해 보통화를 표준어로 내세우고 있다.

민족 미국은 다민족국가를 자처하고 있으나, 아직 미국 인구의 65퍼센트는 백인 계통의 민족이 차지하고 있다. 다만 히스패닉 인구가 느는 점을 감안하면, 앞으로 미국의 인구는 히스패닉이 다수를 차지하리라고 본다.

중국 역시 미국처럼 56개의 다른 민족이 연합한 다민족국가라고 선언하고 있다. 그러나 중국 인구의 86퍼센트는 한족이며, 나머지 소수민족들은 인구에서 한족보다 훨씬 적은 데다 중국 역사와 문화는 오랫동안 한족 중심으로 발전해왔기에, 중국은 사실상 한족이 주도하는 국가라고 봐야 한다.

갈등 18세기 말에 역사가 시작된 미국은 19세기 중엽에 이르러 중국과 처음 접촉하게 된다. 이때의 미국은 중국과 무역 통상 관계를 맺었으며 갈등 관계에 들어가지는 않았다.

미국과 중국이 본격적으로 갈등하기 시작한 시기는 1949년 중국의 공산주의 정권 수립 때부터였다. 자본주의의 천국인 미국으로서는 중국의 공산주의 정권을 부정적으로 볼 수밖에 없었다. 곧이어 6·25전쟁 와중인 1951년에 중국이 북한 공산주의 정권을 돕기 위해 한반도에 중국군을 보내면서 미군은 중국군과 처음 전투를 벌였다. 미군은 신생 중국군의 놀라운 전투력에 밀려 패배를 거듭하면서 중국에 대한 공포심을 톡톡히 느꼈다.

6·25전쟁에서 싸운 두 나라는 2003년 이라크전쟁 이후로 다시 갈등 관계에 접어들었다. 미국은 아프가니스탄전쟁과 이라크전쟁을 치르느라 국력을 탕진해 전 세계적인 패권이 쇠퇴하고 있다. 반면 중국은 눈부신 경제성장으로 미국을 바싹 따라잡고 있다. 미국은 세계 패권을 중국에 빼앗길까 봐 노심초사하고 있는 상황이다.

2016년 11월 8일 45번째 미국 대통령에 당선된 트럼프는 중국에 대해 거듭 경제적인 압박을 가하고 있다. 이에 중국의 지도자인 시진핑 주석도 미국의 압력에 강경하게 맞서고 있어서 두 나라의 긴장과 대립은 갈수록 높아지고 있는 판국이다.

6·25전쟁
미국과 중국의 첫 번째 대결

6·25전쟁 중인 1950년 10월 18일, 중국군은 압록강을 건너 한반도에 도착했다. 중국군이 파견된 이유는 같은 공산주의 국가인 북한을 돕기 위해서라는 점도 있었지만, 그보다는 남한을 도우려고 참전한 미군이 자칫 북한을 완전히 휩쓴 여세를 몰아 중국의 영토인 만주에까지 세력을 뻗는 일을 미리 막기 위해서였다.

미군 사령관인 맥아더는 중국 본토에 침투한 미군 스파이들이 보내온 첩보를 통해 중국군이 6·25전쟁에 참전하기 위해 한반도로 이동하고 있다는 사실을 이미 알고 있었다. 그러나 맥아더는 중국군 참전 소식을 별로 대수롭지 않게 여겼다.

"중국군이 온다고? 그게 뭐가 걱정인가? 중국군은 폭격기, 항공모함, 전함, 탱크가 없고 제대로 된 포병도 부족하다. 게다가 중국은 현대화된 산업 시설도 없다. 이런 중국군이 와봤자 우리들은 전혀 걱정할 일이 없다. 만약 중국군이 개입한다면, 최대의 학살극이 될 것이다."

맥아더의 호언장담이 완전히 틀린 말은 아니었다. 당시 중국군은 무기와 장비, 보급에서 미군과는 비교할 수도 없이 열악했다. 화력만 놓고 본다면, 중국군은 도저히 미군의 상대가 되지 못했다. 또한 미군들은 동양인을 깔보는 인종차별적 생각에 잔뜩 찌들어 있었다. 6·25전쟁이 벌어지기 5년 전인 1945년, 미국은 동양권에서 유일하게 서양과 맞서던 제국주의 열강인 일본마저 굴복시킴으로써 동양인을 백인보다 열등하게 보는 인종차별주의가 군대 내부에 가득했다. 게다가 미국에 이민을 간 중국인들은 대부분 세탁부 같은 허드렛일을 하며 살았고, 백인들은 이들을 멸시했다. 그래서 중국군을 본 미군은 "저기 세탁부들이 온다!"라고 비웃었다.

그러나 막상 전투가 벌어지자, 미군은 중국군에 연전연패를 당했다. 불과 5년 전 제2차 세계대전에서 나치 독일과 일본을 패망시켜 세계 최강의 군대라 불렸던 미군이라고 하기엔 믿을 수가 없을 정도였다. 미군만 믿고 있던 남한은 미군이 후퇴하자 북한군이 쳐들어왔을 때처럼 또다시 수도 서울을 버릴 수밖에 없었다.

6·25전쟁 와중에 미군이 중국군에게 연전연패를 당한 이유는 무엇일까? 첫째, 중국군이 미군의 약점을 정확하게 찔렀기 때문이다. 확실히 미군의 화력은 중국군보다 훨씬 강력했다. 그러나 반대로 미군은 해군과 공군이 지원하는 화력에만 지나치게 의존했다. 해군, 공군의 지원을 받을 수 없는 산이나 밤 전투에서는 굉장히 취약했다. 중국군은 밤을 틈타서 산에 주둔하고 있는 미군을 노려 기습하기를 좋아했다. 미군은 기습에 놀라 당황하다가 궤멸되기 일쑤였다. 한반도는 국토 대부분이 산악 지형이어서 미군이 자랑하는 해군과 공군이 활동하기가 어려운 점도 있었다. 이건 여담이지만, 제2차 세계대전에서 미군과 싸운 독일군 장교들은 미군을 가리켜 "공군 지원이 없으면 아무것도 못 하는 나약해 빠진 녀석들"이라고 경멸하기까지 했다.

1950년 11월 26일에 벌어진 장진호 전투의 한 장면. 미군 해병대가 후퇴하고 있다.

또한 미군은 육군 이동을 차량 수송에 의존했다. 그런데 앞서 말한 것처럼 한반도는 산악 지형이라 보병을 태운 차량이 평지에서처럼 쉽게 움직이기가 어려웠다. 반면 중국군은 산줄기를 타는 행군에 능숙했다. 기동력에서 미군을 따라잡고 포위하는 전략이 가능한 것이다. 행군이 뭐가 중요하냐고 물을 사람이 있을지 모르나, 세계 역사상 최고의 군사 천재로 불리는 나폴레옹도 "적군보다 더빨리 더 멀리 걸을 수 있는 군대가 가장 강력한 힘이다"라고 했을만큼 행군은 중요하다.

아울러 흔히 당시 중국군 하면 머릿수로만 밀어붙이는 오합지졸이라고 여기기 쉬우나, 이는 냉전 시절 반공 교육에서 비롯된 매우 잘못된 인식이다. 만약 중국군이 형편없는 오합지졸이었다면이들에게 패하고 후퇴만 거듭해 수도까지 내준 국군과 미군은 대

6·25전쟁에 파견된 중국군 병사들.

체 뭐가 되는가? 오합지졸보다 더 못한 오합지졸?

사실은 정반대였다. 6·25전쟁에 투입된 중국군은 항일 전쟁과 국공 내전에 오랫동안 참전해 풍부한 전투 경험을 쌓은 노련한 베테랑들이었다. 6·25전쟁에서 중국군과 싸운 미군들의 회상에 따르면, 밤중에 아무런 소리도 내지 않고 미군의 코앞에까지 다가오는 중국군이 가장 두려웠다고 한다. 그만큼 중국군이 기습에 뛰어났다는 것이다. 화력이 미군보다 약한 대신, 중국군은 저격수를 집중적으로 운용했다. 이들은 사격 실력이 미군을 능가했다. 심지어 미군이 폭격을 퍼붓는 와중에도 중국군은 달아나지 않고 그대로 천천히 진군해 미군을 놀라게 한 적도 있었다.

중국을 가리켜 낙후하고 미개한 나라라고 깔보던 미국은 막상 중국군과의 전투에서 참패의 쓴 잔만 들이켰다. 하지만 전쟁이 길어지자 중국도 보급선이 길어지면서 더 이상 전쟁을 계속하기가 힘들어졌다. 마침내 1953년 두 나라는 휴전에 합의했다. 결과로만 보면 미국과 중국의 첫 번째 대결은 무승부로 끝난 셈이다.

그러나 사실은 무승부라고 볼 수가 없었다. 어른과 갓난아기가 싸워서 비기면, 누가 이긴 것인가? 바로 갓난아기가 이긴 것이다. 제2차 세계대전에서 승리하고 세계의 패권을 잡은 초강대국인 미국이 이제 막 나라의 기틀을 다진 신생국인 중국과 정면 대결을 벌여 이기지 못했다는 사실은 그 자체로 패배나 다름없었다. 그래서 6·25전쟁이 끝나자 중국은 제3세계의 수많은 나라에서 "자본주의 제국인 미국에 맞서 싸워 공산주의를 지켰다!"라는 열렬한 찬사를 받았고, 국제적인 위상이 매우 높아졌다.

반면 미국은 중국에 대한 공포심과 경계심이 더욱 커졌다. 막강한 첨단 무기로 무장한 미군이 중국군과 휴전했다는 것 자체가 패배한 것이나 다름없기에, 많은 미국 국민은 충격을 받았다. 그래서였을까, 6·25전쟁 직후 미국 사회에서는 극단적인 반공 기류인 매카시즘이 활개를 치게 된다. 공산주의 나라인 중국이 미군을 패배시켰

매카시즘을 불러일으킨 미국의 조세프 매카시 의원. 공산주의에 대해 공포심을 품고 있던 미국인의 심리를 이용한 결과였다.

으니, 이제 미국 본토에 공산주의 세력이 침투해 나라를 뒤엎으려 한다는 공포가 매카시즘으로 나타났던 것이다.

오늘날까지도 미국에서는 6·25전쟁이 '잊힌 전쟁'으로 불린다. 어째서일까? 답은 간단하다. 미국인에게 6·25전쟁은 '잊고 싶은 전쟁'이기 때문이다. 만약 제2차 세계대전 때처럼 미군이 6·25전 쟁에서 잘 싸워서 북한과 중국을 패망시켰다면 6·25전쟁을 두고 두고 자랑거리로 써먹지 않았을까? 헌데 6·25전쟁에서는 인천상 륙작전을 제외하면 미군이 별로 자랑할 만한 승전이 없었다. 전쟁 초반부에는 북한군한테, 후반부에는 중국군한테 밀리다가 겨우겨 우 중국군의 공세를 막아낸 게 전쟁의 전부였다. 미군에게는 너무 나 초라한 전과였다.

중국에 대한 미국의 공포심은 베트남전쟁에서 계속 이어졌다. 베트남전쟁에서도 미국이 끝내 패배하고 물러났다. 왜 그렇게 됐 을까? 6·25전쟁 당시 미국 육군이 북한 영토에 직접 들어가서 점 령한 것과는 달리 북베트남에는 미국 육군을 보내 점령하지 않았 기 때문이다. 만약 미국 육군이 직접 북베트남에 들어갈 경우, 곧바 로 중국 등 공산국가가 북베트남을 돕고자 대규모로 군대를 보내 미군과 싸우는 사태가 발생할까 두려웠기 때문이다. 6·25전쟁 때 미군이 중국군에게 고전을 면치 못하고 패주를 거듭한 참사가 다 시 벌어질까 봐 미국 정부가 지레 겁을 먹은 것이다.

베트남 현지에 파견된 미군 장군들은 본국에 전쟁에서 승리하 려면 북베트남을 직접 공격해야 한다고 수차례 건의를 했다. 그러나 미국 정부는 끝내 북베트남에 대한 직접적인 공격을 하지 않았다. 물론 미국 공군이 북베트남에 여러 차례 폭격하기는 했지만, 베트남은 밀림이 많은 데다가 미리 폭격에 대비한 지하 대피 시설을 철저하게 만든 덕분에 미군의 폭격은 끝내 북베트남을 굴복시키지 못했다. 결국 이로 인해 미국은 베트남전쟁에서 패배하고 말았다. 베트남전쟁 역시 미국이 중국을 얼마나 두려워했는지 잘 보여주는 사례다.

6·25전쟁과 베트남전쟁에서 미국이 졸전을 면치 못한 근본적인 이유가 있다. 미국은 지나치게 첨단 무기의 힘만 믿었을 뿐 현지의 민심을 얻는 데는 실패했다(이는 1950년 6·25전쟁 때부터 2016년 아프가니스탄전쟁과 이라크전쟁 때까지 반복된다). 미국은 6·25전쟁 중 북한 전역에 어마어마한 전략 폭격을 감행해 대부분의 지역을 초토화시켰다. 어느 정도였느냐 하면, 미군의 평양 폭격이 끝나고 나서 평양을 방문한 김일성이 "평양 시내에 멀쩡한 집이 두 채밖에 없다"라고 했을 만큼 미군의 폭격은 충격과 공포 그 자체였다.

그러나 미군의 무차별적인 폭격 탓에 북한 주민들은 김일성 정권을 뒤엎고 미국에 항복하기는커녕 오히려 결사항전의 전의만 불태웠다. 당초 북한은 기독교 교세가 매우 강한 곳이라 전쟁이 일어나자 북한 주민들은 교회로 피신했다. 하지만 미군은 교회도 뭐도 가리지 않고 모조리 폭격했다. 이 탓에 가족과 친척을 잃고 간신히 살아남은 사람들은 미군에게 강렬한 증오심과 분노를 느꼈고, 김일성 정권을 더 열렬히 지지했던 것이다.

이라크전쟁 때도 똑같은 일이 반복됐다. 미국은 1991년부터 2003년까지 12년 동안 이라크에 경제제재를 해 50만 명의 이라크인이 굶어 죽거나 병들어 죽게 만들었다. 그러나 삶이 피폐해졌다고 해서 이라크 국민들은 미국이 원하는 대로 반란을 일으켜 후세인 정권을 붕괴시키지 않았다. 오히려 미국에 대한 적개심만 더욱 강해졌고 후세인 정권을 열렬히 지지했을 뿐이다.

반면, 6·25전쟁에 참전한 중국군의 자세는 전혀 달랐다. 물론 중국군은 화력에서 미군보다 훨씬 열악했으니, 미군처럼 무차별 폭격은 애초에 할 수도 없었다. 중국군은 가는 곳마다 민폐를 끼치지 않으려 철저하게 노력했다. 미군 사령관인 매슈 리지웨이조차 "중국군이 주둔했던 곳에서는 약탈의 흔적이 전혀 없었다"라고 감탄할 정도였다.

일방적인 힘의 공세에만 집착하는 미국과 현지 민심을 배려하는 중국이라는 서로 상반된 세력의 대결은 6·25전쟁에서 완전히 뜻밖의 결과를 초래한 셈이다.

미중수교
오월동주吳越同舟? 이이제이以夷制夷?

1979년 1월 1일, 놀라운 사건이 발생했다. 6·25전쟁 이후 거의 29년 동안 공식적인 외교 관계 없이 적대적으로 지내왔던 미국과 중국 두 나라가 서로를 공식 국가로 인정하고 외교 관계를 수립하겠다고 선언했다. 미국은 중국이 주장하는 '하나의 중국'에 공감하는 뜻으로 타이완과 국교를 끊어버렸다. 타이완이 차지하고 있던 유엔의 안전보장 상임이사국 자리는 중국이 차지했다. 한때 서로의 국운을 걸고 전면전까지 벌이던 두 나라가 도대체 왜 갑작스레 수교하게 됐을까?

원인은 두 나라의 공동 적인 소련 때문이었다. 1970년대 들어서 소련은 핵무기 전력과 해군력을 급격히 강화했다. 이는 미국에 심각한 위협으로 받아들여졌다. 핵전력에서 소련이 미국과 대등하거나 혹은 그 이상의 수준에까지 이르면 미국은 소련을 상대로 전체 무력에서 뒤떨어지게 되고 소련이 군사적으로 압박할 때에 불리하다고 판단했기 때문이다.

아울러 베트남전쟁에서 소련은 북베트남을 지원해 미군을 패배시키는 데 큰 공헌을 한 바 있다. 북베트남이 일본처럼 항복하지 않고 끝끝내 버텼던 이유도 소련이 북베트남에 제공한 대공 전력으로 인해 가능한 일이었다. 만약 미국이 베트남이 아닌 다른 곳에서 공산주의 세력과 전쟁을 벌일 때, 소련이 또다시 공산주의 세력에 무기를 지원한다면, 이는 미국의 세계 경영 전략에 심각한 위협이 될 수밖에 없었다. 이런 이유로 미국은 중국보다 소련이 더 위험한 적이라고 판단해 잠시 동안이나마 중국과 손잡고 함께 소련을 견제하기로 결정한 것이다.

그렇다면 중국은 왜 미국과 손잡고 같은 공산주의 국가인 소련

중국군과 소련군 병사들의 국경분쟁. 하마터면 이 분쟁으로 인해 두 나라는 핵무기까지 쓸 뻔했다.

을 견제하려 했을까? 여기에는 중국과 소련 두 나라가 벌인 무력 충돌의 영향이 컸다. 1969년 3월 2일, 중국은 소련과의 국경 지역인 우수리강의 전바오섬珍寶島(소련에서는 다만스키 섬이라고 불렀다)을 놓고 소련과 국경분쟁을 벌였다. 이 분쟁은 6개월 동안 계속됐는데, 말이 분쟁이지 두 나라가 모두 140만 명이라는 엄청난 병력을 대기시켜놓고 핵 전쟁까지 벌일 것을 염두에 둘 만큼 위험한 상황이었다.

그나마 1969년 9월, 두 나라가 극적으로 분쟁 종식에 합의해 전면전으로까지 번지지는 않았다. 하지만 이 중소 국경분쟁은 이후 두 나라의 관계를 결정적으로 악화시켰다. 중국은 소련이 같은 공산주의 동맹국이 아니라 자국의 안보를 위협할 수 있는 적대국이라고 간주했다. 그래서 소련의 위협에 대응하기 위해 미국과 손을 잡았다. "적의 적은 나의 친구"라는 오래된 격언을 따른 것이다. 아울러 중국은 자국의 낙후된 경제를 발전시키려면 세계경제를 주도하는 미국과 협력해 서구의 자본이 자국에 투자돼야 한다고 판단했다. 중국은 미국과 국교를 수립해 미국 기업의 중국 투자를 요청할 필요도 있었다.

이러한 이유들로 인해 6·25전쟁 이후 29년 만에 미국과 중국은 국교 정상화에 합의했다. 중국은 미국 기업의 자국 진출을 대규모로 허용하면서 자국의 값싼 노동력을 미국 기업에 제공했다. 이렇게 두 나라는 10년 동안 밀월 관계를 유지했다. 결과적으로 이 기간은 중국에 막대한 이득이 됐다. 중국은 미국 등 서방의 자본을 투자받아 낙후된 경제를 발전시키는 데 성공했다. 이 덕분에 소련의 위협에도 무너지지 않고 끝내 소련과의 체제 경쟁에서 승리하면서 향후 미국과 서방에 맞설 제3세계 국가들의 맹주 자리를 굳힐 수 있었다. 미국 또한 중국과 손잡고 소련을 봉쇄한 끝에 마침내 최대의 숙적인 소련을 무너뜨리는 데 성공했다. 이후 2001년까지 미국은 세계 유일의 초강대국으로 군림하면서 10년 동안 눈부신 황금기를 누리게 된다.

1990년대 미중 관계
평화 속의 갈등과 분쟁

그런데 미국과 중국의 관계가 화기애애한 분위기만으로 일관됐던 것은 결코 아니다. 비록 공동의 적인 소련을 봉쇄하기 위해 손을 잡았지만, 미국과 중국은 서로에 대한 경계를 늦추지 않았다. 1989년 6월 4일, 중국의 수도 베이징에 있는 천안문 광장에서 서구 민주주의 체제의 도입을 외치던 대학생들의 시위를 중국 정부가 무력으로 진압해 약 2만 2,000명의 인명 피해가 발생했다. 바로 '천안문 사태(톈안먼 사태)'였다. 이 사건을 놓고 미국과 중국은 상반된 입장을 보이며 서로를 비난했다.

미국 천안문 사태는 자유와 민주주의를 외치던 중국 젊은이들의 외침을 중국 공산당이 군대를 동원해 강제로 짓밟은 끔찍한 인권 탄압이자, 반인륜적인 범죄입니다. 전 세계의 자유와 민주주의의 수호자로서 우리 미국 정부는 이러한 중국 정부의 만행을 강력히 규탄하는 바입니다.

중국 허튼 소리 마시오! 천안문 광장에 모였던 대학생들은 당신네 미국 정부가 주장하는 것처럼 결코 자유나 민주주의를 외치는 순수한 시위대가 아니었소. 그들의 배후에는 당신네 미국 정부가 있었고, 당신들은 어리석은 대학생들을 선동해 중국 정부를 뒤엎으려 하지 않았소? 그것이 바로 천안문 사태의 진실이오. 천안문 사태는 당신네 미국이 배후에서 조종한 '컬러혁명'이오. 당신들은 학생 시위를 이용해 중국에 친미 정권을 세우려고 음모를 꾸민 것이었소!

　여기서 중국 정부가 언급한 컬러혁명은 CIA 같은 미국의 첩보 기관이나 미국 정부에서 자금을 지원받는 여러 인권 단체나 시민 단체가 외국의 시민을 선동해 반정부 시위를 벌여 그 나라의 정부를 뒤엎어버리고, 미국의 입맛에 맞는 정부를 세우는 전략을 가리킨다.

　실제로 그런 일이 1953년 8월 13일, 이란에서 일어났다. 당시 이란은 모사데크 총리가 석유를 국유화하는 정책을 펴고 있었는데, 이는 이란의 석유를 노리는 미국 입장에서는 무척 불쾌한 일이었다. 미국 CIA는 이란인들을 돈으로 매수해 모사데크가 물러나라는 시위를 벌인 끝에 모사데크 내각을 실각시켰다. 그 자리에는 친미파인 샤 팔레비 정권을 세웠다.

　천안문 사태의 시위 주동자 대부분이 미국으로 망명했다는 점을 감안한다면, 이들이 미국과 사전에 어떤 접촉이나 교류가 있었던 것으로 볼 수도 있다. 그렇다면 중국 정부의 주장이 완전히 틀렸다고 하기 어렵다.

　천안문 사태를 계기로 인해 미국 정부는 걸핏하면 민주주의와 인권 문제를 들먹이며 중국을 압박했다. 하지만 미국이 정말로 중국의 민주주의와 인권에 관심이 있어서 그랬을까? 그보다는 민주주의와 인권을 핑계 삼아 중국 내정에 간섭하고 중국을 견제하려는 속셈이라고 봐야 한다. 실제로 미국이 외국을 상대로 민주주의

천안문 사태 당시 가장 유명했던 사진으로 학생 시위대 한 명이 중국군 탱크를 맨몸으로 막아서고 있다.

나 인권을 들먹이며 그 나라의 내정을 간섭한 사례가 많다.

천안문 사태로부터 10년 뒤인 1999년 5월 8일, 유고 주재 중국 대사관이 미국이 주도한 나토 공군에 폭격을 당해 세 명이 죽고 스무 명이 다치고 한 명이 행방불명되는 사태가 발생했다. 이 사건은 중국인에게 반미 감정을 크게 증폭시켰다. 베이징의 미국영사관이 중국인 시위대에 습격받아 불에 타는 등 중국 각지에서 반미 시위가 잇달아 일어났다. 당시 미국 정부가 중국에 머무는 미국인에게 대피 명령을 내릴 만큼 중국과 미국의 관계는 급속히 악화됐다. 결국 빌 클린턴 미국 대통령을 비롯한 미국 정부의 요인들이 중국 정부에 사과의 뜻을 밝히면서 사태가 진정됐다.

"유고 주재 중국대사관 폭격은 결코 고의가 아니라, 나토군이 낡

나토군의 유고 주재 중국대사관 폭격에 항의하는 중국인들.

은 지도를 쓰다 보니 대사관 위치를 파악하지 못해 저지른 실수에
불과합니다. 본의가 아니게 희생된 중국인들에게 유감을 표하며,
다시는 이런 비극이 일어나지 않을 것을 약속합니다."

그러나 실수라는 해명에 대한 반박도 만만치 않았다. 슬로보단
밀로셰비치 전 유고 대통령은 나토 공군이 유고 주재 중국대사관
을 폭격한 일은 결코 실수가 아니라 빌 클린턴 대통령이 직접 지시
한 일이라고 주장했다. 또한 일각에서는 나토 공군이 중국대사관
을 폭격한 사태에 대해 이런 음모론을 펴기도 했다.

"낡은 지도를 가지고 작전을 하다 보니까 실수로 발생한 폭격이
라고? 웃기지 마라! 뻔뻔한 변명이다. 나토군은 처음부터 중국대
사관을 목표로 폭격한 거다. 당시 유고 내전에서 세르비아군에 격

추당한 미군 전투기의 파편을 세르비아가 중국에 팔아넘기려 했
는데, 미국은 자국 공군의 자료가 중국에 넘어가는 것을 막기 위해
전투기 파편에서 나온 부품과 자료를 보관하고 있던 중국대사관을
폭격한 것이다!"

　모든 음모론이 그렇듯이 사건이 완전히 밝혀지기 전까지는 부
정할 수도 긍정할 수도 없다. 그러나 중요한 점은 유고 주재 중국
대사관 폭격 사건을 계기로 중국인 사이에 강렬한 반미 감정이 폭
넓게 퍼졌다는 사실이다. 2001년 9월 11일 미국 뉴욕의 무역센터
빌딩이 알 카에다가 주도한 테러로 파괴되는 사건이 발생하자 중
국인들은 통쾌해하며 박수를 쳤다고 한다. 물론 중국 정부는 미국
정부에 공식적으로 유감의 뜻을 밝히기는 했지만.

　2000년대 초반까지 중국은 미국을 상대로 노골적으로 맞서지는
않았다. 아니, 그러지 못했다고 해야 옳다. 그때까지 중국은 미국
과 대립할 만한 힘이 없었기 때문이다. 미국 역시 중국에 사과하면
서 사태를 서둘러 마무리 지으려 했다. 중국에 진출한 미국 대기업
입장에서는 중국의 값싼 노동력이 너무나 매력적이었기 때문이다.
중국에서 만들어진 값싼 제품은 미국 서민의 살림살이를 떠받치는
기둥이었으니 말이다.

전쟁과 평화
미국의 자충수와 중국의 부상

2001년과 2003년에 아프가니스탄전쟁과 이라크전쟁이 터지자 미국과 중국은 새로운 관계에 돌입했다. 두 나라가 서로 전쟁을 벌인 것도 아닌데 참으로 이상한 일이라고 할 수도 있겠다. 미국이 아프가니스탄전쟁과 이라크전쟁의 수렁에 빠져 허우적거리는 동안 중국은 급속도로 경제성장을 하면서 미국의 국력을 바싹 따라잡았기 때문이다.

미국이 아프가니스탄전쟁과 이라크전쟁에 쏟아부은 돈의 액수가 얼마나 되는지는 정확히 알 수 없다. 다만 여러 추측에 따르면 대략 5, 6조 달러에 이른다고 한다. 현재 한국의 1년 국내총생산 액수가 1조 5,000억 달러 정도라는 사실을 감안한다면 미국이 두 전쟁에 퍼부은 돈은 실로 어마어마하다.

두 전쟁은 미국에 심각한 악영향을 끼쳤다. 우선 전쟁 명분이 없었다. 미국이 9·11테러를 저지른 오사마 빈라덴이 아프가니스탄으로 도망쳤다는 사실을 알고 당시 아프가니스탄을 지배하던 탈레반에게 빈라덴을 내놓으라고 요구하자, 탈레반은 미국이 자신들에게 혜택을 주면 빈라덴을 넘겨주겠다고 제안했다. 그러나 미국은 탈레반의 요청을 거부했고, 일방적으로 아프가니스탄을 침공해 15년 넘게 전쟁을 벌였다. 정작 9·11테러의 주범인 항공기 납치범 14명과 빈라덴은 모두 사우디아라비아인이었다. 미국은 사우디아라비아 정부에는 아무런 제재도 가하지 않고 엉뚱하게 아프가니스탄을 공격한 것이다.

이라크전쟁도 마찬가지였다. 미국은 이라크의 독재자인 후세인이 빈라덴과 한패로 9·11테러를 기획했으며, 그가 대량살상무기를 숨겨놓았다면서 이라크전쟁의 정당성을 외쳤으나, 이는 모두 거짓으로 드러났다. 후세인은 물론 9·11테러와는 아무런 관련도 없었으며 대량살상무기도 이라크에 없었다. 이런 사실들로 인해 추궁을 받게 되자, 다급해진 미국은 "이라크에 민주주의를 전하러 왔다"는 우스꽝스러운 변명을 했으나 그조차 설득력이 없었다. 서아시아에서 가장 억압적인 전제 왕정 국가인 사우디아라비아는 가만히 내버려두고 민주주의를 운운했으니 말이다.

또한 미국은 전쟁에 이기지도 못했다. 명색이 세계 최강대국인 미국이 세계에서 가장 가난한 두 나라인 아프가니스탄과 이라크를 상대로 무려 10년 넘게 싸워서 이기지 못한 것이다. 온갖 첨단 무기로 무장한 미군이 싸구려 AK-47 소총을 든 아프가니스탄과 이라크 저항 세력과 싸워 수천 명의 사상자를 내고 결국 패배했으니 너무나 치욕적이었다. 그리고 미국의 위상 또한 두 전쟁에서 입은 패배로 인해 크나큰 타격을 입었다. 2008년 미국의 사주를 받아 전쟁을 걸어온 조지아를 상대로 러시아가 불과 5일 만에 승리를 거둔 일에 비하면 너무나 대조적이었다. 그동안 미국이 세계를 제압해온 힘의 원천인 군사력에 금이 가기 시작한 것이다. 미국의 세계 지배력은 예전보다 약해질 수밖에 없었다.

결정적으로 미국은 두 전쟁을 통해 얻은 소득이 전혀 없었다. 명분이 부족한 전쟁을 벌였다면 최소한 빠른 시일 내에 이기기라도 했어야 한다. 그래야 전쟁에 들어간 비용을 만회할 수 있다. 이라크 전쟁에서 미군이 패배했다면 하다못해 석유 채굴권이라도 얻어냈어야 한다. 그러나 미국은 그조차도 얻지 못했다. 오히려 국제 유가만 크게 올려놓은 탓에 소련 붕괴 이후 주춤했던 러시아가 원유 수출로 다시 재기할 수 있는 발판을 마련해준 꼴이 됐다.

돈은 돈대로 쓰면서 전쟁의 수렁에 빠져 허우적거리다가 결국 온갖 비난을 받으며 도망치듯 빠져나왔던, 그래서 미국인이 그렇게 두려워하고 잊고 싶었던 베트남전쟁의 악몽이 30년 뒤에 다시 재현된 셈이다. 미국 정계 일각에서는 아프가니스탄전쟁과 이라크 전쟁을 두고 "이런 바보 같은 전쟁을 도대체 왜 했나?"라는 비판적인 목소리까지 흘러나오기도 했다.

2003년 이라크전쟁을 일으킨 미국의 조지 부시 전 대통령은 전 세계를 상대로 "이제 앞으로의 세기는 미국의 시대가 될 것이다. 불과 한 달 만에 이라크를 점령한 미군의 막강한 힘을 보라. 전 세계 어느 누구도 미국의 상대는 될 수 없을 것이고, 만약 이를 의심한다면 한번 덤벼보라!"라고 말하면서 미국의 군사력을 잔뜩 과시하고 으스댔다.

그러나 '미국의 시대'가 된다는 호언장담이 무색하게 2008년 미국은 서브프라임 모기지 사태로 인해 9조 달러의 증시가 증발하면서 1,000만 명의 사람이 은행에서 빌린 돈을 갚지 못해 집을 은행에 빼앗기고 길거리로 쫓겨나는 등 엄청난 경제적 타격을 입었다. 이뿐만 아니라 미국 정부가 다른 나라에서 빌린 돈, 즉 채무가 아프가니스탄전쟁과 이라크전쟁을 치르면서 눈덩이처럼 불어났다. 이 탓에 돈을 빌릴 수 있는 한도를 얼마까지 늘려야 할지를 두고 공화당과 민주당이 치열하게 대립을 벌이면서 하마터면 미국 연방정부가 폐쇄 직전 사태까지 가는 참사를 겪기도 했다.

반면 아프가니스탄전쟁과 이라크전쟁 기간 동안 중국은 연평균 8퍼센트라는 높은 경제성장률을 달성했다. 중국 정부의 외환 보유고는 3조 달러에 달했고, 중국의 GDP는 프랑스, 영국, 독일을 앞지르더니 마침내 일본마저 능가해, 중국은 미국 다음가는 세계 2위의 경제 대국이 됐다. 1980년대까지 너무나 가난해 해외여행은 꿈조차 꾸지 못했던 중국인은 경제성장의 혜택을 듬뿍 받고 '유커'라는 이름으로 해외 각지를 여행하고 있다.

2016년 현재, 중국의 1인당 구매력인 PPP는 이미 미국을 앞지른 세계 1위가 됐다. 그만큼 세계시장에서 중국인은 큰손이 된 지 오래다. 한국은 내수 시장을 자국민의 구매력을 높이는 방식이 아니라 중국인 관광객을 불러 해결한다는 정책을 세울 정도로 중국 경제에 크게 의존하고 있다. 아울러 중국 정부는 세금이 너무 많이 걷혔다며, 정해진 액수보다 더 많이 걷힌 세금을 원래 냈던 사람들한테 돌려보내라는 지시까지 내릴 정도였다. 같은 시각, 미국의 지방정부들은 세금이 안 걷힌다며 울상을 지었는데 말이다.

막강한 중국 경제의 힘이 드러난 사례가 두 가지 있다. 하나는

SIGNING CEREMONY OF MEMORANDUM OF UNDERSTANDING ESTABLISHING THE ASIAN INFRASTRUCTURE INVESTMENT BANK
筹建亚洲基础设施投资银行备忘录签字仪式
October 24, 2014, Beijing
二〇一四年十月二十四日, 北京

2015년 중국이 아시아인프라투자은행을 창설하자, 미국의 동맹국인 영국을 포함한 수많은 나라가 참가 의사를 밝혔다.

중국의 화폐인 위안화가 국제 기축통화에 공식적으로 포함된 것이다. 다른 하나는 중국이 주도해 창설한 아시아인프라투자은행AIIB을 둘러싼 지구촌의 반응이다. 그동안 중국 경제를 두고 여전히 세계 각국에서는 "짝퉁이 넘쳐나는 중국이 뭐가 대단하냐? 중국 위안화 따위는 영원히 국제 기축통화가 못 된다!"라고 무시해왔다.

현실은 전혀 달랐다. 2015년 국제통화기금IMF은 중국의 위안화를 미국 달러화와 유럽 유로화와 같은 국제 기축통화로 인정했다. 또한 중국이 AIIB를 창설하자 가입을 요청하는 나라가 줄을 이었다. 이들 중에는 미국의 최우선 동맹국인 영국을 포함해서 프랑스, 독일, 이탈리아, 심지어 세계 최고의 친미 국가인 한국조차 들어가 있다. 미국은 동맹국들한테 AIIB에 가입하지 말라고 요청했으나 미국은 보기 좋게 거절당했다. 이 사태를 두고 미국 정계에서는 "미국의 외교 참사"라며 탄식하는 목소리가 터져 나오기도 했다.

미국이 아프가니스탄전쟁과 이라크전쟁이라는 헛발질에 국력을 낭비하고 있는 동안 중국은 착실히 힘을 길러 어느새 미국의 동맹국들마저 자국의 경제기구에 포함시킬 만큼 영향력을 키워왔다. 아이러니하게도 2001년부터 2016년까지 미국과 전쟁을 벌인 아프가니스탄과 이라크보다 그 기간 동안 미국과 단 한 번도 전쟁을 하지 않은 중국이 미국에 더 위협적인 적으로 떠오른 것이다.

미국의 아시아 회귀 정책
중국을 봉쇄해 무너뜨려라!

물론 미국이 중국의 급격한 성장을 결코 그냥 보고만 있지는 않았다. 미국 정부는 2010년 '아시아 회귀'정책을 발표했다. 그 내용은 미국의 외교와 군사 정책의 중심을 유럽과 서아시아에서 아시아로 옮기겠다는 것이다. 그러나 중국은, 미국의 아시아 회귀 정책은 중국을 군사적으로 봉쇄하고 압박해 무너뜨리겠다는 중국 포위망에 불과하다며 크게 반발했다.

미국이 추진하는 아시아 회귀 정책, 곧 중국 포위망에 심각한 문제가 있다는 지적도 많다. 미국이 정말로 중국을 포위하려면 중국과 직접 국경을 맞대고 있는 북쪽의 러시아와 손을 잡아야 한다.

그런데 미국은 러시아와 협력하기는커녕 우크라이나와 시리아 사태를 빌미로 러시아와 대립각을 더욱 심하게 세우고 있다. 과거 냉전 시절, 미국은 중국과 협력해 소련을 압박한 끝에 무너뜨렸다. 그러나 지금의 미국은 중국이나 러시아 어느 한쪽과 협력하는 대신, 두 나라를 동시에 봉쇄해 무너뜨린다는 지극히 무모한 전략만을 내세우고 있다.

중국은 미국이 상대한 소련, 일본과는 기본 체급이 완전히 다른 나라다. 그래서 미국의 중국 봉쇄망 자체가 실패할 것이라는 의견도 있다. 소련은 경제력이 빈곤한 상태에서 군비만 지나치게 증강한 부실 국가였고, 일본은 미군이 주둔하면서 미국의 지시에 따르는 사실상의 속국이기 때문에 두 나라 모두 근본적으로 미국의 적수가 되지 못했다. 그러나 중국은 풍부한 경제력에 미국의 간섭을 받지 않는 정치와 막강한 군사력까지 갖추고 있어서 소련이나 일본보다 훨씬 어려운 상대다.

아울러 중국의 엄청난 경제력은 아시아 주변국이 미국의 중국 봉쇄망에 참여하는 것을 주저하게 만들고 있다. 미국의 압력에 굴복해 중국을 감시하는 미사일 방어망인 사드를 배치한 한국조차 자국 경제의 중국 의존도가 워낙 높기 때문에 중국의 반발을 의식해서 "안보와 경제는 분리해서 가야 한다. 사드는 북한의 핵미사일을 겨냥한 것이며 중국과는 전혀 상관없다"라고 둘러댈 정도다. 사드 사태에서 드러나듯 한국 지배층들은 '미국의 총은 무섭지만, 중국의 돈은 갖고 싶다'라는 모순된 심리를 품고 있다. 한국 정부는 미국이 시키는 대로 사드를 배치하면서도 중국과의 경제 협력은 계속하겠다느니 하며 양다리 걸치기를 하고 있는 셈이다.

중국 정부의 지도부들 역시 바보가 아니라서 미국이 순순히 중국 포위망을 완성하도록 결코 가만히 앉아서 기다리지 않았다. 2015년 7월 10일, 인도와 파키스탄은 중국이 주도하는 군사동맹인 상하이협력기구에 가입했다. 1948년 영국에서 독립한 뒤 세 번이나 전쟁을 벌일 만큼 앙숙인 두 나라가 중국과의 군사동맹에 가입한 것은 무엇을 의미할까? 이는 곧 인도와 파키스탄이 미국이 아닌, 중국을 향후 국제 관계의 동반자로 설정했음을 뜻한다. 그리고 미국의 중국 포위망에 큰 구멍이 났음을 의미한다. 핵무기 강국인 러시아, 중국, 인도가 하나의 군사동맹으로 묶인다면, 제아무리 미국이라 해도 결코 중국에 함부로 손을 델 수가 없으니 말이다.

미국이 중국의 심장부인 베이징을 노리고 한국에 설치한 사드 역시 중국의 입장에서는 간단히 대처할 수 있다. 중국이 한국 상품의 수입을 줄이거나 혹은 중국에 들어온 한국 기업에 제재를 가하는 경제 보복 조치를 본격적으로 하면 한국 경제는 치명타를 입을 것이다. 그러면 자연히 한국 내에서는 사드에 대한 반발 여론이 강해질 테고, 미국이 시키는 대로 중국을 압박하는 일에 순순히 따르지 않을 것이다. 이런 수준의 경제 보복은 중국이 마음만 먹으면 언제든지 할 수 있다.

서기전 3세기, 진시황 이래 중국은 무려 2,000년 동안 세계 최강대국이자 최고의 문명국으로 군림했다. 그러다 1840년 들어 영국을 필두로 한 서구와의 전쟁에 패배하면서 중국은 130년 동안 외세의 침탈과 내전과 가난에 시달리는 신세로 전락했다. 하지만 넓고 비옥한 국토와 14억이라는 엄청난 인구, 풍부한 전통 문화 등을 갖춘 중국은 미국과 수교한 지 불과 40년 만에 미국과 어깨를 나란히 하며 G2라고 불릴 만큼 힘을 갖추었다.

미국은 세계의 패권을 잡은 지 이제 겨우 70년이 조금 넘은 신생국가다. 게다가 막대한 국가 부채와 지나친 군비 지출로 자국 경제가 비틀거리는 데다 국제사회에서 일방적인 힘의 외교를 펼치면서 세계 각국의 불만을 사고 있다.

돌이켜본다면 이제 중국은 본래의 자리로 돌아가는 중이고, 미국은 그걸 막느라 안간힘을 쓰는 꼴이다. 하지만 냉전 시절보다 훨씬 약해진 미국이 소련보다 더 강대국이자 세계경제를 이끄는 중국을 상대로 과연 승리하고 패권을 계속 지킬 수 있을까? 누가 보더라도 현재의 중국은 떠오르는 태양이고 미국은 저무는 태양인데 말이다.

"장강의 앞 물결이 뒷 물결에 밀려난다"는 중국 속담처럼 영원한 강자는 있을 수 없다. 이것이 자연의 이치다. 이대로 중국의 높은 경제성장이 계속된다면 앞으로 20~30년 이내에 중국의 국내총생산은 미국을 능가하리라는 전망이 지배적이다. 그렇다면 경제력에서 중국에 완전히 밀린 미국이 과연 중국을 이길 수 있을까? 과거 미국을 능가한 핵전력을 지닌 소련도 경제력에서 미국에 뒤지는 바람에 결국 붕괴했으니 말이다. 어쩌면 미국도 소련처럼 경제가 어려운 상태에서 지나치게 군비를 확장하다가 붕괴되는 운명을 맞는 것이 아닐까?

미국의 쇠퇴와 중국의 부흥은 단순히 두 나라의 국운에 그치는 문제가 아니다. 콜럼버스의 신대륙 발견 이후 약 5세기 넘게 계속된 서구 문명의 세계 주도가 완전히 끝나고, 그동안 서구 문명에 밀려 있던 동양 문명이 다시 부흥하는 계기로 작용할 것이다. 서구 문명의 최종 완성지라고 할 수 있는 미국이 일극 패권을 잃고 붕괴된다면, 이 자리를 대신할 다른 서구 국가는 없을 테니까. 반면 중국이 미국을 대신해 세계를 이끄는 초강대국이 된다면, 더 이상 그 어떤 나라도 미국이 내세운 서구식 이념을 맹목적으로 숭배하지 않을 것이다. 어쩌면 동양 사상의 기반인 유교 문화로 돌아가려 할지도 모른다. 이것이야말로 동양 문명의 부흥이 아니고 무엇이겠는가.

참고 자료

《1차세계대전사》, 존 키건, 조행복 옮김, 청어람미디어, 2009.

《2016 미국 몰락》, 톰 하트만, 민윤경 옮김, 21세기북스, 2014.

《20세기 세계사의 진실》, 윌리엄 엥달, 서미석 옮김, 길, 2007.

《21세기 먼나라 이웃나라 11》, 이원복, 김영사, 2004.

《21세기 먼나라 이웃나라 12》, 이원복, 김영사, 2005.

《개성공단 사람들》, 김세라 외, 내일을여는책, 2015.

《국가의 배신》, 도현신, 인물과사상사, 2015.

《국민은 적이 아니다》, 신기철, 헤르츠나인, 2014.

《권력에 맞선 이성》, 노엄 촘스키 · 장 브릭몽, 강주헌 옮김, 청림출판, 2012.

《그레이트 게임》, 피터 홉커크, 정영목 옮김, 사계절, 2008.

《그리스도교 대 이슬람》, 루드비히 하게만, 채수일 · 채해림 옮김, 심산, 2005.

《근대 전쟁의 탄생》, 크리스터 외르겐젠 외, 최파일 옮김, 미지북스, 2011.

《끝나지 않은 전쟁 국민보도연맹》, 김기진, 역사비평사, 2002.

《나의 아버지는 자유의 전사였다》, 램지 바루드, 최유나 옮김, 산수야, 2012.

《나폴레옹 전쟁》, 그레고리 프리몬 반즈 · 토드 피셔, 박근형 옮김, 플래닛미디어, 2009.

《나폴레옹》, 티에리 랑츠, 이현숙 옮김, 시공사, 2001.

《더 그레이트 워》, 피터 하트, 정재면 옮김, 관악출판사, 2014.

《'독부' 이승만 평전》, 김삼웅, 책으로보는세상, 2012.

《독소 전쟁사 1941~1945》, 데이비드 M. 글랜츠 · 조너선 M. 하우스, 남창우 외 옮김, 열린책들, 2007.

《라틴아메리카》, 우덕룡 외, 송산출판사, 2000.

《라틴아메리카역사 다이제스트 100》, 이강혁, 가람기획, 2008.

《러시아와 그 적들 그리고 거짓말》, 블라지미르 메진스키, 방교영 옮김, 한국외국어대
    학교출판부, 2011.

《러일전쟁》, 알렉세이 니콜라예비치 쿠로팟킨, 심국웅 옮김, 한국외국어대학교출판부,
    2007.

《러일전쟁사》, 전사연구소, 김종헌 옮김, 건국대학교출판부, 2004.

《레드 콤플렉스》, 강준만 외, 삼인, 1997.

《레이테 만 1944》, 버나드 아일랜드, 하워드 제라드 그림, 김홍래 옮김, 플래닛미디어,
    2008.

《마을로 간 한국전쟁》, 박찬승, 돌베개, 2010.

《만화 체 게바라 평전》, 시드 제이콥슨·어니 콜론, 이희수 옮김, 토트, 2010.

《맹자 사람의 길 上》, 도올 김용옥, 통나무, 2012.

《모택동 자전》, 에드가 스노우, 신복룡 옮김, 평민사, 2006.

《모택동의 사생활》(전 3권), 리즈수이, 손풍삼 옮김, 고려원, 1995.

《무굴제국》, 발레리 베린스탱, 변지현 옮김, 시공사, 1998.

《문명전쟁》, 로렌스 라이트, 하정임 옮김, 다른, 2009.

《미국과 맞짱뜬 나쁜 나라들》, 임승수 외, 시대의창, 2008.

《미국분 미국인 미국놈》, 백현락, 도솔, 1994.

《미국사》, 이주영, 대한교과서, 1997.

《미국은 왜 실패했는가》, 모리스 버먼, 김태언·김형수 옮김, 녹색평론사, 2015.

《미국의 엔진, 전쟁과 시장》, 김동춘, 창비, 2004.

《미국의 이라크 전쟁》, 노엄 촘스키 외, 이수현 옮김, 북막스, 2002.

《미국이 진정으로 원하는 것》, 노엄 촘스키, 문이얼 옮김, 시대의창, 2013.

《민중과 전쟁기억》, 김경현, 도서출판선인, 2007.

《민중의 호민관 차베스》, 리처드 고트, 황건 옮김, 당대, 2006.

《불의 기억》(전 3권), 에두아르도 갈레아노, 박병규 옮김, 따님, 2005.

《붉은 광장의 아이스링크》, 김현택 외, 한국외국어대학교출판부, 2008.

《브루스 커밍스의 한국현대사》, 브루스 커밍스, 김동노 외 옮김, 창비, 2001.

《블랙워터》, 제러미 스카힐, 박미경 옮김, 삼인, 2011.

《빼앗긴 대륙, 아메리카》, 로널드 라이트, 안병국 옮김, 이론과실천, 2012.

《사담 후세인 평전》, 사이드 K. 아부리쉬, 박수철 옮김, 자전거, 2003.

《사랑하지 말자》, 도올 김용옥, 통나무, 2012.

《살육과 문명》, 빅터 데이비스 핸슨, 남경태 옮김, 푸른숲, 2002.

《서중석의 현대사 이야기 2》, 서중석·김덕련, 오월의봄, 2015.

《세계를 속인 200가지 비밀과 거짓말》, 데이비드 사우스웰, 안소연 옮김, 이마고, 2007.

《수단 내전》, 더글러스 H. 존슨, 최필영 옮김, 양서각, 2011.

《아무도 말하지 않는 미국 현대사》(전 2권), 올리버 스톤·피터 커즈닉, 이광일 옮김, 들녘, 2015.

《아부 알리, 죽지마》, 오수연, 향연, 2004.

《알몸 박정희》, 최상천, 사람나라, 2004.

《어메이징 세계사》, 도현신, 서해문집, 2012.

《어메이징 한국사》, 도현신, 서해문집, 2012.

《영국의 인도 통치 정책》, 조길태, 민음사, 2004.

《영국이 만든 세계》, 도현신, 모시는사람들, 2014.

《영원한 라이벌 김대중 VS 김영삼》, 이동형, 왕의서재, 2011.

《옛사람에게 전쟁을 묻다》, 도현신, 타임스퀘어, 2009.

《워 다이어리》, 아서 브라이언트, 황규만 옮김, 플래닛미디어, 2010.

《위도 10도》, 엘리자 그리즈월드, 유지훈 옮김, 시공사, 2011.

《이라크 전쟁과 사담의 비밀》, 사만 압둘 마지드, 주세열 옮김, 사회와연대, 2004.

《이스라엘사》, 최창모, 대한교과서, 2005.

《이슬람 서방세계와 문화충돌》, 마크 A. 가브리엘, 최상도 옮김, 글마당, 2009.

《이슬람 테러리스트의 마음 엿보기》, 마크 A. 가브리엘, 최상도 옮김, 글마당, 2011.

《이슬람과 유대인 그 끝나지 않은 전쟁》, 마크 A. 가브리엘, 중근동연구소 옮김, 글마당, 2014.

《이슬람과 테러리즘 그 뿌리를 찾아서》, 마크 A. 가브리엘, 이찬미 옮김, 글마당, 2009.

《이야기 러시아사》, 김경묵, 청아출판사, 2006.

《이야기 인도사》, 김형준, 청아출판사, 2006.

《인도민족주의 운동사》, 조길태, 신서원, 2006.

《인도史》, 정병조, 대한교과서, 1993.

《인도사》, 조길태, 민음사, 2000.

《인도와 파키스탄》, 조길태, 민음사, 2009.

《일본제국 흥망사》, 이창위, 궁리, 2005.

《임진왜란, 잘못 알려진 상식 깨부수기》, 도현신, 역사넷, 2008.

《자본주의, 미국의 역사》, 전상봉, 시대의창, 2012.

《장제스 일기를 읽다》, 레이 황, 구범진 옮김, 푸른역사, 2009.

《장제스 평전》, 조너선 펜비, 노만수 옮김, 민음사, 2014.

《저널리즘》, 조 사코, 최재봉 외 옮김, 씨앗을뿌리는사람, 2014.

《전장을 지배한 무기전 전세를 뒤바꾼 보급전》, 도현신, 시대의창, 2016.

《전쟁이 발명한 과학기술의 역사》, 도현신, 시대의창, 2011.

《전쟁이 요리한 음식의 역사》, 도현신, 시대의창, 2011.

《정복은 계속된다》, 노엄 촘스키, 오애리 옮김, 이후, 2007.

《제1차 세계대전》, 매튜 휴스 · 윌리엄 J. 필포트, 나종남 · 정상협 옮김, 생각의나무, 2008.

《제1차 세계대전》, 피터 심킨스 외, 강민수 옮김, 플래닛미디어, 2008.

《제2차 세계대전》, 마틴 폴리, 박일송 · 이진성 옮김, 생각의나무, 2008.

《제2차 세계대전》, 폴 콜리어 외, 강민수 옮김, 플래닛미디어, 2008.

《제2차 태평양전쟁》, 조지 프리드먼, 남주홍 옮김, 동아출판사, 1992.

《제국》, 니얼 퍼거슨, 김종원 옮김, 민음사, 2006.

《제국의 오만》, 황정일, 랜덤하우스코리아, 2004.

《제국의 전쟁》, 프랑수아 랑글레, 이세진 옮김, 소와당, 2012.

《中東史》, 김정위, 대한교과서, 1994.

《중일전쟁》, 권성욱, 미지북스, 2015.

《중일전쟁과 중국의 대일군사전략》, 기세찬, 경인문화사, 2013.

《중일전쟁과 중국혁명》, 윤휘탁, 일조각, 2003.

《지구영웅전설》, 박민규, 문학동네, 2003.

《지도에서 사라진 종교들》, 도현신, 서해문집, 2016.

《차베스, 미국과 맞짱뜨다》, 베네수엘라 혁명 연구모임, 시대의창, 2006.

《차베스와 베네수엘라 혁명》, 안태환, 이담북스, 2012.

《참호에 갇힌 제1차 세계대전》, 존 엘리스, 정병선 옮김, 마티, 2009.

《참호에서 보낸 1460일》, 존 엘리스, 정병선 옮김, 마티, 2005.

《체 게바라 평전》, 장 코르미에, 김미선 옮김, 실천문학사, 2005.

《촘스키, 고뇌의 땅 레바논에 서다》, 노엄 촘스키, 강주헌 · 유자화 옮김, 시대의창, 2012.

《촘스키, 만들어진 세계 우리가 만들어갈 미래》, 노엄 촘스키, 강주헌 옮김, 시대의창, 2014.

《촘스키, 변화의 길목에서 미국을 말하다》, 노엄 촘스키, 데이비드 바사미언 인터뷰, 장영준 옮김, 장봉군 그림, 시대의창, 2009.

《촘스키, 우리가 모르는 미국 그리고 세계》, 노엄 촘스키, 강주헌 옮김, 시대의창, 2008.

《촘스키, 은밀한 그러나 잔혹한》, 노엄 촘스키 · 안드레 블첵, 권기대 옮김, 베가북스, 2014.

《촘스키와 아슈카르, 서아시아를 이야기하다》, 노엄 촘스키 · 질베르 아슈카르, 강주헌 옮김, 사계절, 2009.

《침묵의 이면에 감추어진 역사》, 우르와쉬 부딸리아, 이광수 옮김, 산지니, 2009.

《카르툼》, 마이클 애셔, 최필영 옮김, 일조각, 2013.

《카이로》, 맥스 로덴벡, 하연희 옮김, 루비박스, 2010.

《콜디스트 윈터》, 데이비드 핼버스탬, 정윤미 · 이은진 옮김, 살림, 2009.

《쿠르스크 1943》, 마크 힐리, 이동훈 옮김, 플래닛미디어, 2007.

《쿵쿵쾅쾅 제1차 세계대전》, 테리 디어리, 마틴 브라운 그림, 김은숙 옮김, 주니어김영사, 2009.

《터키史》, 이희수, 대한교과서, 1993.

《파멸의 시대 저항의 시대》, 크리스 헤지스, 조 사코 그림, 한상연 옮김, 씨앗을뿌리는사람, 2013.

《팔레스타인 가자 지구 비망록》, 조 사코, 정수란 옮김, 글논그림밭, 2012.

《팔레스타인》, 조 사코, 함규진 옮김, 글논그림밭, 2002.

《패배를 껴안고》, 존 다우어, 최은석 옮김, 민음사, 2009.

《폭격》, 김태우, 창비, 2013.

《프랑스 1940》, 알란 셰퍼드, 김홍래 옮김, 플래닛미디어, 2006.

《피의 기록, 스탈린그라드 전투》, 안토니 비버, 조윤정 옮김, 다른세상, 2012.

《하버드, 그들만의 진실》, 신은정, 시대의창, 2012.

《한국 근대사 산책》 4권, 강준만, 인물과사상사, 2007.

《한국 한국인 한국경제》, 이원복, 동아출판사, 1993.

《한국 현대사 산책 1950년대편》(전 3권), 강준만, 인물과사상사, 2004.

《한국전쟁과 집단학살》, 김기진, 푸른역사, 2006.

《해방 후 3년》, 조한성, 생각정원, 2015.

《후쿠자와 유키치의 아시아 침략사상을 묻는다》, 야스카와 주노스케, 이향철 옮김, 역사비평사, 2011.

위키피디아 https://en.wikipedia.org/wiki/Main_Page